Oliver Geisselhart
Kopf oder Zettel?

Für Galja

Oliver Geisselhart

Kopf oder Zettel?

Ihr Gedächtnis kann wesentlich mehr, als Sie denken

6. Auflage

Bibliografische Information der Deutschen Nationalbibliothek

Die Deutsche Nationalbibliothek verzeichnet diese Publikation in der
Deutschen Nationalbibliografie; detaillierte bibliografische Daten
sind im Internet über http://dnb.d-nb.de abrufbar.

ISBN 978-3-89749-561-6

6. Auflage 2015
Illustrationen: Jana Simon
Lektorat: Dr. Sonja Klug, www.buchbetreuung-klug.com
Umschlaggestaltung: Martin Zech Design | www.martinzech.de
Umschlagfoto: Stefan Grey, High-5 | www.high-5.tv
Satz und Layout: Das Herstellungsbüro | www.buch-herstellungsbuero.de
Druck und Bindung: Salzland Druck, Staßfurt

www.gabal-verlag.de
www.facebook.com/Gabalbuecher
www.twitter.com/gabalbuecher

Inhalt

Vorwort

Liebe Leserin, lieber Leser,

dies ist nun die 5., erweiterte Auflage des Buches »Kopf oder Zettel?«. Sie finden geballtes Gedächtniswissen aus über 50 Jahren. Von meinem Onkel *Roland R. Geisselhart* lernte ich die unterschiedlichsten Gedächtnistechniken.

Roland und Oliver
Geisselhart

Ohne ihn wäre ich mit diesem Thema niemals so früh in Berührung gekommen. Er ist schlichtweg der Pionier des Gedächtnistrainings in Deutschland, und bereits mit zwölf Jahren saß ich bei ihm in den Seminaren. Mit fünfzehn habe ich ihm bereits assistiert, und mit sechzehn habe ich meinen Onkel sogar schon im Seminar vertreten. Als er krank wurde und keinen anderweitigen Ersatz für sich mobilisieren konnte, bat er mich, das Seminar zu übernehmen. Da ich schon seit jeher ein gesundes Selbstvertrauen hatte, sagte ich zu.

Zusammen mit meinem damaligen besten Freund *Helmar Grupp* als Unterstützung fuhr ich mit dem Zug von Friedrichshafen, meinem Geburtsort, nach Singen am Bodensee und hielt tatsächlich das Seminar. Und das auch noch zur Zufriedenheit aller Teilnehmer! Da mir das Ganze schon damals sehr viel Spaß gemacht hat, blieb es nicht bei diesem einen Seminar. In den folgenden Jahren hielt ich, nebenbei, immer regelmäßiger Trainings an verschiedenen Bildungseinrichtungen und bei diversen Firmen ab.

Nach dem Studium der BWL in Bielefeld und zahlreichen Tätigkeiten in anderen Bereichen – wie zum Beispiel Automobilbranche, Mode, Finanzdienstleistungen, Telekommunikation und Anzeigenverkauf – ging es jedoch immer mehr in Richtung Training. Während meiner vier Jahre als Vertriebsleiter bei einem Anzeigenmagazin nahmen auch die Schulungen meiner

Roland Geisselhart bei Alfred Biolek

Verkaufsmitarbeiter immer mehr zu. Da war für mich klar, was ich den Rest meiner Tage machen wollte: Seminare, Vorträge und Trainings abhalten. Daran hängt nun mal mein Herz. Und so machte ich mich dann Ende 1996 ausschließlich als Trainer auf den Weg. Dies alles wäre ohne meinen Onkel *Roland R. Geisselhart* so nie gelaufen. Dafür danke ich ihm sehr!

Bücher zum Thema Gedächtnistraining

Mein erstes Buch *Gedächtnis-Power für Verkäufer* ist, wie der Titel vermuten lässt, speziell für Verkäufer geschrieben. Das heißt, alle Übungen sind ganz spezifisch auf ebendiese Klientel abgestimmt. Alle verkäuferischen Bereiche, in welchen das Gedächtnis wichtig ist – und das sind einige –, werden beleuchtet. Das zweite Werk *Power-Tool Gedächtnis* ist ein kompaktes Taschenbuch. Es behandelt alle Bereiche des Gedächtnistrainings und richtet sich an jedermann, der sich für Gedächtnistechniken interessiert.

Mein drittes und erstes allein geschriebenes Buch *Souverän freie Reden halten,* wie das vorliegende Buch im GABAL Verlag erschienen, hilft all jenen, die des Öfteren Reden, Vorträge oder Präsentationen halten. Wer diese ohne Spickzettel und ohne ständig auf die Powerpoint-Präsentation zu schielen, meistern will, kann mit dem Buch lernen, wie er wirklich frei spricht.

Das vorliegende Buch

Das vorliegende Buch wendet sich an ein breiteres Lesepublikum. Es wendet sich an erfolgreiche Berufstätige im Allgemeinen sowie Führungskräfte und Manager im Speziellen.

Sie werden also keine Einkaufslisten finden, auch keine Tipps, wie Sie Ihren Kindern beim Lernen helfen können. Wenn Sie die Technik der Geisselhart-Methode allerdings beherrschen, wird dies für Sie ohnehin kein Problem sein.

In *Kopf oder Zettel?* finden Sie Anwendungen aus dem Berufsalltag für Dinge, die Sie sich merken wollen: angefangen von To-do-Listen über PIN-Codes, Kennzahlen und Fachtexte bis hin zu Namen und Gesichtern. Sie lernen, wie Sie Reden frei halten, Argumente für Verhandlungsgespräche abspeichern, Gesprächsdetails behalten und sich Daten und Fakten zu wichtigen Personen merken. Kurzum:

Nach der Lektüre und dem Durcharbeiten der Übungen (ganz wichtig!) merken Sie sich tatsächlich alles, was Sie wollen. Sie müssen nur die Geisselhart-Methode anwenden, die Technik also benutzen. Denn es gibt kein schlechtes Gedächtnis, nur ein schlecht genutztes!

Nun also los! Damit Sie sich in Zukunft auch tatsächlich fragen können: »Kopf oder Zettel?«, erfahren Sie in der Einleitung, wie Sie am besten und effektivsten mit dem Buch arbeiten.

Dabei wünsche ich Ihnen Erfolg auf Erfolg, viele verblüffende Momente und eine gesunde Portion Spaß!

Ihr Autor und Trainer
Oliver Geisselhart

Einleitung

Sie haben vor, Ihr Gedächtnis zu verbessern. Ist es wirklich das, was Sie wollen? Was steckt dahinter? Wollen Sie sich am Ende vielleicht einfach nur bestimmte Dinge – welche auch immer – sicher merken können? Wollen Sie vielleicht Ihr Gehirn strukturierter einsetzen oder eventuell sogar wieder mehr Selbstsicherheit erlangen?

Für einen Gedächtnisneuling – ohne Vorkenntnisse, Wissen und Training – ergibt sich die folgende Reihenfolge der Schwierigkeitsgrade. Diese basiert auf einer Mischung von allgemeiner Schwierigkeit und Trainingsaufwand. Auch wenn lange Zahlenreihen mit dem entsprechenden Wissen und Training letztendlich ein-

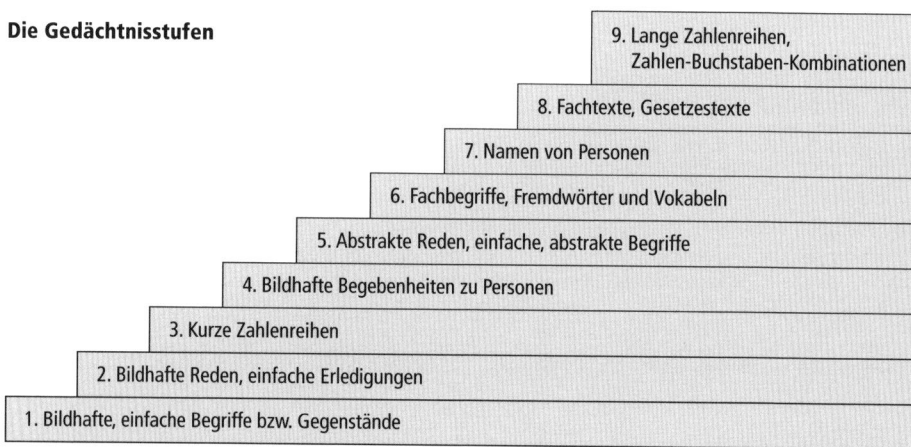

Die Gedächtnisstufen

9. Lange Zahlenreihen, Zahlen-Buchstaben-Kombinationen

8. Fachtexte, Gesetzestexte

7. Namen von Personen

6. Fachbegriffe, Fremdwörter und Vokabeln

5. Abstrakte Reden, einfache, abstrakte Begriffe

4. Bildhafte Begebenheiten zu Personen

3. Kurze Zahlenreihen

2. Bildhafte Reden, einfache Erledigungen

1. Bildhafte, einfache Begriffe bzw. Gegenstände

fach sind, ist der Trainingsaufwand bis zu diesem Stadium schon ordentlich. Und auch ohne Training bringt es jeder, schon mit dem Wissen allein, auf den unteren Stufen in kürzester Zeit weit.

Wenn Sie exakt wissen, was Sie mit Ihrem Gedächtnis erreichen möchten, können Sie dieses Buch am effektivsten einsetzen.

Wollen Sie sich beispielsweise »nur« die Namen Ihrer Mitarbeiter, Kollegen, Geschäftspartner und Kunden sicher und schnell merken und diese dann auch souverän wieder abrufen, brauchen Sie keineswegs alle Kapitel durchzuarbeiten. Es reicht dann voll und ganz aus, wenn Sie die folgenden Kapitel absolvieren: den Namenteil des Einstiegstestes (S. 27 ff.), das Unterkapitel »So einfach kann es sein« in Kapitel 1 (S. 30 f.), die beiden Kreativitätsspiele aus Kapitel 2 (S. 54 ff.) und Kapitel 4 komplett mit allen abstrakten Begriffs-, Fremdwörter- und Vokabelübungen (ab S. 90). Das sind die besten Vorübungen für das dann folgende Namen- und Gesichtertraining. Zur Erfolgskontrolle dient dann noch der Namenteil aus dem Abschlusstest am Ende (S. 225 ff.).

»So einfach kann es sein« (S. 30) und die Kreativitätsspiele (S. 54) sollten Sie auf jeden Fall lesen und bearbeiten, und zwar egal, auf welches Thema Sie später Ihren individuellen Schwerpunkt legen. Denn diese Übungen helfen, die nötige Fantasie zu entwickeln, die für die Geisselhart-Methode unerlässlich ist. Sollten Sie darüber hinaus noch an wissenschaftlichen Hintergründen interessiert sein, so lesen Sie zusätzlich Kapitel 3 (ab S. 71). Wenn Sie jeweils lange am Stück mit dem Buch arbeiten wollen, lohnt es sich meist, in Kapitel 5 (ab S. 201) hereinzuschauen.

CD-ROM

Die Übungen der beiligenden CD-ROM bearbeiten Sie bitte erst, wenn Sie dazu aufgefordert werden. Sie sind auf den Übungsverlauf des Buches abgestimmt, und es macht keinen Sinn, sie vorher durchzuspielen. Sie finden an den entsprechenden Stellen im Text jeweils die Aufforderung, die CD zu benutzen. Die Übungen darauf sind als »Sahnehäubchen«, als zusätzliche Option, gedacht. Sie können sie durchführen, müssen es aber nicht. Wer Spaß daran hat, interaktiv am PC seine Gedächtniskenntnisse zu erweitern, wird die CD-ROM lieben. Wer keinen PC haben sollte oder keine Lust hat, damit zu arbeiten, kann einfach nur die Übungen im Buch machen und wird alle Bereiche abgedeckt finden. In jedem Fall wird Sie jedoch das zusätzliche Training mit der CD-ROM weiterbringen.

Zusätzlich finden Sie Features für die Praxisumsetzung als PDF-Dokumente auf der CD. Diese sollten Sie sich auch erst nach der Buchlektüre zu Gemüte führen. Lassen Sie sich überraschen.

Wenn Sie mehr zum *Teamgeisselhart* erfahren möchten, so finden Sie auch dazu einiges auf der CD-ROM. Dies können Sie sich völlig unabhängig vom Übungsverlauf des Buches ansehen.

Selbstsicherheit und Gedächtnis

Vielleicht fragen Sie sich, wie es möglich ist, mit Gedächtnistechniken mehr Selbstsicherheit zu erlangen. Oft leidet unsere Selbstsicherheit unter unserem ungenügenden Gedächtnis.

So ging es zum Beispiel einem Seminarteilnehmer im März letzten Jahres. Er war Versicherungsmakler. Obwohl sehr erfolgreich, traute er sich auf kein Schützenfest seiner Stadt. Der Grund war, dass die meisten Leute zwar ihn kannten, er aber – zumindest damals – die allerwenigsten. Das heißt, er kannte sie schon, er wusste nur nicht, wie sie heißen. Viele Details hatte er parat. So konnte er sagen, wo die Personen wohnen, welche Policen sie bei ihm abgeschlossen haben und zum Teil sogar wie es bei den Kunden zuhause aussieht. Aber er wusste deren Namen nicht. Dies war ihm so peinlich, dass seine Selbstsicherheit sehr darunter litt. Auch er wollte sein Gedächtnis verbessern, um die Namen seiner Kunden und Geschäftspartner nun endlich sicher abzuspeichern. Also besuchte er bei mir ein Zwei-Tage-Seminar. Dort erfuhr er, dass man sich Dinge auch anders merken kann, als er geglaubt hatte. Denn dazu müssen Sie Ihr Gedächtnis nicht verbessern. Das ist zwar möglich, geht den meisten erfahrungsgemäß aber nicht schnell genug.

Mit der Geisselhart-Methode merken Sie sich Dinge schneller, als Sie denken. Aber nicht, weil Sie Ihr Gedächtnis dramatisch verbessern, sondern weil Sie es jetzt richtig benutzen. Es ist heute wissenschaftlich erwiesen, dass unser Hirn trainierbar ist wie ein Muskel.

Und das ist gleichzeitig auch der große Nachteil: Ein Muskel wächst langsam und braucht lange, um stärker zu werden. Nun will ja hoffentlich niemand sein Gehirn nur so zum Spaß trainieren, weil's »schöner« aussieht. Es ist nicht wie beim Krafttraining. Wer Krafttraining ausübt, möchte dadurch körperlich stärker werden, um bestimmte Arbeiten verrichten zu können. Die dazu nötige Kraft aufzubauen braucht Zeit und hartes Training.

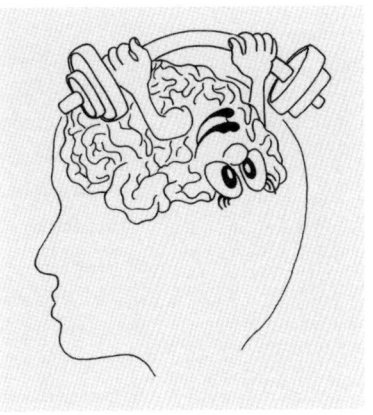

Was nun, wenn Ihnen jemand zeigen könnte, wie Sie die Arbeit verrichten können, ohne stärker werden zu müssen? Angenommen, es könnte Ihnen jemand zeigen, wie Sie genau diese Arbeit mit Ihrer schon vorhandenen Kraft, aber mit einer bestimmten Technik erledigen könnten? Sie müssten also nicht monatelang ins Kraftstudio und hartes Training absolvieren. Sicher würden Sie diese Variante vorziehen. Immer vorausgesetzt, Sie trainieren nicht des Aussehens wegen.

Gedächtnistraining ist kein Krafttraining

So haben mein Onkel und ich im Laufe der letzten Jahrzehnte eine Methode entwickelt, mit der Sie alles Erdenkliche sicher und zuverlässig in kürzester Zeit abspeichern und jederzeit wieder abrufen können. Mit der Geisselhart-Methode ist dies erreichbar. Diese Technik ist in erfreulich kurzer Zeit erlernbar und vor allem absolut praktisch umsetzbar und anwendbar.

Schon 1964 fing mein Onkel *Roland R. Geisselhart* an, die verschiedensten Gedächtnis- und Mentaltechniken zu studieren. So findet die Geisselhart-Methode ihren Ursprung in den Mnemotechniken der alten Griechen. Meinem Onkel half die Methode schon während seiner Schulzeit beim Vokabellernen. Auch Formeln und lange Texte merkte er sich damit leicht. Später führte er mich in die Gedächtniskunst ein, und auch mir half die Technik in der Schule und beim Studium. Im Beruf konzentrierten wir beide uns dann zum Beispiel darauf, uns Namen zu merken, To-do-Listen zu behalten und Stichpunkte für Vorträge, Verhandlungen und Gespräche abzuspeichern – alles Faktoren, die einem den Berufsalltag erleichtern. Nun wissen Sie das Wichtigste über die Entstehung der Methode und kennen ein paar Anwendungsgebiete.

Die Geisselhart-Methode

Viel wichtiger für Sie, liebe Leserin, lieber Leser (zu Gunsten der besseren Lesbarkeit benutze ich fortan nur eine Ansprache, ich bitte um Verständnis), ist es aber, dass die Geisselhart-Methode aus der Praxis für die Praxis kommt. Sie ist kein Selbstzweck und kein Sport. Auch wenn Gedächtnissport heute zu Recht einen hohen Stellenwert einnimmt und Sie nach der Lektüre natürlich auch an Gedächtnismeisterschaften teilnehmen könnten. Darum geht es im vorliegenden Buch aber nicht. Es geht um Erfolg: im Beruf und im Leben. Und es freut mich sehr, dass Sie sich für die Geisselhart-Methode entschieden haben. Der erste Schritt ist getan. Die nächsten Schritte werden Sie von Erfolg zu Erfolg tragen und dabei auch noch Spaß machen.

Übungen Allerdings müssen Sie die entsprechenden Übungen auch tatsächlich durchführen. Erfolg buchstabiert man nun mal T-U-N! Auch laufen haben Sie nur gelernt, weil Sie es *getan* haben. Und Sie haben es lange getan, bevor Sie gut laufen konnten. Im Kindesalter fällt uns so etwas noch relativ leicht, weil wir es nicht anders kennen. Mit zunehmendem Alter werden die meisten von uns ungeduldiger. Sie wollen dann sofort Ergebnisse und große Fortschritte sehen. Wenn diese ausbleiben, geben sie die Sache recht schnell auf – schade eigentlich! Beim Sport übrigens findet sich hier eine Ausnahme. Kaum jemand erwartet, in nur zwei oder drei Tagen wirklich gut skifahren zu lernen. Da übt man für so manchen Schwung schon mal eine ganze Saison. Als Kind konnten Sie hervorragend krabbeln und nahmen dann einen herben Rückschritt in Kauf: Sie begannen, auf zwei Beinen zu gehen. Da waren Sie am Anfang deutlich langsamer. Doch Sie machten weiter, ohne sich großartig Gedanken darüber zu machen. Und ich nehme an, bereits als kleines Kind und heute erst recht können Sie ziemlich gut laufen.

tun ist effektiver als lesen

Warum? Weil Sie immer geübt haben. Sie haben durch einfaches T-U-N gelernt. *Übung durch Anwendung.* Dies sollten Sie auch mit der Geisselhart-Methode so machen. Zu Beginn werden Sie das eine oder andere Mal langsamer sein als bisher. Dies ändert sich, wenn Sie am Ball bleiben, aber schon sehr, sehr schnell.

**Kümmern Sie sich weniger um Ihre Skepsis und um even-
tuelle Nachteile der einen oder anderen Anwendung.
Tun Sie es einfach. Sie halten kein Lesebuch in Händen.
Also machen Sie, ohne Stress und ohne Druck, immer
mal wieder die eine oder andere Übung. Dann klappt es
immer besser – und meist schneller, als Sie denken.**

Bei allem Ehrgeiz ist eines aber ganz besonders wichtig: *Fehler machen ist erlaubt!!!* Aus meiner Sicht hat die Schule damals einen sehr, sehr großen Fehler gemacht: Fehler rot anzustreichen. Das ist heute schon hier und da anders. Aber zu meiner Zeit wurden in einem Diktat mit 100 Wörtern die fünf falsch geschriebenen Wörter rot angestrichen. Damit wurde der Grundstein gelegt, vor Fehlern Angst zu haben. Nahezu jeder erwachsene Mensch hat heute große Angst davor, Fehler zu machen. Wieso eigentlich? Es ist etwas absolut Menschliches. Perfektion weckt Aggression!

Fehler erlaubt!

Zu Beginn meiner Vorträge bzw. Seminare demonstriere ich oft, was mit der Geisselhart-Methode gedächtnistechnisch möglich ist. Ich lasse einen Teilnehmer am Flipchart zu den Zahlen 1 bis 20 Begriffe notieren. Völlig durcheinander rufen die restlichen Teilnehmer zuerst eine Zahl zwischen 1 und 20 und dazu einen willkürlichen Begriff in den Raum, z. B. »Nr. 5: Fenster«, »Nr. 9: Desoxyribonukleinsäure«, »Nr. 16: xh264k«. Nachdem der Teilnehmer am Flipchart alle zugerufenen Begriffe notiert hat – er muss schnell schreiben, weil die Zuschauer nicht warten wollen –, sage ich alle Begriffe mit der richtigen Zahl davor auswendig auf. Ich fange bei 1 an und höre bei 20 auf. Obwohl die Begriffe durcheinander zugerufen wurden, speichere ich sie gleich bei der entsprechenden genannten Zahl ab.

Demonstration der Geisselhart-Methode

Dieses Kunststück führt regelmäßig zu »Kiefersperre« (Staunen mit offenem Mund) bei den meisten Teilnehmern. Und jetzt kommt das Wichtigste: Auch wenn diese Demonstration nicht perfekt gelingt – und es passiert öfter, dass mir beim ersten Durchgang zwei bis drei Begriffe fehlen –, kommt sie sehr gut bei den Teilnehmern an. Besser sogar als eine perfekte Nummer! Ich stellte fest, dass bei einer perfekten Demo sogar viele Zuschauer dichtmachen und denken: »Angeber«. Zu Recht. Was soll das auch? Da stellt »der« sich vorne hin und zeigt, was für ein toller

Hecht er ist. Mache ich hingegen einen oder zwei Fehler, sieht die Sache ganz anders aus. Jetzt bin ich auf einmal sympathisch, menschlich – eben nicht perfekt. Und als mir dies bewusst wurde, habe ich fortan den Druck herausnehmen können. Ich muss eben nicht perfekt sein. Ich darf Fehler machen. Auch 18 Richtige sind noch sehr gut.

Sich über Fehler freuen Lernen bedeutet, Fehler zu machen. Kleine Kinder freuen sich, wenn sie entdecken, dass sie einen Fehler gemacht haben. Wir Erwachsenen hingegen beschimpfen uns meist selbst, wenn wir merken, dass wir ein und denselben Fehler schon ein paarmal gemacht haben. Dies geschieht häufig am PC. Haben Sie sich nicht auch schon einmal beschimpft, als Sie merkten, dass Sie einen Fehler gemacht hatten? Viermal hat es nicht geklappt und beim fünften Mal fällt Ihnen endlich der Fehler auf. Viele sagen jetzt zu sich selbst: »Du Idiot, du Hornochse, du Kuh, so blöd kannst auch nur du sein, das hätte mal einem anderen passieren sollen, Mensch – bist du dämlich …« Vielleicht klingt das nicht immer ganz so extrem. Aber haben Sie sich schon einmal überlegt, was in dem Moment passiert, in dem Sie den Fehler erkennen? In diesem Moment sind Sie bereits schlauer als vorher! Ja klar, sonst wäre Ihnen der Fehler ein weiteres Mal nicht aufgefallen. Also warum schimpfen? Sie sollten es wie kleine Kinder machen: Sie sollten sich freuen, den Fehler entdeckt zu haben, Sie sollten sich loben.

Wäre es nicht toll, keine Angst mehr zu haben, Fehler zu machen? Würde da nicht so manchem eine riesige Last von den Schultern fallen? Da will man irgendwelchen Vorbildern nachjagen, oft übrigens den Eltern. Diese erscheinen vielen Kindern als perfekt. Und das Resultat ist die Angst, Fehler zu machen. Die Konsequenz daraus ist dann oft, dass so manches gar nicht erst getan wird, denn dann kann auch nichts schief gehen. Aber wo gehobelt wird, fallen Späne. Deshalb gilt für alle Übungen im gesamten Buch:

> **Fehler machen ist erlaubt, ja sogar manchmal erwünscht! Und außerdem ganz wichtig: Perfektion weckt Aggression!**

1. Vom Gedächtnisbesitzer zum Gedächtnisbenutzer

Wie effektiv benutzen Sie Ihr Gedächtnis?

Wie Sie bereits erfahren haben, geht es weniger darum, Ihr Gedächtnis drastisch zu verbessern, als vielmehr darum, es richtig zu benutzen. Das haben ja die wenigsten gelernt. Zumindest nicht in der Schule, denn dort bedeutet lernen meist noch auswendig lernen – und das durch Wiederholung.

Doch dies gehört ab heute der Vergangenheit an! Ab heute lernen Sie, wie es effektiver geht – sehr viel effektiver!

Effektiv lernen

> **Mit der Geisselhart-Methode sind Sie in der Lage, alles – wirklich alles, was Ihnen wichtig ist –, sicher und schnell abzuspeichern und das Gemerkte souverän zu jeder Zeit wiederzugeben.**

Doch damit nicht genug: Durch die Geisselhart-Methode eröffnen sich Ihnen noch weitere Vorteile.

Ihre Vorteile bei Anwendung der Geisselhart-Methode

Sie sind in der Lage, sicher und schnell alle Arten von Informationen zu speichern. Die Geisselhart-Methode ermöglicht es, dass Sie:

Sie merken sich, was Sie wollen

- sich Namen und Gesichter sofort merken,
- Fachliteratur und Fachinformationen speichern,
- Vokabeln und Fremdsprachen leicht und dauerhaft lernen,
- Terminkalender im Kopf haben,
- To-do-Listen sicher abspeichern,
- PIN-, Telefon- und Geheimzahlen mit Leichtigkeit behalten,
- Reden, Vorträge und Präsentationen frei halten,
- Fachbegriffe und deren Bedeutung speichern,
- sich die besten Witze merken,
- nie mehr Schlüssel, Brille oder Handy suchen.

Sie sparen Zeit Sie sparen Zeit, denn Sie merken sich Ihre wichtigen Infos in deutlich weniger Zeit als bisher, auch in weniger Zeit, als Sie fürs Aufschreiben benötigen.

Sie erlangen Souveränität und Sicherheit Sie haben die gewünschten Informationen zur passenden Zeit parat und geraten deshalb, zumindest gedächtnistechnisch, nie wieder in peinliche Situationen.

Sie werden kreativer Dadurch, dass die rechte Gehirnhälfte genutzt wird, entfaltet sich Ihre Kreativität wieder.

Sie werden schlagfertiger Wer kreativer ist, findet schneller die passenden Antworten, auch in Stresssituationen.

Sie lösen Probleme schneller und effektiver Eine weitere Folge Ihrer gesteigerten Kreativität ist, dass Sie Probleme schneller und effektiver lösen. Sie sind offener für Neues und stehen unkonventionellen Ideen aufgeschlossener gegenüber.

Sie werden selbstsicherer Ihnen wird bewusst, welche Fähigkeiten in Ihnen stecken, und als logische Konsequenz werden Sie ein gutes Stück selbstsicherer. Sie haben die für Sie wichtigen Informationen ständig abrufbereit. Sie haben die Namen der Ihnen wichtigen Personen sicher im Kopf. Gedächtnistechnisch sollten Sie auf diese Weise nie wieder in peinliche Situationen geraten. Und wenn doch einmal, dann hilft Ihnen Ihre Schlagfertigkeit.

Sie werden sehen, dass es viel Spaß macht, sein Gedächtnis richtig zu nutzen. Das hört sich jetzt vielleicht noch unglaublich für Sie an, aber Sie werden es erleben. Wenn lernen Spaß macht, fällt es leichter, und Sie lernen mehr. Das macht Sie erfolgreicher, da es sich auf alle Bereiche Ihres Lebens auswirkt.

Sie entdecken den Spaß am Lernen wieder

Zu leben bedeutet zu lernen.
Lernen ist wie rudern gegen den Strom: Wer aufhört, treibt zurück.

Die Ist-Analyse

Damit Sie sehen, welche Steigerungen Sie in den einzelnen Praxisanwendungen erreichen, schauen wir uns zuerst einmal an, wie es bisher um Ihre Gedächtnisnutzung steht. Bevor wir also richtig loslegen, machen wir erst einmal eine Ist-Analyse.

Dazu durchlaufen Sie ab Seite 20 einen umfangreichen Einstiegstest zu allen möglichen Themengebieten und Anwendungsbereichen. Wenn Sie nach diesem Test das komplette Buch mit sämtlichen Übungen durcharbeiten, sind Sie gewappnet für den Abschlusstest. Sie können dann haargenau erkennen, in welchen Bereichen Sie sich um wie viel verbessert haben. Kleiner Tipp am Rande: Je schlechter Sie beim Einstiegstest abschneiden, desto größer ist Ihr Steigerungspotenzial.

Wenn für Sie nicht alle Bereiche von Belang sind, können Sie gerne nur die Gebiete bearbeiten, die Sie interessieren. So verfahren Sie auch mit dem Rest des Buches: Sie brauchen nicht von vorne bis hinten alles durchzuarbeiten. Wenn Sie ein Kapitel oder eine Anwendung nicht in Ihrer Alltagspraxis benötigen, lassen Sie es aus oder machen es nur trainingshalber.

Bitte halten Sie sich bei den einzelnen Tests an die jeweils vorgegebenen Zeiten. Nur so können Sie im Nachhinein wirklich vergleichen.

Nun kann es losgehen. Merken Sie sich bitte – wie auch immer Sie dies tun – die Inhalte der einzelnen Übungen des Einstiegstests. Es folgt eine Übung, später dann die Abfrage.

Einstiegstest

Am laufenden Band

Bitte decken Sie zuallererst die Liste unten auf dieser Seite ab. Sie haben genau *eine Minute Zeit*, sich die zehn Wörter zu merken. Wie Sie das machen, also mit welcher Technik, bleibt Ihnen überlassen.

Lesen Sie sich nun die Begriffe durch und merken Sie sich die Wörter. Bitte achten Sie dabei auch auf die Reihenfolge. Wichtiger als die Reihenfolge sind natürlich die einzelnen Begriffe selbst. Das Sahnehäubchen wäre allerdings noch zusätzlich die richtige Zahl davor.

Wenn die Minute um ist – bzw. auch früher, wenn Sie der Meinung sind, alle Punkte abgespeichert zu haben –, decken Sie die Liste wieder zu. Machen Sie dann die nächste Übung, und bitte erst danach tragen Sie auf Seite 22 die gesuchten Begriffe in die freien Felder ein.

Maximale Zeit: 1 Minute

1. Schreibtischlampe
2. Krawatte
3. Zeitung
4. Segelboot
5. Zigarre
6. Parfum
7. Garage
8. Camcorder
9. Kinokarte
10. Inliner

Eine Minute ist um. War doch genau eine Minute, oder? Wenn nicht, dann hoffentlich weniger, denn die maximale Zeit war eine Minute. Notieren Sie sich die genau benötigte Zeit. Diese brauchen Sie ja noch zum Vergleich für den Abschlusstest. Tragen Sie Ihre benötigte Zeit in Minuten und Sekunden bitte auf die folgende Linie ein.

Exakt benötigte Zeit: _____ Minuten _____ Sekunden

Weiter geht's mit der nächsten Testeinheit.

Post-its und Zettelwirtschaft. Oder geht's auch anders?

Als Erstes decken Sie bitte die Liste unten wieder ab.

Bei diesem Test werden Sie sehen, wie gut Sie sich Erledigungen, also To-do-Listen, merken können. Genau wie bei der vorangegangenen Übung merken Sie sich bitte die folgenden zehn Tätigkeiten. Hierbei spielt nun die Reihenfolge eine größere Rolle. Es ist ja mitunter wichtig, die eine Aufgabe eben genau nach oder vor oder fast zeitgleich mit einer anderen zu erledigen. Sie erhalten hierfür etwas mehr Zeit. Merken Sie sich jetzt bitte die folgenden Aufgaben in der vorgegebenen Reihenfolge. Decken Sie bitte auf.

Maximale Zeit: 1 Minute und 30 Sekunden

1. Lieferung reklamieren
2. Arztbesuch vereinbaren
3. Versicherungsfall melden
4. Neue Internet-Domainnamen sichern
5. Fachartikel lesen
6. Schuhe zum Schuster bringen
7. Den neuen Mitarbeiter begrüßen
8. Ihre Tochter von der Schule abholen
9. Wein einkaufen
10. Paket zur Post bringen

Tragen Sie die benötigte Zeit ein:

Exakt benötigte Zeit: _____ Minuten _____ Sekunden

Bitte tragen Sie jetzt in die unteren freien Felder die Begriffe des ersten Tests »Am laufenden Band« ein, ohne noch mal dorthin zu schielen, einfach aus dem Gedächtnis. Auch hierfür haben Sie wieder maximal eine Minute Zeit. Bitte achten Sie auf die Zeit. Dann vergleichen Sie die einzelnen Wörter der Liste mit denen von Seite 20. Ihre Punkte addieren Sie bitte und tragen die Summe in das dafür vorgesehene Kästchen ein. Sie erhalten 0,5 Punkte für jeden richtigen Begriff an der falschen Stelle und 1 Punkt für jeden richtigen Begriff an der richtigen Stelle. Und: Fehler zu machen ist o.k. Sie erinnern sich: Perfektion weckt Aggression.

Am laufenden Band – Ihre Lösungen

Maximale Zeit: 1 Minute

1. _____

2. _____

3. _____

4. _____

5. _____

6. _____

7. _____

8. _____

9. _____

10. _____

Exakt benötigte Zeit: _____ Minuten _____ Sekunden

Maximale Punktzahl: 10 Punkte

Meine Punktzahl: _____ Punkte

Na, wie viele wussten Sie noch? Wenn Sie zwischen fünf und sieben gewussten Begriffen liegen, sind Sie im Kreise der meisten Seminarteilnehmer. Das ist in etwa der Durchschnitt. Allerdings meine ich nur die richtigen Begriffe, nicht die Platzierung. Der Durchschnitt liegt demnach bei einer Gesamtpunktzahl zwischen

2,5 und 5,5 – 5 richtige Begriffe x 0,5 Punkte (weil falsch platziert) = 2,5 Punkte bzw. 4 x 1 (also 4 richtig platzierte) = 4 + 3 x 0,5 (für 3 falsch platzierte) = 5,5 Punkte gesamt. Wenn Sie durch die richtige Platzierung oder mehr gewusste Begriffe eine höhere Punktzahl erreicht haben, sind Sie überdurchschnittlich gut. Dann ist aber Ihr Steigerungspotenzial automatisch geringer. Tragen Sie Ihre Gesamtpunktzahl bitte oben in die dafür vorgesehene Linie ein.

Nun folgt die Erledigungsliste. Mal sehen, wie gut Sie hierbei abschneiden. Sie haben wieder eine Minute Zeit, sich zu erinnern.

Maximale Zeit: 1 Minute

Post-its und Zettelwirtschaft – Ihre Lösungen

1. _____

2. _____

3. _____

4. _____

5. _____

6. _____

7. _____

8. _____

9. _____

10. _____

Exakt benötigte Zeit: _____ Minuten _____ Sekunden

Maximale Punktzahl: 10 Punkte

Meine Punktzahl: _____ Punkte

Jede richtige und richtig platzierte Erledigung gibt wieder einen Punkt. Jede richtige, aber falsch platzierte nur 0,5 Punkte. Also Punkte vergeben, zusammenzählen und oben eintragen. Die Werte sind in etwa mit denen des vorigen Tests vergleichbar. Wenn Sie hierbei besser waren, könnte es daran liegen, dass Sie sich Ihren Tagesplan sowieso schon immer im Kopf gemerkt haben und deshalb gut trainiert sind. Wenn Sie hierbei schlechter abgeschnitten haben als vorher, schreiben Sie Ihre Listen vielleicht sofort auf oder speichern Sie computergestützt. Vielleicht kamen Sie aber auch einfach nur durcheinander, weil es zwei ähnliche Übungen waren. Dies wird Ihnen schon nach kurzer Zeit nicht mehr passieren. Sie werden lernen, sich ähnliche Daten sicher und unabhängig voneinander zu merken.

Wie gut merken Sie sich PINs, Geheim- und Telefonnummern?

Schauen wir doch einmal, wie gut es um Ihr Zahlengedächtnis bestellt ist. Merken Sie sich dazu bitte die folgenden Zahlenkombinationen. Nach der nächsten Übung können Sie wieder prüfen, wie viele Nummern Sie behalten haben.

Maximale Zeit: 2 Minuten

1. Bankpin: 4621
2. Kofferschloss: 795
3. Zahlencode für Tür: 46378
4. Telefonnummer: 040/2868419
5. Handynummer: 0171/8624367

Exakt benötigte Zeit: _____ Minuten _____ Sekunden

Wie heißt das jetzt noch gleich? Fachbegriffe behalten

Ja, wir schreiten hurtig voran. Der Zahlentest hatte es schon ganz schön in sich. Die nun folgende Übung ist auch nicht von schlechten Eltern. Es geht um Fachbegriffe. Merken Sie sich also die unten stehenden Fachbegriffe und die jeweilige Bedeutung.

Maximale Zeit: 3 Minuten

1. Halophyt = Salzpflanze
2. Palatum durum = knöcherner Gaumen

3. Systaltisch = zusammenziehend
4. Podagra = Fußgicht
5. Anemogramm = Windmesseraufzeichnung
6. Putamen = Schale (Teil des Gehirns)

Bitte Zeit nehmen und eintragen. Dann kann es mit der Auflösung des Zahlentests weitergehen.

Exakt benötigte Zeit: _____ Minuten _____ Sekunden

Maximale Zeit: 1 Minute und 30 Sekunden

PINs, Geheim- und Telefonnummern – Ihre Lösungen

1. Zahlencode für Tür: _____

2. Handynummer: _____

3. Bankpin: _____

4. Kofferschloss: _____

5. Telefonnummer: _____

Exakt benötigte Zeit: _____ Minuten _____ Sekunden

Maximale Punktzahl: 10 Punkte

Meine Punktzahl: _____ Punkte

Für jede richtige Zahlenkombination erhalten Sie zwei Punkte. Bitte nur für exakt richtige. Denn auch wenn »nur« eine Zahl einer Telefonnummer falsch ist und alle anderen richtig sind, werden Sie nie die Person erreichen, die Sie sprechen wollen. Also vergleichen Sie bitte Ihr Ergebnis und errechnen Sie Ihre Punkte. Dann schauen wir mal, wie es um Ihre Fachbegriffe steht.

Maximale Zeit: 1 Minute und 30 Sekunden

Fachbegriffe – Ihre Lösungen

Halophyt = _____

Fußgicht = _____

Zusammenziehend = _____

Anemogramm = _____

knöcherner Gaumen = _____

Putamen = _____

Exakt benötigte Zeit: _____ Minuten _____ Sekunden

Maximale Punktzahl: 9 Punkte

Meine Punktzahl: _____ Punkte

Es ist etwas schwieriger, von der deutschen Bedeutung auf den Fachterminus zu kommen als umgekehrt, deshalb: Für jedes richtig gewusste Fachwort erhalten Sie zwei Punkte, für jede korrekte deutsche Bedeutung einen. Auf die Schreibweise brauchen Sie nicht zu achten, es geht hier nur darum, den gesuchten Fachbegriff richtig auszusprechen.

O.k., halten Sie durch. Es sind nur noch zwei Tests offen. Ich weiß, dass das schon eine ziemlich harte Nuss ist, und auch noch gleich zu Beginn. Denken Sie an die Vergleichsmöglichkeit am Ende des Buches, dort macht es sich bezahlt.

Spanisch müsste man können

Mal sehen, wie gut Sie Vokabeln lernen. Es geht auch hierbei nicht um die Schreibweise, sondern lediglich um die Aussprache. Aus diesem Grund finden Sie in der Klammer hinter der Vokabel immer auch die Lautschrift. Es ist keine echte Lautschrift. Aus meinen Trainings und Seminaren weiß ich, dass viele Menschen mit meiner speziellen Lautschrift viel besser und einfacher zurechtkommen als mit der originalen. Meine Version ist einfach: Sie sprechen die besagte Vokabel einfach original so aus, wie sie geschrieben wird, bzw. so, wie Sie diese in der Klammer lesen. Als Beispiel nehmen wir einmal die englische Vokabel für »Tisch«, also »table«. In meiner Lautsprache wird »table« dann so geschrieben: »teibl«. Wobei Sie hier dann das »e« (ei) wirklich auch als »e« (ei) sprechen und nicht etwa wie gewohnt eher als »a« (ai). Steht keine Klammer dahinter, wird die Vokabel so gesprochen, wie sie geschrieben wird. Das war dann auch schon alles. Also legen wir los:

Maximale Zeit: 5 Minuten

1. credulity (ausgesprochen: Krädiuliti) = Leichtgläubigkeit (engl.)
2. penance (pinäns) = Buße (engl.)
3. legal tender (ligel tänder) = gesetzliches Zahlungsmittel (engl.)
4. liability (laiäbiliti) = Passivposten (engl.)
5. velluto = Samt (ital.)
6. drisidratare = trocken (ital.)
7. lavaplatos = Geschirrspüler (span.)
8. recaudacion (rekaudasion) = Einnahmen (span.)

Exakt benötigte Zeit: _____ Minuten _____ Sekunden

Und wir kommen auch schon zur letzten Übung.

Wir kennen uns doch, wie heißen Sie noch? Namen behalten

Die meisten meiner Seminarteilnehmer sind immer absolut gespannt auf das Thema Namen merken. Den allermeisten geht es wie in der Überschrift: Sie erkennen die Person zwar, wissen also, dass sie diesen Menschen schon einmal kennen gelernt haben, nur der Name will Ihnen beim besten Willen nicht einfallen. So was kann sehr peinlich sein. Ich erinnere hier an den Versicherungsagenten, der im März 2011 bei mir im Seminar war. Sie erinnern sich doch? In der Einleitung haben Sie diese Begebenheit gelesen.

Es geht also hier darum, sich die Namen zu den folgenden Personen einzuprägen. Wieder wie gewohnt: Schreibweise egal, Aussprache zählt. Sehen Sie sich die Fotos an und prägen Sie sich die dazugehörigen Namen ein.

Achten Sie bitte auch bei dieser Übung wieder auf die Zeit:
Maximale Zeit: 5 Minuten

Frau Schüller   Frau Buche   Frau Bloss   Herr Rusch   Herr Wieland

Frau Wohlers-Stimmler Frau Burchard   Frau Calvör   Herr Warnatz   Herr Wöltje

Ihre tatsächlich benötigte Zeit tragen Sie bitte wieder ein.

Exakt benötigte Zeit:_____ Minuten _____ Sekunden

So, das war's. Ende mit dem Einprägen. Noch schnell die beiden letzten Tests eintragen und Sie haben den ersten Teil hinter sich gebracht.

Spanisch müsste man können – Ihre Lösungen

Maximale Zeit: 2 Minuten

1. trocken (ital.) = _____

2. legal tender = _____

3. credulity = _____

4. Einnahmen (span.) = _____

5. Buße (engl.) = _____

6. Passivposten (engl.) = _____

7. velluto = _____

8. lavaplatos = _____

Exakt benötigte Zeit: _____ Minuten _____ Sekunden

Maximale Punktzahl: 12 Punkte

Meine Punktzahl: _____ Punkte

Jede richtige Vokabel bringt Ihnen zwei Punkte. Die deutsche Bedeutung, auf die
man in der Regel leichter kommt, nur einen. Wieder ist die Schreibweise egal.

Maximale Zeit: 2 Minuten   **Namen behalten –
                                                              Ihre Lösungen**

Herr _____ Frau _____ Herr _____ Frau _____ Frau _____

Frau _____ Frau _____ Herr _____ Herr _____ Frau _____

Exakt benötigte Zeit: _____ Minuten _____ Sekunden

Maximale Punktzahl: 20 Punkte

Meine Punktzahl: _____ Punkte

Jeder richtige Name unter dem korrekten Foto bringt Ihnen zwei Punkte. Auch
hier bleibt die Schreibweise wieder unwichtig. Sie wollen die Person ja lediglich
mit dem richtigen Namen ansprechen. Sollten Sie diesem Menschen etwas
schreiben wollen, sehen Sie wegen der kompletten Adresse ja sowieso meist in
Ihrer Adressdatenbank nach.

Nun ist es geschafft. Jetzt brauchen Sie nur noch alle Punkte zusammenzuzählen, und Sie erhalten Ihre Gesamtpunktzahl für den kompletten Test.

Mögliche Punktzahl: 71

Meine Gesamtpunktzahl: _____ Punkte.

Die durchschnittlich erreichte Punktzahl bei diesem Test ist ca. 17 bis 22. Wenn Sie darunter liegen – wunderbar, dann sind Ihre Steigerungschancen riesig und der Kauf dieses Buches lohnt sich für Sie so richtig. Liegen Sie darüber, sind Sie schon ziemlich gut. Ab 30 Punkten sind Sie schon sehr gut. Und wer mehr als 40 hat, ist unglaublich gut. Trotzdem lohnt sich das Buch auch für diese Naturtalente. Nach den Übungen im Buch werden Sie beim Abschlusstest die 40 Punkte locker überschreiten. Die Überflieger unter Ihnen schaffen sogar zum Teil 60 bis 65 Punkte. Alle 71 wären fast schon unheimlich.

Bevor Sie nun Ihre Ziele festlegen, die Sie mit Hilfe dieses Buches erreichen wollen, steigen wir kurz in die Grundlagen der Geisselhart-Methode ein. Dies hat für Sie den Vorteil zu erkennen, wie schnell Sie Fortschritte machen und wie gut Sie jetzt schon sind. Nahezu alle Teilnehmer meiner Vorträge oder Seminare können sich dies im Vorfeld nicht vorstellen. Sie denken immer, dass es viel schwieriger sei, und haben vorher nie und nimmer mit so großen Erfolgen gerechnet. Dies bedeutet jetzt ja auch, dass Sie Ihre Ziele entsprechend höher setzen können. Erst wenn Sie eine Ahnung davon haben, was machbar ist, ist es sinnvoll zu planen!

So einfach kann es sein

Der Merkturbo Das Geheimnis hinter phänomenalen Gedächtnisleistungen ist das Denken in Bildern. Bilder speichert unser Hirn wesentlich schneller, besser und sicherer ab als bloße Informationen bzw. als hintereinander gereihte Schriftzeichen. Wenn zu diesen Bildern noch passende Gefühle hinzukommen, haben Sie damit einen »Merkturbo« eingeschaltet. Sie erfahren in Kapitel 3 noch mehr zu den theoretischen Hintergründen. Dort lesen Sie auch, was sonst noch hilfreich und förderlich für Ihr wichtigstes und am meisten Erfolg bringendes Organ, Ihr Gehirn, ist. An dieser Stelle steigen wir in die Geisselhart-Methode ein, bevor es mit Ihrer Zielfestlegung weitergeht.

Die Kettentechnik

Mit der Kettentechnik merken Sie sich schnell, einfach und sicher alle Arten von Listen. Wenn es darauf ankommt, eins nach dem anderen abrufen zu können, ist diese Technik die richtige. Wenn Sie selektiv auf einzelne Punkte zugreifen wollen, so können Sie dies ganz leicht mit Hilfe der Zahlensymbole im nächsten Kapitel.

Erinnern Sie sich noch an unseren »Am laufenden Band«-Test? Wir machen ihn hier noch einmal. Diesmal selbstverständlich mit anderen Begriffen und mit der Kettentechnik. Sie werden sehen, dass Sie deutlich mehr wissen und deutlich sicherer dabei sind. Vorausgesetzt natürlich, Sie hatten beim Test nicht gerade acht oder mehr Punkte.

Die gleich folgenden Begriffe werden, wie oben schon angedeutet, als Bilder abgespeichert. Überlegen Sie bitte kurz, wie Sie sich die Begriffe beim Test vorne gemerkt haben. Unbewusst versuchen es viele Menschen schon mit Bildern. Die meisten haben dann aber Probleme, einen Zusammenhang zwischen den einzelnen Begriffen herzustellen. Dies ist zwingend nötig. Sie können sich eine Liste auch wie eine Kette vorstellen: Das erste Glied ist mit dem zweiten verkettet, das zweite Glied mit dem dritten, das dritte mit dem vierten usw. und das vorletzte mit dem letzten.

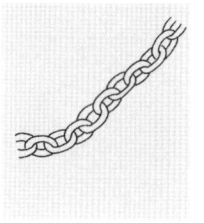

Bei einer Liste muss nach der Kettentechnik genauso das erste Glied, in diesem Fall dann der erste Begriff, mit dem zweiten verknüpft werden, der zweite mit dem dritten usw. Dazu ist eine gehörige Portion Kreativität nötig. Denn die Begriffe haben ja in der Regel nichts miteinander zu tun.

Mit Spaß zum (Gedächtnis-)Erfolg

Es sind genau zwei Voraussetzungen, die Sie mitbringen müssen, um maximalen Erfolg zu haben: Sie sollten im Geiste Bilder sehen können, und Sie sollten skurril und lustig bzw. kreativ denken können. Wenn dies noch nicht so gut klappt, dann werden Sie diese Fähigkeiten erlernen. Wenn Sie die einzelnen Übungen durchlaufen, werden Sie ein gutes Stück kreativer, und Ihr geistiges Vorstellungsvermögen wird sich stark verbessern.

Eine skurrile Geschichte ... Damit Sie die notwendige Kreativität wieder entwickeln können, gebe ich Ihnen die Verknüpfungen erst einmal noch vor. Das heißt, Sie brauchen nur die gleich folgende Geschichte, welche unter den Begriffen steht, zu lesen und sich diese so gut es Ihnen möglich ist vor Ihrem geistigen Auge vorzustellen. Die Geschichte wird sehr skurril sein. Dadurch wird sie für das menschliche Gehirn sehr »merk-würdig«. Normale Geschichten oder Bilder merken wir uns wesentlich schlechter als skurrile, abnormale, verrückte Geschichten oder Bilder. Lassen Sie sich deshalb also nicht verschrecken, sondern öffnen Sie Ihren Geist für Neues und vielleicht Ungewöhnliches. Es wird sich auszahlen, garantiert.

1. Heißluftballon
2. Halskette
3. Fahrrad
4. CD-ROM
5. Golftasche
6. Laptop
7. Aktie
8. Wecker
9. Rucksack
10. Handy

... für Ihr Kopfkino Und hier die Geschichte dazu. Bitte unbedingt als »Film« in Ihrem »Kopfkino« ansehen. Stellen Sie sich bitte einen großen, bunten *Heißluftballon* vor. Um diesen legen Sie behutsam die *Halskette* herum. Vorsicht bitte, nicht dass der Ballon beschädigt wird. Kaum liegt die Kette um den Ballon, stellen Sie fest, dass die Kette an Ihrem *Fahrrad* defekt ist. Schnell tauschen Sie diese durch die Halskette aus. Also spannen Sie bitte in Gedanken die teure Halskette auf Ihr Fahrrad auf. Dies sieht etwas komisch aus. Noch komischer allerdings sind die Räder Ihres Fahrrads. Diese sind nämlich überdimensionale *CD-ROMs*. Die blitzen schön silbrig, und Sie sind deshalb an Ihrem Fahrrad gut zu erkennen.

Falls die CD-ROMs mal beschädigt werden sollten, haben Sie immer genügend Vorrat in Ihrer *Golftasche* dabei. Aus der quellen die silbernen Scheiben bereits heraus. Bitte immer schön in Bildern mitdenken. Das Tolle an Ihrer Golftasche ist die extra *Laptop*-Halterung an der Seite. Dort können Sie bequem Ihren Laptop befestigen und damit arbeiten. Sie nutzen dies immer gerne, um auch auf dem Golfplatz nach Ihren *Aktien* zu schauen. So sind Sie stets informiert, wie Ihre Aktien stehen. Damit Sie nicht zu lange mit Ihren Aktien beschäftigt sind, haben Sie sich einen großen *Wecker* zugelegt, der schrecklich laut klingelt. Hören Sie bitte das Klingeln, während Sie Ihre Aktienkurse checken. Es kommt allerdings schon mal vor, dass Sie den Wecker in Ihren *Rucksack* stecken, um das Klingeln nicht mehr hören zu müssen. Jetzt klingt der Wecker ganz dumpf, denn er steckt ja im Rucksack. Schauen Sie sich Ihren Rucksack einmal genauer an. Es ist ein *Handy*-Rucksack! Jawohl, er hat vorne die ganzen Tasten drauf, oben den Lautsprecher und unten das Mikrofon. Praktisch – finden Sie nicht auch?

So, fertig. Ziemlich fantastische Geschichte, oder? Wird aber, wenn Sie dazu wirklich einen Film gemacht haben, gut in Ihrem Gedächtnis verankert sein. Tragen Sie doch kontrollhalber unten in die freien Felder die entsprechenden Begriffe ein. Damit Sie in die Kette einsteigen können, gebe ich Ihnen den ersten Begriff vor. Dieses erste Kettenglied ist dann ja mit dem zweiten verknüpft, und Sie können alle fehlenden notieren. Los geht's:

1. Heißluftballon   **Übung**

2. _____

3. _____

4. _____

5. _____

6. _____

7. _____

8. _____

9. _____

10. _____

Na, wie viele haben Sie richtig? Und wie sieht es mit der Reihenfolge aus? Haben Sie sich verbessert? Hoffentlich ja. Wenn nein:

Lesen Sie sich die Geschichte noch einmal durch und denken Sie wirklich in Bildern mit. Stellen Sie sich alles so echt vor, wie es Ihnen möglich ist. Danach machen Sie noch einmal den Test. Jetzt sind Sie garantiert besser.

O.k., werden Sie denken, so skurrile Geschichten sind nicht mein Ding. Das denken viele meiner Seminarteilnehmer am Anfang. Nach ein paar Übungen sehen sie dann aber auf einmal, dass es sehr wohl »ihr Ding« werden könnte. Sie verbessern sich rasant und haben große Erfolge. Die folgenden Übungen werden auch Ihnen große Erfolge, Spaß und das eine oder andere Aha-Erlebnis verschaffen.

Erfolg mit Spaß Daneben gibt es auch Teilnehmer, die von Beginn an begeistert sind. Denen liegt diese Art zu denken. Viele von diesen Teilnehmern müssen auch in ihrem Job sehr kreativ sein oder sich bestimmte Projekte im Geiste vorstellen. Vielleicht gehören Sie ja zu dieser Gruppe. Sie werden viel Spaß haben, und zwar von Anfang an. Und das Beste daran ist: Dieser Spaß macht Sie auch noch erfolgreicher!

Also steigen wir voll ein, und zwar mit den Zahlensymbolen im nächsten Kapitel. Damit sind Sie, was das Merken von Listen oder Speichern von Argumenten für Verhandlungen und Stichpunkten für Vorträge etc. anbelangt, unschlagbar.

Vorher überlegen Sie sich bitte noch ganz genau, warum Sie dieses Buch durcharbeiten. In welchen Bereichen wollen Sie Ihr Gedächtnis in Zukunft »gedächtnisgerecht« einsetzen? Wollen Sie Namen und Gesichter besser behalten können oder eher Zahlen und Fakten? Wollen Sie eine Fremdsprache lernen oder sind Ihnen Listen und Abläufe wichtiger? Je genauer Sie wissen, was Sie wollen, desto zielgerichteter können Sie vorgehen. Und mehr als drei Ziele sind für den Anfang zu viel. Konzentrieren Sie sich daher erst auf die für Sie wirklich wichtigen Themen und bauen Sie dies später aus.

Nicht mehr als drei Ziele

Meine Gründe, die Geisselhart-Methode zu erlernen, sind:

1. _____

2. _____

3. _____

2. Ihr Ordnungssystem fürs Gehirn: die Zahlensymbole der Geisselhart-Methode

Spielend Listen, Abläufe, Termine und Argumente merken

Ordnungssysteme Haben Sie sich schon einmal gefragt, warum wir uns im Haushalt, in der Werkstatt und hoffentlich auch im Büro Ordnungssysteme eingerichtet haben? Gut, vielleicht denken Sie jetzt: nicht jeder oder zumindest manche nur mehr oder weniger. Aber wir Menschen haben diese Ordnungssysteme. Dadurch finden wir schneller, was wir suchen. Also alles ganz normal. Ja ja, weil Sie es nicht anders kennen. Von klein an wird uns beigebracht, wir sollen unser Zimmer aufräumen, unseren Schulranzen ausmisten und unseren Kleiderschrank in Ordnung halten. Später, wenn wir selbst eine Wohnung oder ein Haus besitzen, richten wir sie oder es mit Möbeln ein, um unter anderem Ordnung zu halten, also mit Schränken, Regalen und dergleichen. Nur im Kopf haben wir so etwas nicht!

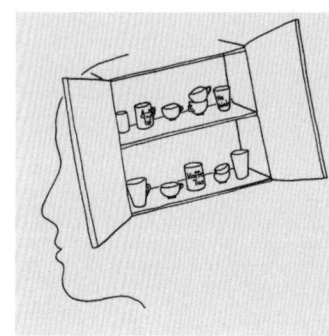

Was wäre, wenn wir nun von klein an gelernt hätten, auch in unserem Kopf Ordnung zu schaffen bzw. zu halten? Dann wäre ich mit meinem jetzigen Beruf, Gedächtnis- und Mentaltrainer, zum Teil arbeitslos. Die Mentaltrainingskomponente wäre weiterhin gefragt – also: Wie finde ich für mich die richtigen Ziele, wie wecke ich mein volles Potenzial, wie programmiere ich mich auf das, was für mich Erfolg bedeutet, und wie erreiche ich die gesteckten Ziele dann tatsächlich, aber auch: Wie gehe ich mit Niederlagen um und wie baue ich mich wieder auf und gehe meinen Weg weiter? All dies wäre weiterhin gefragt. Aber Gedächtnistraining, und damit auch dieses Buch, brauchte niemand mehr, weil es jeder in der Schule gelernt hätte.

Was Sie gleich kennen lernen werden, ist nichts anderes als ein Ordnungssystem fürs Gehirn. Und das ist schon eine ganze Menge. Zumindest bringt es Sie sehr, sehr weit nach vorne.

Die Grundlage hierbei ist, wie auch bei der Kettentechnik, wieder das Denken in Bildern. Allein damit steigern Sie Ihre Merkfähigkeit schon um Längen. Alle, die schon einmal gegen Kinder Memory gespielt haben, können das sehr wahrscheinlich bestätigen. Kinder sind uns Erwachsenen in aller Regel beim Memory-Spielen haushoch überlegen. Viele Erwachsene denken zu verstandesorientiert, also z. B.: Drei rüber und vier runter, da liegt die Karte mit der Tomate. Für unser Gedächtnis ist das allerdings zu kompliziert. Kinder denken hier in den meisten Fällen in Bildern. Sie sehen die gemerkte Karte an einer bestimmten Stelle im »Bild«, hier also das Spielfeld bzw. das Gebilde, welches durch die liegenden Karten beschrieben ist. Und allein dadurch sind Kinder die besseren Memoryspieler.

Memory spielen

Kinder haben uns aber in puncto Gedächtnistechniken noch etwas voraus: Sie lassen ihre Kreativität freier fließen als die meisten Erwachsenen.

Da sind wir auch schon wieder bei den zwei Voraussetzungen, die Sie mitbringen bzw. entwickeln sollten: Erstens sollten Sie Bilder im Geiste sehen können. Und zweitens sollten Sie verrückt oder kreativ denken können. Falls Sie meinen, dies sei aber schwierig und so gar nicht Ihre Sache, so werden Sie bei den nächsten Übungen mit an Sicherheit grenzender Wahrscheinlichkeit eines Besseren belehrt. Diese Fähigkeiten lassen sich nämlich schnell und einfach wieder wecken. Als Kind konnten Sie es ja schon, es ist lediglich etwas verschüttet. Also, freuen Sie sich auf Ihre neue, alte Kreativität.

Die nun folgenden Zahlensymbole haben gegenüber der Ketten-technik den Vorteil, dass die Kette nicht gleich reißt, wenn Ihnen ein Punkt fehlt. D.h., es fehlt Ihnen eben nur ein Punkt. Das ist zwar nicht sehr schön, aber kein Beinbruch. Sie wissen ja: Per-fektion weckt Aggression, und einen Fehler einmalig zu machen, ist o.k. Bei der Kettentechnik verhält es sich ja so, dass Sie meist nicht wissen, wie viele Punkte Ihnen fehlen. Meist fehlen ein paar, und Sie finden den Einstieg ein Stück weiter hinten wieder. Nur, für viele Menschen ist es ärgerlich, nicht zu wissen, wie viele fehlende Elemente es denn nun sind. Wichtiger ist allerdings, dass Sie sehr wahrscheinlich noch mehr gewusst hätten, aber es fehlt die Verbindung durch den einen vergessenen Punkt.

Nun, mit den Zahlensymbolen sind wir hier auf der sicheren Sei-te. Klasse ist hierbei noch, dass Sie selektiv auf einzelne Punkte zugreifen können – sehr schön beispielsweise bei Vorträgen oder Gesprächen. Sie können dann zwischen den einzelnen Stich-punkten, welche Sie sich gemerkt haben, um diese im Gespräch anzubringen, hin- und herspringen, äußerst flexibel reagieren und natürlich agieren.

Die Zahlensymbole   Grundlage der Zahlensymbole ist, wie schon erwähnt, das Bilder-denken. Bei der Geisselhart-Methode ist jeder Zahl ein Symbol, also ein Bild, zugeordnet. Dieses Symbol lässt von der Gestalt her sehr einfach auf die entsprechende Zahl schließen. So sieht die Zwei von der Form her aus wie ein Schwan, und die fünf Finger der Hand erinnern uns sofort an die Zahl Fünf. Auch die restli-chen Bilder sind ziemlich eingängig.

Ihr Ordnungssystem fürs Gehirn:

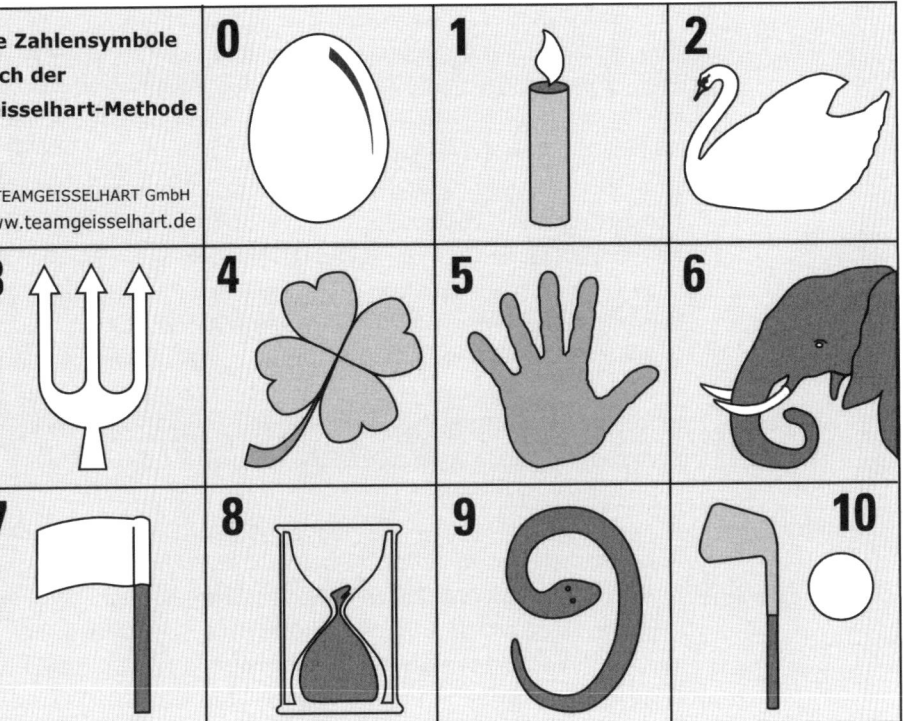

So einfach kann es sein. Dies wird in Zukunft Ihr Ordnungssystem fürs Gehirn sein, also praktisch Ihr Hirn-Regal mit zehn Fächern. Die Null ist hier nur der Vollständigkeit halber abgebildet. Wir brauchen sie erst wirklich, wenn es ums Merken von Zahlen geht.

Und so erklären sich die Symbole:

- Die Null sieht von der Form her aus wie ein Ei,
- die Eins wie eine Kerze.
- Der Schwan erinnert uns an die Zwei.
- Der Dreizack hat drei Zacken,
- das Kleeblatt vier Blätter und
- die Hand fünf Finger.
- Der Rüssel des Elefanten sieht aus wie die Sechs und

- die Fahne erinnert uns von der Form her an eine Sieben.
- Die Acht erkennen wir in der Sanduhr wieder.
- Die Schlange kringelt sich zur Neun.
- Golfschläger und Ball stehen für die Zehn.

Sollten Sie sich jetzt fragen, warum die Zehn nicht aus Kerze und Ei zusammengesetzt wird, so will ich Ihnen dies sagen: Da es sich bei den Zahlensymbolen um unser Ordnungssystem fürs Gehirn handelt, müssen wir auch so damit umgehen. D.h., ein Schrankfach kann nicht an einer anderen Stelle wieder auftauchen. Die Kerze ist belegt. Wir würden also in ein und derselben Liste heillos durcheinander kommen, würde an der zehnten Stelle auf einmal wieder die Kerze auftauchen. Sobald wir an die Kerze denken, würde der Begriff präsent sein, welcher ganz zu Beginn bei der Kerze abgespeichert wurde. Die Kerze ist also schon »voll«.

Kategorien bilden Nichtsdestotrotz können Sie jedes Symbol beliebig oft belegen und behalten trotzdem den Überblick. Sie könnten zehn oder hundert verschiedene Listen mit ein und denselben Symbolen speichern und wüssten immer sicher, was Sie sich z.B. bei der Sanduhr in Ihrer 85. Liste gemerkt haben. Einzige Voraussetzung dafür ist: Sie müssen Kategorien bilden. Unser Gehirn sortiert diese automatisch. Also zwei Erledigungslisten mit lediglich anderen Inhaltspunkten würden uns, am selben Tag abgespeichert, durcheinander bringen. Es handelt sich hierbei um die gleiche Kategorie, nämlich Erledigungen. Eine To-do-Liste und eine Argumenteliste für eine wichtige Verhandlung beispielsweise funktionieren hervorragend. Hier sind es ja zwei völlig unterschiedliche Kategorien, eben Erledigungen und Argumente.

Bei den nächsten Übungen wird diese Theorie auch praktisch bewiesen und dabei vielleicht noch klarer. Machen Sie sich an dieser Stelle nicht zu viele Gedanken. Wir machen erst einmal ein paar praktische Übungen, und Sie erkennen, wie genial und auch wie einfach es mit den Zahlensymbolen der Geisselhart-Methode funktioniert. Lassen Sie sich von Ihrem eigenen Gedächtnis verblüffen.

Beginnen wir mit einem Tagesplan. Eine To-do-Liste mit zehn **Tagesplan** Erledigungen gilt es abzuspeichern. Die nötigen Verknüpfungen gebe ich hier noch vor. Sie brauchen also erst einmal nur zu visualisieren. Schließen Sie dazu bitte nach jedem Punkt Ihre Augen und stellen Sie sich die von mir beschriebenen Szenen so deutlich und lebhaft vor, wie Ihnen dies möglich ist. Und bitte nicht verzagen, wenn Sie es nicht sofort in Super-Technicolor-Dolby-Surround sehen. Wenn Sie sich nach der Übung an sechs oder noch mehr Aufgaben erinnern können, klappt es für den Anfang schon sehr gut. Der Rest kommt schnell durch die weiteren Übungen.

Der wandelnde Kalender: Eine To-do-Liste wird abgespeichert

1. Für einen Kunden wollen Sie ein Präsent kaufen.
2. Sie brauchen für die Geschäftsreise den Anzug aus der Reinigung.
3. Ihr Paket muss zur Poststelle gebracht werden.
4. Der Tisch für das Mittagessen muss reserviert werden.
5. Sie haben ein Mitarbeitergespräch.
6. Sie wollen Konzertkarten bestellen.
7. Der Zahnarzttermin passt nicht und muss abgesagt werden.
8. Sie wollen noch den Zahlungseingang einer Rechnung prüfen.
9. Ihr Rechner soll vom Support gecheckt werden.
10. Sie wollen die Folien für eine Präsentation ausdrucken.

Nun verknüpfen wir den ersten Punkt mit der Kerze, den zweiten mit dem Schwan, den dritten mit dem Dreizack usw. – und zum Schluss den zehnten mit dem Golfschläger. Sie brauchen beim Golfschläger nicht immer zwingend den Ball dazu. Nach einigen Anwendungen werden Sie automatisch bei Golf oder Golfschläger an die Zehn denken.

Die gleich folgenden Verknüpfungen werden zum Resultat haben, dass Ihnen, wenn Sie an die Kerze denken, automatisch die damit verknüpfte Erledigung einfällt und beim Schwan die Aufgabe, welche Sie mit ebendiesem Schwan verknüpft haben.

Natürlich können Sie selbst Verknüpfungen kreieren. Am Anfang ist es nur so, dass die meisten Seminarteilnehmer noch nicht so weit sind. Deshalb kommen sie ja ins Seminar. Mein Tipp lautet hier also:

Machen Sie erst mal meine Verknüpfungen mit.
Bei den nächsten Übungen können Sie dann selbst
ans Werk schreiten.

Die Verknüpfungen könnten folgendermaßen aussehen:

1. Für einen Kunden wollen Sie ein Präsent kaufen

Wir müssen also diese Erledigung mit der Kerze bildhaft und auf möglichst skurrile,»merk-würdige« Art und Weise verknüpfen. Verknüpfungsvorschlag: Ein schön verpacktes Geschenk mit Schleife darum und natürlich einer schicken Kerze darauf. Die Kerze brennt, das Wachs fließt und bedeckt bald das ganze Präsent. Schöne Bescherung. Bitte die Geschichte unbedingt vor Ihrem geistigen Auge sehen.

2. Sie brauchen für die Geschäftsreise den Anzug aus der Reinigung

Verknüpfungsvorschlag: Stellen Sie sich vor, Sie stehen in der Reinigung, als ein Schwan hereinkommt, den Abholzettel im Schnabel, um seinen gereinigten Anzug abzuholen. Er bekommt den Anzug mit dem Haken des Kleiderbügels um den Hals gehängt und erhebt sich sogleich mit seiner Fracht in die Lüfte.

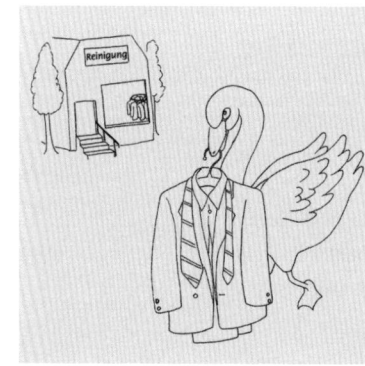

Wenn dies tatsächlich passiert wäre, würden Sie diese Begebenheit mit Sicherheit Ihr Leben lang behalten. Sie würden die Story wahrscheinlich niemandem erzählen, aber Sie würden sie sich merken. Jedes Mal, wenn Sie einen Schwan sehen, müssten Sie an die Reinigung denken. Und umgekehrt: Bei jeder Reinigung würden Sie an den Schwan erinnert – automatisch. Augen schließen und Filmchen sehen.

Verknüpfungsvorschlag: Malen Sie sich aus, wie Sie wegen Ihres

Pakets zur Poststelle gehen. Der Postbedienstete holt einen Dreizack hinter dem Tresen hervor, spießt Ihr Paket auf und schleudert es auf die Waage. Dann befördert er es weiter auf einen Haufen mit vielen Päckchen und Paketen. Alle sind von dem Dreizack gelöchert und beschädigt. Und wieder: Film gucken.

3. Ihr Paket muss zur Poststelle gebracht werden

Verknüpfungsvorschlag: Sie wollen natürlich in das Restaurant »Klee« gehen. Sehen Sie den Eingangsbereich des Restaurants, wo statt eines Teppichs Tausende Kleeblätter auf dem Boden liegen, schön weich. Die Tische sind ebenfalls mit einer dünnen Erdschicht mit darauf wachsendem vierblättrigem Klee bedeckt. Das ist praktisch, Sie können die Suppe direkt mit dem Klee würzen und dekorieren. Auch hier wieder: Kopfkino einschalten.

4. Der Tisch für das Mittagessen muss reserviert werden

Verknüpfungsvorschlag: Stellen Sie sich vor, Ihr Mitarbeiter kommt zu Ihnen herein und gibt Ihnen die Hand. Aber Ihre Hände lassen sich nicht mehr lösen. Der Mitarbeiter hatte sie mit Superkleber bestrichen. Er lässt Sie erst wieder gehen, wenn Sie seinen Ideen zugestimmt haben. Film sehen.

5. Sie haben ein Mitarbeitergespräch

Verknüpfungsvorschlag: Die Musiker sind Elefanten, die mit Ihren Rüsseln trompeten. Elefanten mit großen Rüsseln spielen Bass, Elefanten mit kleinen singen Alt und Sopran. Auf den Stoßzähnen haben die Elefanten die Konzertkarten aufgespießt. Und das Ganze wieder im Geiste sehen.

6. Sie wollen Konzertkarten bestellen

Verknüpfungsvorschlag: Ihr Zahnarzt schreibt die Termine auf Fahnen und gibt sie den Patienten mit. Der Termin auf Ihrem Wimpel kommt Ihnen ungelegen. Da der Zahnarzt genau im Gebäude gegenüber sitzt, schleudern Sie den Wimpel hinüber in seine Praxis. Sie freuen sich, als Sie ein neues Fähnchen mit einem Ihnen passenden Termin zurückgeworfen bekommen. Bitte die Szene wieder lebhaft vorstellen.

7. Der Zahnarzttermin passt nicht und muss abgesagt werden

Verknüpfungsvorschlag: Das Geld aus den bezahlten Rechnungen Ihrer Kunden wird in eine überdimensionale Eieruhr hineingekippt. Sie haben an der engsten Stelle der Eieruhr einen Schieberegler, mit dem Sie den Geldfluss stoppen und dadurch den Zahlungseingang einer Rechnung prüfen können. Und wieder bitte geistig sehen.

8. Sie wollen noch den Zahlungseingang einer Rechnung prüfen

9. Ihr Rechner soll vom Support gecheckt werden

Verknüpfungsvorschlag: Damit die Rechner zur Diagnose nicht mühsam geöffnet werden müssen, haben die Techniker speziell dressierte Schlangen, die durch die Lüftungsschlitze des Rechners in das Innere kriechen, alles checken und mit der Diagnose wieder zurückkommen. Kleine Fehler, wie wacklige Kabel, beheben die Schlangen sofort. Sieht ulkig aus, nicht wahr?

10. Sie wollen die Folien für eine Präsentation ausdrucken

Verknüpfungsvorschlag: Weil Ihr Drucker zu weit entfernt steht, nehmen Sie Ihre Golfausrüstung und spielen den Golfball mit einem kräftigen Schlag auf den Knopf für »Drucken«. Die Folien für die Präsentation schießen danach nur so heraus. Den letzten Punkt auch noch im Geiste angucken, dann war es das auch schon.

Wenn Sie sich alle Szenen im Geiste vorstellen konnten, wenn Sie sich dabei eventuell auch öfter wundern mussten und wenn Sie vielleicht sogar das eine oder andere Mal etwas gehört und Gefühle gespürt haben, dann müssten Sie gleich sehr erfolgreich sein. Halten wir also fest:

Je mehr Sinnesorgane Sie einbringen, je echter Sie die jeweiligen Filmchen sehen, desto besser sind diese dann auch abgespeichert.

Schauen wir mal, wie viele Sie sich merken konnten. Tragen Sie dazu bitte auf der nächsten Seite in die dafür vorgesehenen Zeilen die entsprechenden Erledigungen ein. Dies reicht stichpunktartig und sinngemäß. Danach vergleichen Sie bitte Ihr Ergebnis mit der Originalliste auf Seite 41.

Na, wie viele wussten Sie noch? Darf ich gratulieren? Wie oben schon erwähnt, wäre dies ab sechs Richtigen der Fall. Vielleicht haben Sie aber auch mehr, vielleicht sogar alle? Dies muss aber nicht sein. Sie erinnern sich: Perfektion weckt Aggression. Sollten Ihnen ein paar Punkte durchgerutscht sein, gehen Sie diese einfach noch ein zweites Mal durch. Dann müsste es klappen.

Nun denken Sie wahrscheinlich: »Na ja, es waren ja hier auch die Zahlensymbole vor jeder Zeile. Allein um auf das jeweilige Zahlensymbol zu kommen, muss ich ziemlich lange überlegen.« Dies ist in einigen Fällen sicher richtig. Und wenn Sie bedenken, wie lange Sie dabei sind, stellen Sie fest, wie gut Sie in Bezug auf diese kurze Zeit schon geworden sind. Mit der weiteren Anwendung werden Ihnen die Zahlensymbole schnell in Fleisch und Blut übergehen. Dann brauchen Sie nicht mehr zu überlegen, welches Symbol jetzt noch mal die Acht war.

Das Verknüpfungs-bild ist notwendig Vielleicht fiel Ihnen aber auch auf, dass Sie bei der einen oder anderen Erledigung vordergründig gar kein Bild brauchten. Sie wussten es einfach? So geht es vielen meiner Seminarteilnehmer. Sie meinen dann, sie hätten sich die Verknüpfungen sparen können. Dies ist sehr trügerisch.

Nur weil wir das Verknüpfungsbild nicht bewusst reproduzieren mussten, wie es vielleicht bei einigen Punkten nötig war, heißt das noch lange nicht, dass wir den Punkt ohne das Verknüpfungsbild noch wüssten. Vielmehr bedeutet es: Das Verknüpfungsbild war so gut, dass es sofort im Unterbewusstsein gespeichert wurde – und zwar so, dass es in Sekundenbruchteilen abrufbar ist.

Das Bild wird also in jedem Fall wieder abgerufen. Wenn nicht, könnten wir uns nicht daran erinnern. Unser Gehirn bzw. unser Gedächtnis hat das Bild reproduziert, nur merkten wir dies nicht bewusst!

> **So bilden Sie Assoziationen:**
> 1. Je ungewöhnlicher, desto einprägsamer!
> 2. Sehen Sie Ihr Bild vor Ihrem »geistigen Auge«.
> 3. Seien Sie spontan, grübeln Sie nicht lange über die passende Assoziation nach, sondern entscheiden Sie sich für die erste, die Ihnen einfällt.
> 4. Hören, fühlen, riechen und schmecken Sie Ihr Bild.
> 5. Übertreiben Sie.
> 6. Integrieren Sie Bekanntes mit in die Geschichte.
> 7. Kein Druck, locker bleiben!

Legen Sie bitte nun die CD-ROM in Ihren Rechner und machen Sie das erste Verknüpfungsspiel: Tiere und Spielzeuge. Danach fahren Sie im Buch fort. Viel Spaß am PC!

Verknüpfungsspiel auf der CD-ROM

Damit Sie nun sehen, dass es möglich ist, die Symbole mehrfach zu belegen, speichern wir eben schnell noch ein paar Argumente für ein Vermietungsgespräch ab. Wir suchen einen Nachmieter für unsere Büroräume und haben uns folgende Stichpunkte überlegt:

Das Verhandlungsgenie: Argumente für die Bürovermietung werden gemerkt

1. Das Büro ist in zentraler Lage.
2. Das Haus besitzt einen Aufzug.
3. Alle Räume sind optimal und ausreichend verkabelt und vernetzt.
4. Einkaufsmöglichkeiten sind in unmittelbarer Nachbarschaft.
5. Es gibt einen U-Bahn-Anschluss direkt vor dem Haus.
6. Es gibt eine bewachte Tiefgarage mit Mitarbeiter- und Kundenparkplätzen.

Wenn Sie sich fit genug fühlen, können Sie gerne hier Ihre eigenen Verknüpfungen herstellen. Falls Sie nicht zu diesen Überfliegern gehören, mache ich Ihnen auch hierzu wieder Vorschläge.

Und bitte immer wieder – ich kann es nicht genug betonen – die Szenen vor Ihrem geistigen Auge ablaufen sehen.

1. Das Büro ist in zentraler Lage

Verknüpfungsvorschlag: Stellen Sie sich vor, der zentralste Punkt der Stadt ist ein Funkturm in Form einer überdimensionalen Kerze. Diese *Kerze* kann auch richtig brennen. Da das *Büro zentral* liegt, also dicht neben der Kerze, braucht man kaum zu heizen. Die Kerze strahlt viel Wärme ab.

2. Das Haus besitzt einen Aufzug

Verknüpfungsvorschlag: Eines Tages kam Ihnen aus dem Aufzug eine ganze *Schwanenfamilie* entgegengeflattert. Die Schwäne sind im obersten Stock eingezogen. Weil sie nicht an die Knöpfe im *Aufzug* reichen, wurden diese vom Elektriker nach unten verlegt.

3. Alle Räume sind optimal und ausreichend verkabelt und vernetzt

Verknüpfungsvorschlag: Malen Sie sich aus, wie alle *Kabel* der Wohnung auf dem Boden entlang der Wand liegen. Sie kaufen sich im Baumarkt eine Menge kleiner *Dreizacke*, mit denen Sie die Kabel an der Wand befestigen.

4. Einkaufsmöglichkeiten gibt es in unmittelbarer Nachbarschaft

Verknüpfungsvorschlag: In den vielen *Geschäften* um die Ecke gibt es ein riesiges Angebot an Büroartikeln und Lebensmitteln. Besonders der *Klee-Laden* ist bemerkenswert. Er bietet vierblättrige Kleeblätter aus allen Teilen der Welt an.

5. Es gibt einen U-Bahn-Anschluss direkt vor dem Haus

Verknüpfungsvorschlag: Stellen Sie sich vor, Sie müssen nur aus dem Haus treten, in die *Hände* klatschen und schon kommt die *U-Bahn* angefahren und nimmt Sie mit.

6. Es gibt eine bewachte Tiefgarage mit Mitarbeiter- und Kundenparkplätzen

Verknüpfungsvorschlag: Sie haben zwar kein Auto, aber Sie brauchen doch einen Parkplatz. Statt mit dem Auto zu fahren, reiten Sie mit Ihrem eigenen Elefanten zur Arbeit. Damit Ihr *Elefant* genug Platz hat, haben Sie die ganze *Tiefgarage* gemietet und mit Heu ausgelegt. Nun hat er genügend Auslauf.

Jetzt sind Sie sicherlich gespannt, wie viele Sie sich von diesen schwierigeren Argumenten merken konnten. Tragen Sie also wieder auf der nächsten Seite in die dafür vorgesehenen Zeilen die gemerkten Argumente ein; stichpunktartig und sinngemäß reicht auch hier wieder aus. Danach vergleichen Sie Ihr Ergebnis mit den Argumenten auf Seite 47.

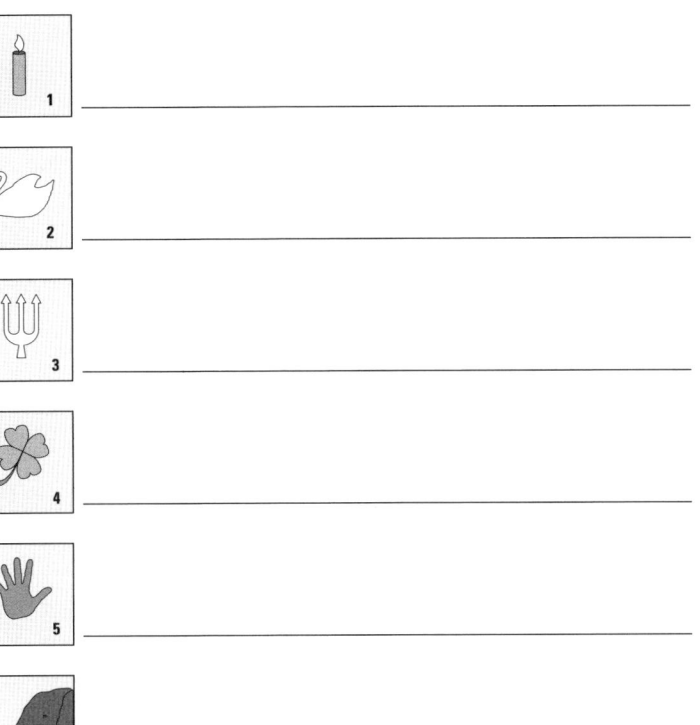

Ihre Lösungen

Na, wie viele waren es diesmal? O.k., es waren nur sechs Argumente, die waren dafür aber schwieriger als die Erledigungen vorher. Und: Wir hatten die Symbole gerade schon belegt. Trotzdem dürfte es Ihnen gelungen sein, die Argumente von den Erledigungen zu unterscheiden. Vielleicht mussten Sie öfter überlegen? Oder Sie dachten spontan als Erstes an die vorher abgespeicherte Erledigung? Das ändert aber nichts an der Tatsache, dass Sie letztendlich die Argumente an der richtigen Stelle wussten. Na ja, vielleicht nicht gleich alle, oder doch?

Im weiteren Verlauf des Buches werden wir die Zahlensymbole noch so manches Mal belegen. Machen Sie doch ab und an den Test, ob Sie noch alle Listen wissen. Da es in der Regel alles unterschiedliche Kategorien sind, dürfte das ganz gut funktionieren. Zumindest dann, wenn Sie kontinuierlich mit dem Buch arbeiten.

Wenn zwischen den einzelnen Übungen Wochen vergehen, ist es klar, dass Sie nicht mehr alle wissen.

Die Zahlensymbole von 11 bis 20 nach der Geisselhart-Methode

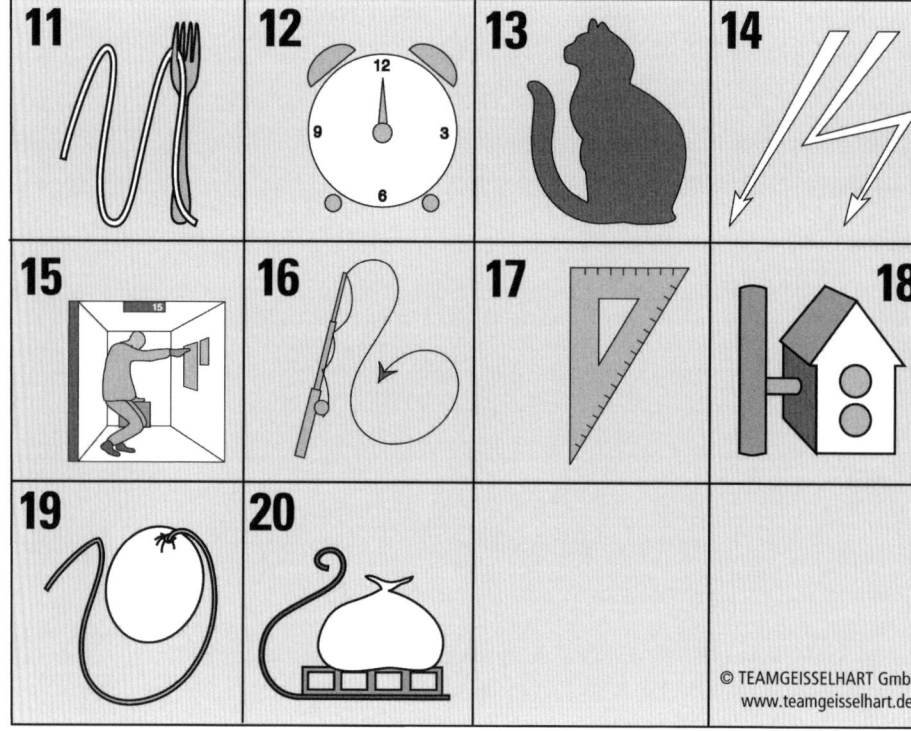

© TEAMGEISSELHART GmbH
www.teamgeisselhart.de

Der Vollständigkeit halber die entsprechenden Erklärungen:

- Die gekochte Spaghettinudel sieht, so wie sie über der Gabel hängt, von der Form her aus wie die Elf.
- Beide Zeiger des Weckers stehen auf der Zwölf.
- Die Katze macht mit dem Schwanz die Eins und der hintere Umriss ihres Körpers sieht aus wie eine Drei. Außerdem soll eine schwarze Katze Unglück bringen, die Zahl 13 ja angeblich auch.
- Der gerade Blitz ist die Eins, der gezackte die Vier.

- Der Aufzug hält im 15. Stock. Die schraffierte Wand des Liftes symbolisiert die Eins. Zusätzlich macht die Person im Aufzug mit dem ausgestreckten Arm und der Tasche am Knie die Fünf.
- Die Angelrute ist die Eins, der Haken die Sechs.
- Die linke, lange und gerade Seite des Zeichendreiecks ist die Eins, der hintere Teil sieht aus wie eine Sieben.
- Der Baum oder Stock, an welchem das Vogelhäuschen hängt, stellt die Eins dar, Ein- und Ausgang im Häuschen die Acht.
- Die Schnur erinnert uns an die Eins. Sie geht dann zusammen mit dem Ballon über in die Neun.
- Der Schlitten ist die Zwei und der Sack darauf die Null.

Nun können Sie sich also noch mehr in Ihre Listen hineinpacken. In der Praxis ist es allerdings meist so, dass Sie mit den ersten zehn Zahlensymbolen gut auskommen. In der Regel reichen diese.

Beim Zahlenmerken haben Sie mit allen 20 Symbolen jedoch einen großen Vorteil: Die Zahl 16 etwa ist jetzt nur ein Bild, nämlich das der Angel. Ohne die Symbole von 11 bis 20 müssten wir hier etwas umständlicher die Kerze mit dem Elefanten verknüpfen. Wie das Ganze mit Zahlen in der Praxis funktioniert, sehen Sie weiter hinten im Kapitel »Aus Zahlen werden Geschichten« (S. 61).

Kreativität ohne Grenzen

Die meisten meiner Seminarteilnehmer kommen bis hierher sehr gut mit und machen tolle Fortschritte. Ich nehme an, dass auch Sie gut dabei und mit Ihren Erfolgen bisher mehr als zufrieden sind. Wenn ja, erzählen Sie es weiter. Wenn nein, erzählen Sie es *mir*.

Das Problem der meisten Menschen, zumindest der Erwachsenen, ist die mangelnde Kreativität. Die allermeisten haben zu wenig Fantasie und deshalb große Schwierigkeiten, die nötigen verrückten und skurrilen Verknüpfungen hinzubekommen. Trauen Sie sich ruhig wieder, »bescheuert« zu denken. Eine revolutionäre

Problem: fehlende Kreativität

Idee ist anfangs meist »bescheuert«. Viele große Erfinder und Genies wurden als bescheuert oder verrückt bezeichnet. Aber nur bis ihre Erfindung richtig funktionierte. Die Gebrüder *Wright* wurden verspottet, als sie erzählten, sie wollten eine Flugmaschine bauen. So etwas sei unmöglich, hieß es. Die *Wrights* seien verrückt. Heute wissen wir, dass sie dies nicht waren.

Um Ihre Kreativität wieder zu »ent-wickeln« – Sie brauchen sie also nur quasi auszuwickeln, weil sie durch die Erziehung und Schulbildung »eingewickelt« wurde –, machen wir nachfolgend eine der effektivsten Übungen überhaupt. Lassen Sie sich dazu komplett aus Ihrer bisherigen Erfahrung herausfallen, lassen Sie alle Konventionen hinter sich, vergessen Sie Ihre Erziehung und vor allem: Vergessen Sie die Schule und das Studium. Sollten Sie damit Schwierigkeiten haben, können Sie sich unterstützend vorstellen, Sie seien *Pippi Langstrumpf.* Wenn Ihnen auch das noch Probleme bereitet, ist dies kein Grund zur Sorge, alles wird gut. Dann fragen Sie sich einfach: Was würde wohl *Pippi Langstrumpf* oder eine andere sehr kreative Person, wie z.B. *Daniel Düsentrieb*, oder ein Zauberer jetzt machen?

Zwei Begriffe verknüpfen Bei der nächsten Übung geht es darum, zwei Begriffe so zu verknüpfen, dass Ihnen, wenn Sie nur einen der beiden Begriffe hören bzw. lesen, der andere Begriff einfällt. Vom Prinzip her ist das absolut mit den Zahlensymbolen vergleichbar. Da haben wir ja auch zwei Begriffe bzw. Bilder miteinander verknüpft: also Kerze und Präsent. Sie erinnern sich doch hoffentlich noch? Hören, sehen oder lesen Sie nun *Kerze,* fällt Ihnen sofort *Präsent* ein. Und bei *Präsent* denken Sie sogleich an die *Kerze.* D.h., Sie lesen den einen Begriff und der andere, damit verknüpfte, fällt Ihnen ein.

Bei diesem Spiel brauchen wir unsere Zahlensymbole nicht. Es geht lediglich darum, die Kreativität zu erhöhen. Dadurch sind Sie nachher in der Lage, noch skurrilere Verknüpfungen in noch weniger Zeit zu kreieren.

Sie lesen also gleich zwei Begriffe. Diese verknüpfen Sie dann auf möglichst lebendige, skurrile Art und Weise. Wenn Sie etwas

Ihnen Bekanntes mit einbauen, also bekannte Personen, Umgebungen, Orte und dergleichen, wird die Verknüpfung noch besser haften. Nehmen Sie sich nach jedem Begriffspaar kurz die Zeit, Ihre Augen zu schließen und die Szene möglichst als Film lebendig vor Ihrem geistigen Auge zu sehen. Setzen Sie möglichst viele Sinnesorgane ein, vor allem Gefühle. Wenn Sie dies also nun quasi »erlebt« haben, geht es mit dem nächsten Pärchen weiter. Nach zehn Paaren ist Schluss, und wir gehen zur Kontrolle über. Bevor wir loslegen, hier noch zwei kurze Beispiele.

Angenommen, die zu verknüpfenden Begriffe wären *Schwein* und *Jojo*. Dann könnten Sie sich beispielsweise vorstellen, wie Sie das Schwein am Ringelschwänzchen packen und mit dem ganzen Schwein Jojo spielen. Wahrscheinlich hat das Schwein daher auch den Ringelschwanz. Diese Szene als kurzes Filmchen im Geiste gesehen genügt. Wenn Sie ganz auf Nummer Sicher gehen wollen, hören Sie das Schwein noch pfeifen und riechen es zusätzlich auch. Wenn Sie nun noch Gefühle mit einbringen, also Mitleid mit der Sau entwickeln, ist die Verknüpfung praktisch in der Großhirnrinde eingebrannt. Die Story vergessen Sie so schnell nicht wieder.

Beispiele

Wenn die Begriffe nun *Bäcker* und *Bus* wären, würden Sie den Bäcker Busse backen lassen – entweder in Originalgröße, so dass Sie nur einen »Blinker« kaufen würden oder für eine Großfamilie das »Ersatzrad«. Oder in Brotlaibgröße, dann aber bitte die verschiedensten Busse: einen Gelenkbus, einen Doppeldecker, einen Kleinbus usw. Weniger gut geeignet sind – Ausnahmen bestätigen auch hier die Regel – die ganz einfachen Bilder. Also ein Schwein, das Jojo spielt, ein Bäcker, der im Bus fährt. Dem normalen Seminarteilnehmer ist das nicht »merk-würdig« genug. »Zu normal«, denkt dann unser Gehirn und sieht keinen Grund, so etwas zu speichern. Wenn unser Gedächtnis all die »normalen« Sachen speichern würde, hätte es zu viel zu tun. Deshalb trifft es eine Auswahl. Die, freilich, ist nicht immer diejenige, die uns passt.

Mit ausgefallenen Bildern, mit verrückten Verknüpfungen, die für unseren Geist alles andere als normal sind, schlagen wir unserem Denkorgan ein Schnippchen. Wir machen es glauben, es handele sich hier um etwas derart Außergewöhnliches, dass es sich das unbedingt merken muss.

Stellen Sie also bei den nächsten zehn Begriffspaaren so verrückte, unglaubliche, realitätsferne, »merk-würdige« Verknüpfungen her, wie Sie können. Danach machen Sie den Test, wie viele Sie noch erinnern. Sollten Sie weniger als sechs wissen, gehen Sie meine Verknüpfungsvorschläge zu dieser Übung einmal durch. Dann sollte es klappen. Denken Sie bitte nach jeder Verknüpfung daran, Ihre Augen zu schließen und die Szene im Geiste zu sehen. Das ist mehr als nur wichtig.

Los geht's, bitte verknüpfen Sie:

Kreativitätsspiel – 1. Stufe: Berufe – Fortbewegungsmittel

Optiker	Gespann (Motorrad mit Beiwagen)
Bauer	Rennwagen
Gärtner	Ruderboot
Elektriker	Rakete
Postbote	Inliner
Fliesenleger	Straßenbahn
KFZ-Mechaniker	Rollstuhl
Orgelbauer	PKW
Schuster	Bobbycar
Wirt	Gabelstapler

Na, alles klar? Ging doch, oder? Testen wir es gleich einmal. Tragen Sie bitte in die freien Zeilen den Beruf bzw. das dazugehörige Fortbewegungsmittel ein. Decken Sie bitte die Originalliste ab.

Optiker	_____	**Ihre Lösungen**
_____	Rennwagen	
Gärtner	_____	
_____	Rakete	
Postbote	_____	
_____	Straßenbahn	
Kfz-Mechaniker	_____	
_____	PKW	
Schuster	_____	
_____	Gabelstapler	

O.k., das war's auch schon. Wie lief es? Wussten Sie mehr als sechs? Dann gratuliere ich. Waren es weniger, schauen Sie sich bitte die folgenden Vorschläge an. Lassen Sie die einzelnen Szenen vor Ihrem inneren Auge ablaufen. Bringen Sie möglichst viele Sinnesorgane mit ein. Tun Sie es einfach, auch wenn Sie das Gefühl haben, es klappt nicht richtig. Sie werden sehen, dass es reicht. Und mit den weiteren Übungen werden Sie immer besser. So war es bis Mitte 2012 bei über 600000 Teilnehmern an den Vorträgen und Seminaren, und dies allein bei meinem Onkel *Roland Geisselhart* und mir – und bei den Trainern, die in unserem Team tätig sind, mit Sicherheit noch einmal über 300000. Dann wird es auch bei Ihnen klappen. Und wie gesagt bzw. geschrieben, wenn nicht: Melden Sie sich. Im Anhang finden Sie die Kontaktadresse. Ich freue mich über jedes Feedback und stehe auch für Fragen zur Verfügung. Vielleicht nicht immer dann, wenn Sie es gerade wünschen, dafür bin ich zu viel unterwegs. Aber ich melde mich garantiert zurück.

Bei den Verknüpfungsvorschlägen steht nun nicht mehr explizit dabei, dass Sie die Geschichte im Geiste sehen sollen. Davon gehen wir ab hier aus. Trotzdem sei noch mal betont, wie wichtig dies ist: immens wichtig! So, und hier sind sie nun, die lang ersehnten Verknüpfungsvorschläge:

Optiker – Gespann Ein *Optiker* hat eine Marktlücke entdeckt. Er fährt mit seinem *Gespann* in die Dörfer und passt den alten Dorfbewohnern ihre Brillen an. Alle notwendigen Augenvermessungsgeräte sind im Beiwagen eingebaut.

Bauer – Renn- Ein *Bauer* hat in einem Gewinnspiel einen Formel-1-*Rennwagen* **wagen** gewonnen. Er hat kurzerhand den vorderen Spoilerflügel mit einem Schleifstein geschärft und schneidet nun damit sein Gras (zehnmal so schnell). Hintendran hat er den Pflug gespannt. So kann er zwei Arbeiten auf einmal erledigen.

Gärtner – Ein *Gärtner* hat bei dem lokalen Wettbewerb »Wer bepflanzt den **Ruderboot** größten Blumentopf?« den ersten Preis gewonnen. Er hat ein ganzes *Ruderboot* bepflanzt. Bei dem Versuch, mit diesem Boot über den Rhein zu setzen, ging er leider unter.

Elektriker – Rakete Ein *Elektriker*, der in einer NASA-Weltraumrakete Drähte der Steuerung zusammenlötete, verursachte einen Kurzschluss am Starter. Die *Rakete* startete. Ein Krisenstab ist mit der Aufgabe betraut, den Elektriker wieder auf die Erde zurückzubringen.

Postbote – Inliner Seit heute können *Postboten* als Dienstfahrzeug *Inliner* wählen. Diese dürfen aber nicht privat genutzt werden. Das Tragen der postgelben Knie- und Armschoner ist aus versicherungstechnischen Gründen Pflicht.

Um Werbung für seine Dienstleistung zu machen, kachelte ein *Fliesenleger* eine komplette *Straßenbahn*. Sie wurde dadurch aber so schwer, dass sie auf einer abschüssigen Strecke nicht mehr zu bremsen war und entgleiste.

Fliesenleger – Straßenbahn

Ein *Kfz-Mechaniker* rüstete den *Rollstuhl* seines Großvaters mit einem VW-Motor aus. Die Polizei kam dem Duo auf die Schliche, weil der Opa mit 85 km/h geblitzt und erkannt wurde.

Kfz-Mechaniker – Rollstuhl

Der *Orgelbauer* bringt an der Außenseite des *PKWs* eine Menge Orgelpfeifen an. Durch den Fahrtwind fangen diese bei der Fahrt an zu pfeifen, bei jeder Geschwindigkeit pfeift eine andere.

Orgelbauer – PKW

Ein *Schuster* hat den *Bobbycarschuh* erfunden. Dieser Schuh sieht aus wie ein Bobbycar in klein. Wo sonst das Kind sitzen würde, passt nun der Fuß hinein. Durch die Räder seitlich am Schuh können Kinder einfach wie mit Rollschuhen damit fahren. Es gibt sogar paarweise Anhänger dafür.

Schuster – Bobbycar

Ein *Wirt* macht momentan gute Geschäfte mit seiner Idee: Die Gäste sitzen alle an langen Tresen, die sternförmig miteinander verbunden sind. Mit kleinen ferngesteuerten *Gabelstaplern* fährt er die Getränke und Speisen zu den Gästen und kassiert mit einem gepanzerten Sicherheitsgabelstapler.

Wirt – Gabelstapler

Wo Sie gerade so gut in Fahrt sind, machen wir gleich noch ein Spielchen, und zwar dieses Mal mit ein paar mehr Begriffspaaren. Gehen Sie bitte wieder exakt wie beim vorhergehenden Spiel vor. Ihre Kreativität wird bald keine Grenzen mehr kennen. Zum Einstieg hier wieder zwei Beispiele vorweg. Beim folgenden Spiel verknüpfen wir Büroutensilien mit Hobbys. Angenommen, wir hätten also folgende Begriffe zu verknüpfen: *Büroklammer* und *Fahrradfahren*.

Hier könnten Sie sich vorstellen, wie Sie ein richtig großes *Fahrrad* nur aus kleinen *Büroklammern* zusammenbauen. Zusätzlich benutzen Sie eine Büroklammer, damit die Hose nicht in die Kette kommt, und treten dann vorsichtig los. Das Ganze ist ja nicht so stabil, aber es hält.

Beispiele

Bei *Tesafilm* und *Segeln* sehen Sie vor Ihrem geistigen Auge, wie Sie im Sturm *segeln* und die Segel reißen. Sie haben nur *Tesafilm* dabei und kleben den Schaden damit wieder perfekt zusammen.

Und nun viel Spaß beim Selber-Verknüpfen. Meine Vorschläge finden Sie, wie gerade auch, nach der Auflösung.

Kreativitätsspiel – 2. Stufe: Büroutensilien – Hobbys

Locher	Paragliding
Schreibtischstuhl	Golf
Hängeregister	Briefmarken sammeln
Brieföffner	Dart
Wiedervorlagemappe	Essen
Boardmarker	Tanzen
Aktenkoffer	Taubenzucht
Schreibtischlampe	Kanu fahren
Hefter	Surfen
Füllfederhalter	Musizieren
Visitenkarte	Weine
Flipchart	Wasserski
Schnellhefter	Literatur
Eingangsstempel	Konzerte

Ihre Lösungen

Locher	_____
_____	Golf
Hängeregister	_____
_____	Dart
Wiedervorlagemappe	_____
_____	Tanzen
Aktenkoffer	_____
_____	Kanu fahren

Hefter   _____

_____   Musizieren

Visitenkarte   _____

_____   Wasserski

Schnellhefter   _____

_____   Konzerte

Verknüpfungsvorschläge:

Ihr *Gleitschirm* fliegt nicht genau geradeaus, er macht ständig eine Kurve. Sie korrigieren das mit einem *Locher*, indem Sie auf der einen Seite des Schirms mit dem Locher viele Löcher machen.	**Locher – Paragliding**
Beim *Golfspiel* haben Sie für Ihre Ausrüstung keinen Caddy, Sie wollen aber die Golftasche nicht tragen. Sie benutzen einfach einen *Schreibtischstuhl*, packen die Golfsachen drauf und ziehen alles an einer Schnur hinter sich her.	**Schreibtischstuhl – Golf**
Haben Sie eine Briefmarkensammlung, oder vielleicht Ihr Sohn? Stellen Sie sich vor, dass sie nicht in einem Album, sondern in einem *Hängeregister* untergebracht ist. Als Reiter kleben Sie alte *Briefmarken* an den Rand. Wenn andere *Sammler* kommen, haben Sie dadurch Ihre Briefmarken immer als Schnellster parat.	**Hängeregister – Briefmarken sammeln**
In Ihrer Vorstellung geht Ihnen Ihr *Dartpfeil* in einem Dartwettkampf kaputt. Sie nehmen als Ersatz einfach einen *Brieföffner*. Dieser erzeugt aber in der elektrischen Zielscheibe einen Kurzschluss, und die Zielscheibe schmort zusammen.	**Brieföffner – Dart**
Sehen Sie sich in Ihrem *Lieblingsrestaurant*, wie Sie statt einer Speisekarte vom Kellner eine *Wiedervorlagemappe* vorgelegt bekommen. Wenn Sie die einzelnen Seiten aufschlagen, klappt ein Bild der Speise im 3-D-Format heraus.	**Wiedervorlagemappe – Essen**

Boardmarker –
Tanzen

Tun Sie sich schwer *tanzen* zu lernen? Stellen Sie sich vor, wie Sie die Schritte mit *Boardmarker* auf den Boden malen, damit Sie die Tänze richtig lernen. Dabei benutzen Sie einen roten Marker für den rechten Fuß und einen in lila für links.

Aktenkoffer –
Taubenzucht

Stellen Sie sich einen Bekannten als Taubenzüchter vor. Seine Frau hat ihm die *Taubenzucht* sowie das Handeln und Tauschen mit Tauben verboten, weil es so viel Schmutz macht. Damit seine Frau nicht mitkriegt, dass er immer noch züchtet, verstaut und transportiert er seine Tauben immer heimlich in einem *Aktenkoffer*.

Schreibtisch-
lampe –
Kanu fahren

Sehen Sie einen Kanuwettkampf bei Nacht vor sich. Damit die *Kanufahrer* etwas sehen können, haben sie je eine *Schreibtischlampe* auf den Bug des Kanus montiert.

Hefter – Surfen

Es wurde ein neuer großer *Hefter* erfunden, mit dem Löcher und Risse im Surfsegel geflickt werden können. Stellen Sie sich die Surfer vor, wie sie am Strand sitzen und ihre Segel reparieren. Danach *surfen* sie mit getackerten Segeln über die Wellen.

Füllfederhalter –
Musizieren

Sehen Sie folgende Szene in Ihrem Kopfkino: Ihr *Füllfederhalter* hat acht kleine Löcher. Er ist gleichzeitig eine kleine Flöte. Da das Mundstück zugleich die Schreibfeder ist, haben Sie nach dem *Musizieren* immer einen ganz blauen Mund.

Visitenkarte –
Weine

Kennen Sie schon *Visitenkarten* für die Weinprobe, mit denen man Alkohol- und Zuckergehalt eines Weines messen kann? Halten Sie die Karte einfach in den *Wein* und an der Verfärbung können Sie die Qualität erkennen.

Flipchart –
Wasserski

Stellen Sie sich vor, der *Wasserskilehrer* fahre mitsamt *Flipchart* auf Wasserskiern neben seinen Schülern her und erkläre diesen die wichtigsten Tricks direkt am Flipchart.

Bei der Arbeit haben Sie als Chef, seit neuem, außer Delegieren nicht viel zu tun. Damit dies nun nicht auffällt, lesen Sie gerne und viel *Literatur*. Diese tarnen Sie mit einem sehr wichtig aussehenden *Schnellhefter:* Das bedeutet, dass Sie aus den schönen Büchern, die Sie lesen wollen, einzelne Seiten herausreißen, die Seiten lochen und dann Ihre tägliche Leseration in den Schnellhefter ablegen.

Schnellhefter – Literatur

Stellen Sie sich vor, dass in der Oper bei *Konzerten* die Konzertkarten nicht mehr persönlich kontrolliert und entwertet, sondern durch einen Automaten am Eingang abgestempelt werden, wie in den meisten U- und S-Bahnen. So erhält hier jeder Besucher seinen *Eingangsstempel*. Sehen Sie das genau vor Ihrem geistigen Auge. Als die Automaten kürzlich kaputt waren, musste man sich stattdessen mit einem Posteingangsstempel die Karten selber entwerten.

Eingangsstempel – Konzerte

Nun machen wir den nächsten großen Schritt: Wir lernen, Zahlen abzuspeichern. Zahlen jeder Art. Dies ist – Sie denken es sich wahrscheinlich bereits – natürlich wieder einmal leichter, als viele glauben. Wie könnte es auch anders sein?

Aus Zahlen werden Geschichten

Zahlen behalten ist für Sie jetzt schon ein Kinderspiel. Sie werden sehen. Die Technik dafür beherrschen Sie schon sehr gut: verbildern und verknüpfen.

Nach Ihrem Training durch die Pärchenspiele ist Ihre Kreativität angeregt, und wir können starten. Es ändert sich nichts: Wir verknüpfen wieder auf möglichst skurrile Art und Weise. Diesmal allerdings sind es nur die Zahlensymbole untereinander, die verknüpft werden. Na ja, so ganz stimmt das auch nicht. Die Person, deren Telefonnummer Sie sich merken möchten, muss mit in die Geschichte integriert werden. Sonst hätten Sie am Ende lauter Zahlen im Kopf und könnten diese nicht zuordnen, wüssten also nicht, wozu die einzelnen Nummern gehören.

Zahlensymbole miteinander verknüpfen

Ein kleines Beispiel vorweg. Stellen Sie sich folgende Geschichte vor: Sie stehen in einer Bank. Da geht die Tür hinter Ihnen auf, und ein Schwan kommt herein. Er hebt seinen linken Flügel und holt dort einen Dreizack hervor. Damit spießt er dann die Kerze, die auf dem Banktresen steht, auf und hält sie Ihnen unter die Hand, bis Ihre Finger ganz heiß werden. Na, welche Zahl war das wohl?

Schreiben Sie die Zahl bitte auf: _____

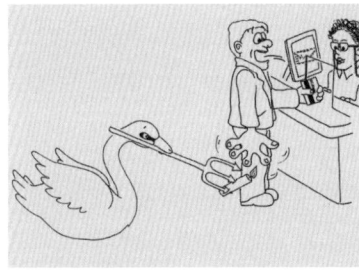

Und tippen Sie mal, wozu sie gehört. Es ist die Geheimzahl der Bankkarte für diese Bank. Deshalb spielte sich die komplette Geschichte auch in der Bank ab. Die richtige Geheimzahl lautet übrigens: 2315. Aber das wissen Sie bereits.

Ganz aufmerksame Gedächtnisprofis werden jetzt einwenden: »Moment mal, die Eins und die Fünf kann ich doch zusammenfassen als 15. Damit hätte ich nur ein Bild statt zweien wie bei Kerze und Hand, nämlich den Aufzug. Dadurch erspare ich mir eine Verknüpfung und bin schneller.« Genau, stimmt. Aber Sie wissen auch: Perfektion weckt Aggression! Und bei dieser Story gefällt es mir persönlich so besser. Natürlich hätte der Schwan auch mit dem Dreizack in den Aufzug der Bank steigen können. Jeder, wie er's mag.

Mit den nächsten Übungen können Sie Ihr Zahlengedächtnis noch ein bisschen trainieren. Viel Spaß und Erfolg dabei. Meine Verknüpfungstipps finden Sie wie gewohnt weiter unten.

Lassen Sie sich zu den Zahlen lustige und vor allem »merk-würdige« Filmchen einfallen. Sehen Sie diese wieder so deutlich, wie es Ihnen möglich ist, vor Ihrem geistigen Auge. Und ganz wichtig: Der Freund, die Firma, der Kunde, das Handy, die Bankkarte und der Aktenkoffer müssen die Hauptrollen in den jeweiligen Szenen spielen!

Und nun zwei Übungen auf einmal.

PINs und Geheimnummern immer parat

- PIN eines Handys: 1063
- Geheimnummer für eine Bankkarte: 2495
- Zahlenkombination für einen Aktenkoffer: 679

Telefonbuch im Kopf

- Telefonnummer eines Freundes: 151463
- Telefonnummer einer Firma: 6349794
- Handynummer eines Kunden: 0153/5920615

Wenn Ihre Storys gut waren und Sie diese im Geiste gesehen haben, wenn Sie sogar noch den »Merkturbo«, also Gefühle, eingeschaltet haben, kann nichts mehr schief gehen. Tragen Sie also bitte die gesuchten Zahlen ein und prüfen Sie, ob diese stimmen. Und, aufgepasst: Ist eine Ziffer in der Zahlenreihe falsch, ist leider die ganze Zahl falsch. That's life! Sie hätten nie den richtigen Gesprächspartner am Telefon. Sie können allerdings auch gnädiger zu sich sein und sich freuen, wenn die Zahl fast richtig ist. Mit etwas Übung kriegen Sie das auch noch in den Griff. Sie müssen ja auch nicht jede Zahl komplett richtig haben. Drei komplett richtige sind schon gut, vier richtige sind Klasse, fünf top und alle sechs, na ja, wecken Aggression. Also, ran:

Ihre Lösungen

- PIN eines Handys: _____

- Geheimnummer für eine Bankkarte: _____

- Zahlenkombination für einen Aktenkoffer: _____

- Telefonnummer eines Freundes: _____

- Telefonnummer einer Firma: _____

- Handynummer eines Kunden: _____

Haben Sie mit oben verglichen? Und, sind Sie zufrieden mit sich? Wenn Sie Schwierigkeiten hatten mit den Geschichten, was übrigens normal wäre, schauen Sie sich meine Verknüpfungsvorschläge an und starten erneut. Es braucht schon ein bisserl Übung. Übrigens, haben Sie mal überlegt, wie lange bzw. wie kurz Sie sich erst mit der Geisselhart-Methode beschäftigen? Dafür klappt es doch schon prima, oder nicht? Auf welchem anderen Gebiet machen Sie so schnell Fortschritte? Wenn Ihnen eins einfällt, melden Sie sich bitte bei mir. Meine Adresse finden Sie ganz hinten im Buch.

So, und hier nun noch meine Vorschläge:

1063 – PIN eines Handys
Sie schleudern Ihr *Handy* mit dem *Golfschläger* (10) durch die Luft. Dabei treffen Sie einen *Elefanten* (6). Dieser wehrt Ihr *Handy* aber noch rechtzeitig mit einem *Dreizack* (3) ab und spießt es auf. Etwas verdutzt überreicht er Ihnen Ihr *Handy* dann wieder.

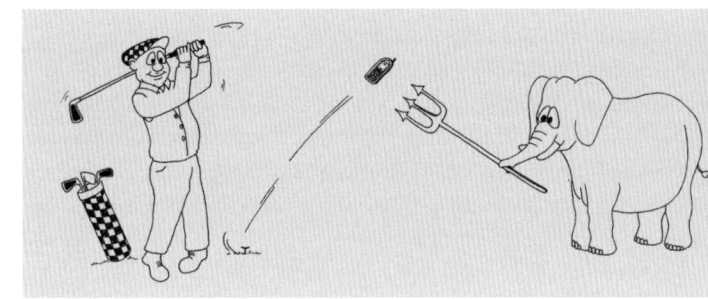

2495 – Geheimnummer für eine Bankkarte
In der zur *Karte* gehörenden *Bank* ist der Fußboden mit Rasen ausgelegt. Ein *Schwan* (2) läuft auf dieser Wiese durch die *Bank*. Er erkennt in Windeseile *vierblättrige Kleeblätter* (4). Er pflückt und sammelt sie. Dabei wird eine *Schlange* (9) aufgescheucht. Diese fangen Sie mutig mit Ihrer *Hand* (5) und überreichen sie dem Bankdirektor.

679 – Zahlenkombination für einen Aktenkoffer
Vorsichtig öffnen Sie in Gedanken den *Aktenkoffer*. Sie sehen darin einen kleinen *Elefanten* (6) umherlaufen, der einen *Wimpel* (7) trägt. Mit dessen spitzem Ende spießt er eine *Schlange* (9) auf und setzt sie behutsam außerhalb des *Aktenkoffers* ab.

151463 – Telefon-Nr. eines Freundes
Stellen Sie sich vor, Sie wollen Ihren *Freund* besuchen. In dem Haus dort gibt es einen *Aufzug*. (Macht nichts, wenn es den in

Wirklichkeit nicht gibt, Sie sehen ihn in Ihrer Fantasie. Ist es ein Bungalow, kann man mit dem Aufzug halt nach unten fahren in den Keller, weiter in die Tiefgarage bis in den Atombunker.) Sie sehen also den *Aufzug* (15), der gerade ankommt und die Türen öffnet. Ihr Freund sitzt darin. In dem Moment kommt aus dem Aufzug ein Donnern und Grollen, und *Blitze* (14) zucken Ihnen entgegen. Ihren Freund verfehlen diese knapp. Dann kommt ein *Elefant* (6) und packt Ihren Freund mit dem Rüssel auf seinen Rücken. Kaum sitzt er richtig, schleudert Ihnen der Elefant einen *Dreizack* (3) mit dem Rüssel entgegen.

In Ihrem Kopfkino sehen Sie die *Firma* auf einem parkähnlichen Grundstück liegen. In diesem Garten grast ein *Elefant* (6). Er hat einen *Dreizack* (3) im Rüssel und spießt damit *vierblättrige Kleeblätter* (4) auf. Eine *Schlange* (9), die sich dort versteckt hält, erkennt die Gefahr und winkt mit einem *weißen Friedensfähnchen* (7). Als wieder Ruhe eingekehrt ist, kommt noch eine *Schlange* (9) dazu und frisst sich am *Klee* (4) satt.

6349794 – Telefonnummer einer Firma

Die ersten beiden Zahlen 0 und 1 brauchen Sie sich nicht zu merken, Sie wissen ja bereits, dass jede Handynummer mit 01 beginnt. Stellen Sie sich nun diesen bestimmten *Kunden* (jetzt natürlich eine fiktive Person) vor. Während Sie diesen Kunden betrachten, sehen Sie erstaunt, wie sich dessen *Hand* (5) in einen *Dreizack* (3) verwandelt. Dann sehen Sie auf seine andere *Hand* (5), auch sie verwandelt sich, aber in eine *Schlange* (9). So bewaffnet dreht sich Ihr Kunde um und sieht einen großen *Schlitten* (20) vor sich stehen. Auf dem Schlitten sitzt ein *Elefant* (6). Dieser kutschiert Ihren Kunden auf eine Tür zu. Die Tür öffnet sich automatisch, und Sie erkennen jetzt, dass es sich um einen *Aufzug* (15) handelt. Darin verschwindet das Gespann.

0153/5920615 – Handynummer eines Kunden

Info-Center – Termine, Geburtstage und Jubiläen im Kopf

Sehen Sie vor Ihrem inneren Auge, wie der *Umzugswagen* schon sehr früh kommt, es ist noch dunkel draußen. Deshalb wird der Umzugswagen mit *Kerzen* (1) erleuchtet. Diese sind mit je einem *Dreizack* (3) am Umzugs-LKW befestigt.

Umzugstag: 1.3.

Geburtstag Ihres Vorgesetzten oder Mitarbeiters: 13.11.63

Stellen Sie sich Ihren *Vorgesetzten/Mitarbeiter* vor: Er hat eine schnurrende *Katze* (13) um die Schulter gelegt. Einmal im Jahr zum *Geburtstag* bekommt diese ihr Lieblingsessen, *Spaghetti* (11). Sehen Sie in Ihrem Kopfkino also, wie die *Katze* in einen Berg von *Spaghetti* springt und darin fast untergeht. Daran bedient sich auch der *Elefant* (6), ein Freund Ihres Vorgesetzten / Mitarbeiters, mit einem *Dreizack* (3), den er wie eine Gabel benutzt. Er füttert damit, zur *Feier des Tages*, Ihren Vorgesetzten / Mitarbeiter.

Geburtstag des Sohnes einer Freundin: 18.1.99

Stellen Sie sich auf dem Kopf des *Geburtstagskindes* ein *Vogelhäuschen* (18) vor. Dieses wird von einer Kerze (1) angezündet und fängt langsam an zu brennen. Dadurch werden im Inneren die Bewohner aufgescheucht, und es kommt erst eine *Schlange* (9), dann eine zweite *Schlange* (9) herausgekrochen. Das *Geburtstagskind* beklagt sich danach. Es wurde etwas warm am Kopf.

Hochzeitstag: 4.11.98

Sie wollen zum *Hochzeitstag* Ihrem Partner ein besonderes Geschenk machen. Sie sammeln viele *vierblättrige Kleeblätter* (4) und wollen einen Kranz daraus binden. Der Kranz hält aber nicht mit den kurzen Stielen des Klees, und so nehmen Sie die *Spaghetti* (11) vom Mittagessen zu Hilfe. Auch das will nicht so recht halten, und nun flechten Sie einfach eine *Schlange* (9) mit in den Kranz. Sie müssen sich mit Ihrem Werk aber beeilen, Sie müssen fertig sein, bevor die *Eieruhr* (8) abgelaufen ist. Diese steht daneben, und der Sand läuft unaufhörlich.

Wenn Sie möchten, können Sie nun wieder die CD-ROM einlegen und die »Persönliche Übung« einmal aufrufen. Dort können Sie Ihre eigene Datenbank anlegen. So können Sie alle Zahlen, welche Sie sich merken wollen, dort eintippen und sich danach abfragen lassen. Testen Sie diese tolle Sache doch gleich einmal. Sie werden begeistert sein.

Manchmal ist Outlook besser

Unser Gehirn hat keinen Wecker mit Datum, der Sie genau am richtigen Tag an den Hochzeitstag, Geburtstag usw. erinnert. Das bedeutet: Sie wissen zwar auf die Frage, wann Ihr Hochzeitstag ist, die richtige Antwort. Aber trotz alledem kann es sein, dass Sie am entsprechenden Tag eben nicht daran denken. Warum auch? Es kommt ja keiner und fragt Sie. Also ist der Computer zumindest hier dem Hirn etwas überlegen. Sie tippen das entsprechende Datum ein und Ihr PC erinnert Sie mit einem Ton und mit dem Öffnen der Notiz. Unser Gedächtnis können wir hier eher mit einem herkömmlichen Papierkalender vergleichen. Sicher kennen Sie Personen, die sich einen bestimmten Termin in den Kalender hineingeschrieben haben. An dem bestimmten Tag haben sie dann aber nicht in den Kalender gesehen und so auch nicht an den Termin gedacht. Hätten sie in den Kalender geschaut, wäre das nicht passiert.

In der Alltagspraxis ist es nun, zumindest meiner Meinung nach, nicht sehr praktikabel, sich jeden Tag zu fragen, was am heutigen Datum abgespeichert ist. Bitte, wer Spaß daran hat, kann dies selbstverständlich tun. Nur können Sie hier auch die Technik – also Handy, Palm, PC etc. – nutzen. Dafür ist sie ja schließlich da.

Und Sie benutzen Ihr Gehirn jetzt ja auch oft genug. D.h., Sie haben genug Training und brauchen nicht zu befürchten, dass Ihr Hirn einrostet.

So geht es trotzdem

Ihr Gehirn kann Sie aber bestens an etwas erinnern, das Sie tun wollen, wenn Sie jemanden sehen oder wenn sich etwas Bestimmtes ereignet.

Beispielsweise wollen Sie morgen Ihrem Kollegen zur einjährigen Mitarbeit in Ihrer Abteilung gratulieren. Oft denken wir beim Frühstück noch daran, einem Kollegen oder Mitarbeiter zum Geburtstag zu gratulieren. Dann kommt der Weg zur Arbeit. Im Büro angekommen, müssen wir uns sogleich mit einer wichtigen Sache beschäftigen, und nun denken wir nicht mehr an den Geburtstag. Er ist aus dem Sinn. Im Sinn haben wir gerade das Projekt, mit welchem wir uns beschäftigen und welches unsere volle Aufmerksamkeit braucht.

Aus dem Sinn

Um dem Kollegen oder Mitarbeiter nun aber doch noch zum Geburtstag zu gratulieren, stellen Sie sich Folgendes vor: Sie sehen den Mitarbeiter den Gang entlanggehen. Da kommen alle seine Kollegen mit Luftschlangen und Tröten und wollen das Ereignis feiern. Sie packen Ihren Kollegen auf einen Stuhl, heben diesen auf einen Tisch und tragen das Ganze wie eine Sänfte auf die Straße. Wenn Sie nun morgen den Kollegen irgendwo sehen, wird Ihnen dieses Bild sofort vor die Augen kommen und Sie werden sich daran erinnern, ihm zu gratulieren. Also auch hier gilt wieder die alte Regel: zwei Sachen miteinander zu verknüpfen. Taucht eine der beiden auf, müssen Sie an die andere denken.

Oder Sie wollen Ihre Tochter auf der Fahrt von der Arbeit nach Hause von der Musikschule abholen. Auch hier laufen Sie Gefahr, weil Sie den Weg eher unbewusst fahren, mit Ihren Gedanken bei anderen Dingen zu sein. Sie denken jetzt ja schließlich nicht ständig daran: Tochter abholen, Tochter abholen, Tochter abholen, Tochter abholen ... Damit Sie daran im richtigen Moment denken, machen Sie Folgendes: Sie überlegen sich genau, wann Sie sich an das Abholen erinnern müssen. An welcher Stelle Ihres Heimwegs müssen Sie eine andere Strecke fahren, um zur Musikschule zu kommen? Sehen Sie diese Stelle genau vor sich? Gut, dann sehen Sie vor Ihrem inneren Auge, an dieser Stelle, einen großen Stau. Nichts geht mehr. Plötzlich laufen die Menschen panikartig von diesem Punkt weg. Sie werden neugierig und gehen zur Stelle des Geschehens. Dort sitzen mitten auf der Straße Musikschüler und üben ein Musikstück. Wenn Sie nun an dieser Stelle vorbeifahren, werden Sie sich an dieses komische Bild erinnern, und Sie wissen dann, dass Sie Ihre Tochter abholen wollten.

Die zwei wichtigsten Fragen

Fassen wir also zusammen: Sie sollten sich genau zwei Fragen stellen.

1. An was wollen Sie sich erinnern?
2. Was passiert in genau dem Moment, an dem Sie sich erinnern wollen, um Sie herum?

Diese beiden Bilder verknüpfen Sie nun wie gewohnt, und die Chance, dass Sie im richtigen Moment daran denken, ist sehr, sehr hoch.

Outlook im Kopf

Stellen Sie sich vor, Sie müssten an die folgenden Sachen denken. Verknüpfen Sie diese bitte wieder genau so wie oben. Abgefragt wird dann immer der Teil, an den Sie sich erinnern wollen, wenn um Sie herum etwas Bestimmtes geschieht.

1. Den Hausmeister bitten, die Kellertür zu reparieren.
2. Ihrer Tochter zum Führerschein gratulieren.
3. Auf dem Weg ins Büro eine bestimmte Fachzeitung kaufen.
4. Aus dem Kofferraum Ihres Wagens die Steuerunterlagen mit ins Büro hochnehmen.
5. Morgen früh müssen Sie Ihren Reisepass mitnehmen.
6. Ihrem Sohn wollen Sie die geliehenen 100 Euro zurückgeben.

Fragen Sie sich also bitte wieder: Was passiert in dem Moment, in welchem ich daran denken will, um mich herum? Wo bin ich? Was mache ich? Dieses Bild verknüpfen Sie dann mit dem, woran Sie denken wollen, und stellen sich diese Szene deutlich und lebhaft im Geiste vor. Meine Verknüpfungsvorschläge lesen Sie wieder nach dem Test.

Ihre Lösungen

1. Hausmeister _____

2. Tochter _____

3. Weg ins Büro _____

4. Kofferraum _____

5. Morgen früh _____

6. Sohn _____

Verknüpfungsvorschläge:

Wann wollen Sie daran denken? Wenn Sie den Hausmeister sehen. An was wollen Sie dann denken? An die Tür, die er reparieren soll. Verknüpfung: Der Hausmeister balanciert die Kellertür auf dem Kopf.

1. Den Hausmeister bitten, die Kellertür zu reparieren

2. Ihrer Tochter zum Führerschein gratulieren	Wann wollen Sie daran denken? Wenn Sie Ihre Tochter sehen. An was wollen Sie dann denken? Sie wollen ihr zum Führerschein gratulieren. Verknüpfung: Ihre Tochter hat ein Lenkrad als Kette um den Hals hängen. Ist zur Zeit der letzte Schrei.
3. Auf dem Weg ins Büro eine bestimmte Fachzeitung kaufen	Wann wollen Sie daran denken? Auf dem Weg ins Büro. An was wollen Sie dann denken? Fachzeitung kaufen. Verknüpfung: Ihr ganzes Auto ist vollgestopft mit lauter Fachzeitungen. Oder besser, Sie nehmen eine echte, Ihnen bekannte Strecke, dort einen Abschnitt mit einem Kiosk, und verknüpfen diesen.
4. Aus dem Kofferraum Ihres Wagens die Steuerunterlagen mit ins Büro hochnehmen	Wann wollen Sie daran denken? Wenn Sie auf dem Firmenparkplatz ankommen. An was wollen Sie dann denken? Steuerunterlagen im Kofferraum. Verknüpfung: Ihr Firmenparkplatz ist überhäuft mit lauter Steuerordnern. Sie finden keinen Parkplatz, weil alles voller Steuerunterlagen ist, meterhoch.
5. Morgen früh müssen Sie Ihren Reisepass mitnehmen	Wann wollen Sie daran denken? Morgen früh, wenn Sie aus dem Haus gehen. An was wollen Sie dann denken? An den Reisepass. Verknüpfung: Ihre Haustür ist ein überdimensionaler Reisepass. Sie müssen erst alle Seiten durchblättern, damit Sie aus dem Haus können.
6. Ihrem Sohn wollen Sie die geliehenen 100 Euro zurückgeben	Wann wollen Sie daran denken? Wenn Sie Ihren Sohn sehen. An was wollen Sie dann denken? Sie wollen ihm die 100 Euro geben. Verknüpfung: Ihr Sohn hat einen Anzug aus lauter echten 100-Euroscheinen an. Da denken Sie noch: Na, da hat er ja genug. Aber geliehen ist geliehen. Also knüpfen Sie Ihren Hunderter noch an den Anzug dran.

So, das war's fürs Erste. Zumindest mit praktischen Übungen. Wenn Sie unbedingt sofort weiter üben wollen, überspringen Sie das nächste Kapitel. Ansonsten erfahren Sie im dritten Kapitel, wie Ihr Hirn funktioniert. Ich habe mich bemüht, auch das folgende, theoretische Kapitel möglichst nicht zu trocken und nüchtern wissenschaftlich zu schreiben. Ich hoffe, es ist mir gelungen, auch diesen Stoff einigermaßen unterhaltsam herüberzubringen. Es gibt hier einige sehr verblüffende Erkenntnisse. Viel Spaß und Neugierde dabei!

3. Erfolg beginnt im Kopf

So funktioniert Ihre Kommandozentrale

Es ist schon verblüffend, wie wenig wir über unser Gehirn wissen. Selbst namhafte Wissenschaftler sind sich oft nicht einig über diverse Funktionsweisen. So galt beispielsweise jahrelang die Aussage »Gehirnzellen wachsen nicht nach« als absolut korrekt. Obwohl schon seit langem bekannt ist, dass dies, nachgewiesenermaßen, bei Tieren – wie z.B. Vögeln, Mäusen und einigen Affenarten – der Fall ist, wurde Derartiges beim Menschen geleugnet.

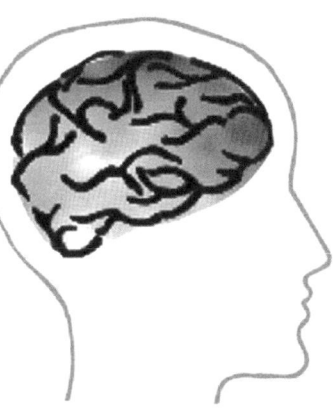

© TEAMGEISSELHART

Gehirnzellen wachsen nach

Das *New Scientist Magazine* berichtet 2000 in seiner Februarausgabe etwas Interessantes. Schon im November 1998 entdeckte *Fred Gage* vom *Salk Institute for Biological Studies* in Kalifornien, dass Gehirnzellen eben doch nachwachsen. Was für eine Nachricht! Wie fand er dies heraus? Nun, *Gage* färbte bei Krebspatienten, die sich für diese Untersuchung freiwillig meldeten, Gehirnzellen ein. Da diese Patienten nicht mehr lange zu leben hatten, brauchte er nur abzuwarten. Nach deren Tod untersuchte er die Gehirne und fand Gehirnzellen, die nicht eingefärbt waren. Sie mussten also nachgewachsen sein.

Gehirnzellen wachsen – im Gegensatz zur weit verbreiteten Ansicht – auch beim Menschen nach, und das sogar bei Krebspatienten.

Für mich ist dies in der Praxis relativ unspektakulär. Meiner Meinung nach, und diese teile ich mit vielen Wissenschaftlern, nutzen wir nur einen Bruchteil unserer mentalen Fähigkeiten. Kaum 15 Prozent seien es, liest man immer wieder. Ich glaube, maximal fünf Prozent, eher weniger! Beweisen kann ich dies natürlich nicht. Ist auch weniger wichtig. Viel wichtiger ist, dass selbst wenn wir 15 Prozent nutzen, immer noch 85 Prozent ungenutzt bleiben. In Zahlen ausgedrückt liest sich dies etwas spektakulärer: Durchschnittlich hat jeder gesunde Mensch ca. 20 Milliarden Gehirnzellen. Landläufig hört man immer von nur zehn Milliarden. Genaue Zahlen für Frauen und Männer und wie Sie Ihre eigene Hirnzellenanzahl errechnen können, erfahren Sie weiter unten im Abschnitt »Zahlen und Fakten rund ums Hirn« (S. 73 f.). 15 Prozent von 20 Milliarden sind nach Adam Riese ganze 3 Milliarden Zellen. Auch schon eine ganze Menge. Allerdings hätten wir jetzt ja noch 17 Milliarden Zellen sozusagen in petto. Nun liest man in zahlreichen wissenschaftlichen Studien, dass ca. 10 000 bis 100 000 Gehirnzellen jeden Tag sterben. Das hört sich erst einmal gewaltig an. Rechnen wir jedoch ein bisschen, sieht es sehr harmlos aus.

Nachgerechnet Bei einem Schwund von ca. 100 000 Zellen täglich, also dem Maximum, würden wir in einem Jahr 365-mal 100 000 Gehirnzellen verlieren. Das wären ganze 36,5 Millionen. Runden wir nun sogar auf 40 Millionen auf, dann müssten wir alle zehn Jahre zu ca. 400 Millionen Gehirnzellen »Lebewohl« sagen. Und nach 100 Jahren wären 4000 Millionen, also erst vier Milliarden, futsch – im Extremfall ein Verlust von ca. 20 Prozent in 100 Jahren.

Professor *Manfred Spitzer* ist der Auffassung, dass wir im Laufe unseres Lebens eine nur in etwa zehnprozentige Abnahme der Gehirnzellen erfahren. Das hört sich für mich nicht wirklich schlimm an. Selbst wenn keine Gehirnzellen nachwüchsen, würde ich mir keine Sorgen machen, sondern mit Freude bis ins hohe Alter geistig aktiv bleiben. Damit tue ich mir Gutes, denn auch ältere Menschen können ihr Gehirn und ihr Gedächtnis noch verbessern und ihre mentalen Fähigkeiten ständig weiter ausbauen.

Dennoch ist die Sache mit dem Absterben der Hirnzellen etwas heikler. Es kommt nämlich auch sehr darauf an, welche Zellen sich verabschieden. Hier könnten wir stundenlang Vermutungen und Mutmaßungen anstellen, am Ende wären wir aber nicht schlauer. Forscher sind an diesem interessanten Thema erst seit Jahrzehnten dran. Seien wir gespannt auf weitere Aufsehen erregende Erkenntnisse. Auf den folgenden Seiten will ich mich mit dem heutigen Stand der Wissenschaft, welchen ich vereinfacht erkläre, begnügen. Im Literaturverzeichnis finden ganz Neugierige Stoff fürs tiefere Einsteigen in dieses Thema.

Zahlen und Fakten rund ums Hirn

Grundlage aller Angaben sind hier stets Durchschnittswerte, auch wenn dies nicht explizit erwähnt wird. Des Weiteren gehe ich stets von gesunden Menschen aus. Es sei denn, es wird extra darauf hingewiesen, wie z.B. auf Split-Brain-Patienten, bei denen die Verbindung beider Gehirnhälften operativ unterbrochen wurde.

Unser Denkorgan wiegt im Durchschnitt ca. 1400 bis 1500 Gramm. **Gehirn bei** Männliche Gehirne sind in der Regel etwas schwerer als weibli- **Neugeborenen** che. Bitte, das hat nichts mit der Leistungsfähigkeit zu tun. Dieses Gewicht hat das Gehirn übrigens schon bei Kindern von zehn bis zwölf Jahren. Bei Neugeborenen wiegt das Hirn immerhin schon ca. 400 Gramm.

> **Während sich also unser Körpergewicht von ca. 3 Kilogramm bei der Geburt auf ca. 70 Kilogramm bei Erwachsenen mehr als verzwanzigfacht, verdrei- bis vervierfacht sich unser Gehirngewicht lediglich. Es ist wohl bei der Geburt schon sehr gut ausgebildet. Alle Gehirnzellen und Nervenfasern sind hier bereits vorhanden.**

Nach *Manfred Spitzer,* Leiter der psychiatrischen Universitätsklinik in Ulm, werden die Fasern also lediglich dicker und damit auch schwerer, während Kopf und Gehirn wachsen. Die Dicke der Nervenfasern ist wichtig: Dicke Fasern, so *Spitzer,* leiten Informationen 30- bis 40-mal schneller als dünne. Unser Gehirn ist ungefähr 14 cm breit, 17 cm lang und 9 cm hoch. Der komplette Kopf wiegt übrigens etwa sechs Kilo.

Dass unser Gehirn aus ungefähr 20 Milliarden Gehirnzellen besteht, haben Sie bereits erfahren. Die Zahl sieht allerdings ausgeschrieben beeindruckend aus: 20 000 000 000 Gehirnzellen! Also 20-Tausend Millionen.

Männliche und weibliche Gehirne *Pakkenberg und Gundersen* veröffentlichten 1997 in ihrem Buch *Neocortical Neuron Number in Humans: Effect of Sex and Age* noch genauere Zahlen und Unterschiede zwischen den Geschlechtern. Frauen sollen demnach »nur« 19,3 Milliarden Gehirnzellen besitzen und Männer 22,8 Milliarden. Die 3,5 Milliarden mehr Zellen bei Männern verwundern nicht, haben sie doch auch durchschnittlich die größeren Köpfe und die schwereren Hirne. Das männliche Gehirn ist im Durchschnitt ca. 150 Gramm schwerer als das weibliche. Allerdings leisten männliche Gehirne keinesfalls mehr als weibliche. Vielmehr sind weibliche Gehirne, so scheint es, wohl effizienter als die männlichen, schreibt *Spitzer* in seinem Buch *Lernen: Gehirnforschung und Schule des Lebens.* Dort findet sich auch eine interessante Formel von den Forschern *Pakkenberg* und *Gundersen:*

Die Berechnung der eigenen Gehirnzellenanzahl folgt der Gleichung:
- **Anzahl der Neuronen in Milliarden bei Frauen = $e^{3,05}$ – Alter x 0,00145**
- **Anzahl der Neuronen in Milliarden bei Männern = $e^{3,2}$ – Alter x 0,00145, wobei e (die Eulersche Zahl) = 2,71828.**

Gliazellen Alle bisher genannten Zahlen in Bezug auf die Anzahl der Gehirnzellen beziehen sich lediglich auf die Großhirnrinde, also den Kortex. Im Kleinhirn finden sich außerdem in etwa 100 Milliarden. Auf jede Hirnzelle kommen, so *Spitzer,* ca. zehn Gliazellen. Im *Annual Review of Neuroscience* war 1988 von den Wissenschaftlern *Williams* und *Herrup* zu lesen, es seien zehn bis 50 Gliazellen pro Hirnzelle. Auch bezüglich der Gliazellen wird wieder deutlich, wie wenig wir über unser Denkorgan wissen: Noch vor wenigen Jahren nahmen die Forscher an, diese Gliazellen dienten den eigentlichen Gehirnzellen lediglich als Nahrung. Heutzutage gibt es jedoch laut *Spitzer* Hinweise, dass auch die Gliazellen, von denen übrigens *Albert Einstein* überdurchschnittlich viele gehabt haben soll, einen Beitrag zur Informationsverarbeitung im Gehirn leisten. Konkreteres ist noch unklar.

Das komplette Nervennetz des Hirns ist länger als 100 Kilometer. Die Anzahl der Synapsen – das sind die Verknüpfungen zwischen den einzelnen Hirnzellen – übersteigt 100 Milliarden. Und die Bearbeitungsgeschwindigkeit liegt angeblich beim ca. 150-fachen einer modernen ISDN-Leitung.

Viel trinken

Das geheimnisvolle Organ besteht übrigens zu ca. 85 Prozent aus Wasser, der Rest des Körpers hingegen zu etwa zwei Dritteln. Deshalb sollten Sie viel trinken, um Ihr Hirn arbeitsfähig zu halten. Die Mediziner gehen heute davon aus, dass etwa zehn Prozent aller Alzheimer-Diagnosen lediglich auf mangelnde Flüssigkeitszufuhr zurückzuführen sind. Dadurch beginnt das Hirn zu schrumpfen. Dieses Schrumpfen ist ein ziemlich eindeutiges Zeichen für Alzheimer. Also: tüchtig trinken.

Das viele Trinken lässt auch unser Blut besser fließen. Täglich strömen ca. 1200 Liter Blut – das sind immerhin sechs volle Badewannen – durch unser Denkorgan und versorgen es mit etwa 75 Litern reinem Sauerstoff.

Die Großhirnrinde – das, was wir eigentlich sehen, wenn wir ein Gehirn anschauen – die Walnuss also, ist nichts weiter als eine Decke, welche das Hirn umhüllt. Genaueres ersehen Sie aus den Skizzen. Dieser Mantel ums Gehirn soll, wenn man ihn ausfaltet, ca. ein bis anderthalb Quadratmeter groß sein – eine Fläche wie ein kleinerer Esstisch etwa.

Obwohl das Gehirn nur ungefähr zwei Prozent des gesamten Körpergewichts ausmacht, verschlingt es ca. 20 Prozent unserer gesamten Energie. Damit ist das Gehirn eindeutig das Organ mit dem höchsten Energieverbrauch.

So arbeitet Ihr Gehirn

Das menschliche Gehirn besteht aus zwei Hälften. Diese sind mit dem so genannten Balken, dem *Corpus Callosum*, miteinander verbunden. Durch den Balken, welcher aus Nervenfasern besteht, kommunizieren beide Großhirnhemisphären miteinander. Der Balken ist bei Frauen dicker ausgebildet als bei Männern. Bei Frauen funktioniert im Allgemeinen deshalb der Datenaustausch zwischen linker und rechter Gehirnhälfte auch besser und schneller als bei Männern.

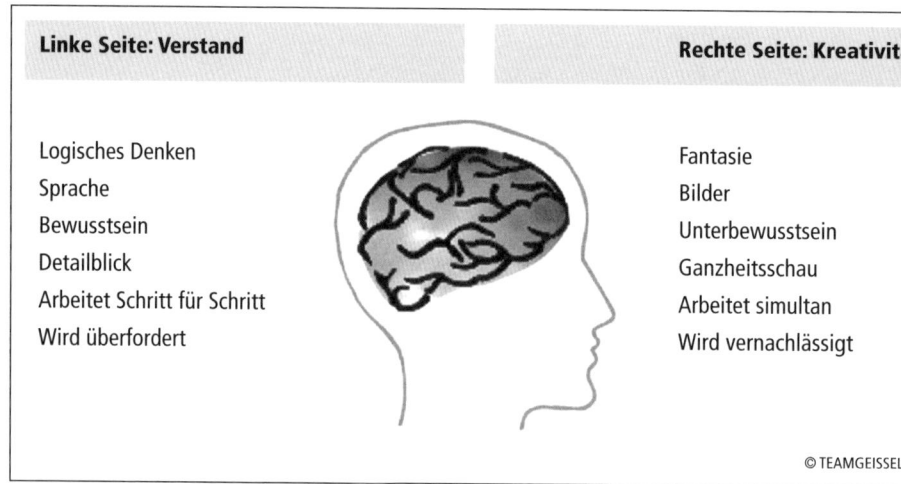

Linke Seite: Verstand	Rechte Seite: Kreativität
Logisches Denken	Fantasie
Sprache	Bilder
Bewusstsein	Unterbewusstsein
Detailblick	Ganzheitsschau
Arbeitet Schritt für Schritt	Arbeitet simultan
Wird überfordert	Wird vernachlässigt

© TEAMGEISSELHART

Links und rechts Das allereinfachste Modell der Arbeitsverteilung des Gehirns ist heute zwar überholt, kann aber dennoch als modellhafte Beschreibung herangezogen werden. Diese Annahmen gehen zurück auf *Roger W. Sperry*, der schon in den 50er-Jahren an Epileptikern Forschungen vornahm. Er durchtrennte den Balken. Dieser Eingriff war als Therapie sehr erfolgreich. Der Nobelpreisträger erkannte so, dass z.B. das linke Gesichtsfeld in der rechten Großhirnrinde abgebildet ist und umgekehrt. Auch werden unsere Hände über Kreuz gesteuert. Also die linke Hirnhälfte steuert die rechte Hand und die linke Hand wird von der rechten Hemisphäre gelenkt. Daraus resultiert die Annahme, dass dies beim kompletten Körper der Fall wäre, dass also die komplette rechte Körperhälfte von der linken Gehirnhälfte gesteuert werde und die linke Körperhälfte von

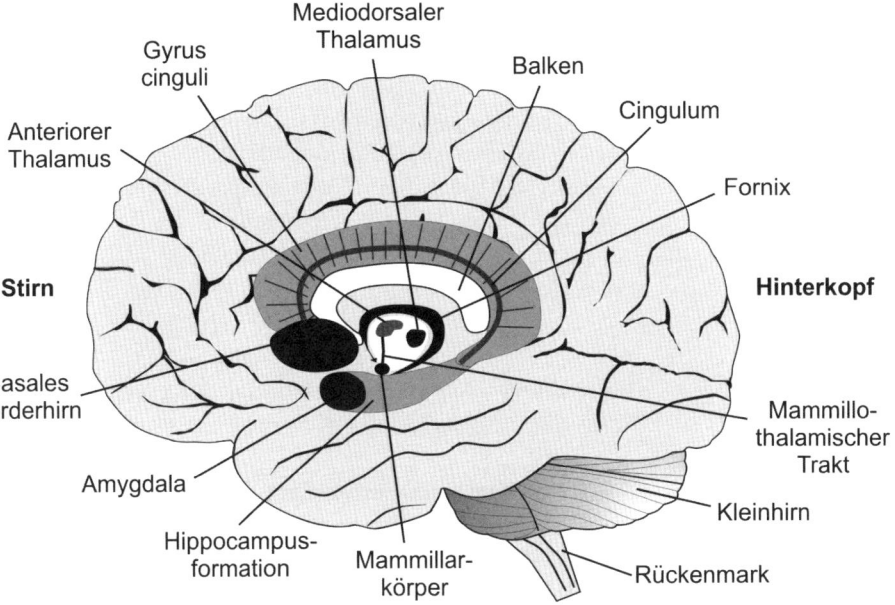

Gyrus cinguli
Mediodorsaler Thalamus
Balken
Cingulum
Anteriorer Thalamus
Fornix
Stirn
Hinterkopf
Basales Vorderhirn
Mammillo-thalamischer Trakt
Amygdala
Kleinhirn
Hippocampus-formation
Mammillar-körper
Rückenmark

© Hans J. Markowitsch
Abdruck mit freundlicher Genehmigung von Hans J. Markowitsch

der rechten Hirnhälfte. Dies stimmt jedoch nicht. So können z. B. die Oberarme von beiden Seiten des Gehirns gesteuert werden.

Bei Tieren übrigens gibt es diese Seitenspezialisierung nicht. **Split-Brain-**
Nichtsdestotrotz besteht im Oberstübchen des Menschen eine be- **Patienten**
trächtliche Arbeitsteilung und hohe Spezialisierung jeder einzelnen Hemisphäre. So schreibt *Michael S. Gazzaniga,* Professor für
kognitive Neurowissenschaften am *Dartmouth-College* in Hanno-
ver, New Hampshire, schon 1967 im *Scientific American* von den
Forschungsergebnissen an Split-Brain-Patienten, die er zusammen mit *Roger Sperry* gewann. »Split-Brain-Patienten« nennt man
Menschen, bei denen der Balken durchtrennt wurde. Dadurch ist
es den beiden Gehirnhälften unmöglich, miteinander zu kommunizieren. Dies ist ja bei Epileptikern im übertriebenen Maß der
Fall. Bei ihnen entsteht bei einem Anfall ein regelrechtes Gewitter
zwischen den beiden Hirnhemisphären.

Bei ihren Forschungen fanden *Gazzaniga* und seine Kollegen heraus, dass sich die linke Hemisphäre viel selbst erklärt und so häu-

fig falsche Erinnerungen produziert. Dies ist vermutlich darauf zurückzuführen, dass sie schwerpunktmäßig logisch denkt. Die rechte Hirnhälfte hingegen ist hier ehrlicher. Sie beschreibt die reine Wahrnehmung ohne größere Zusammenhänge und Erklärungen. Die linke sucht ständig nach Erklärungen und Interpretationen. Mit der Kernspintomografie lässt sich zeigen, dass der Ursprung dieser »falschen Erinnerungen« in der linken Hälfte zu finden ist. Danach sind jedoch beide Hälften aktiv. Es scheint fast so, als sei die linke die Chefin der rechten Hälfte. Bei richtigen Erinnerungen ist jedoch nur die rechte Hirnhälfte aktiv. Es sieht also ganz so aus, als sitzen die Erinnerungen in der rechten. Wenn allerdings Schlussfolgerungen, Interpretationen oder logische Erklärungen mit ins Spiel kommen, ist die linke maßgebend.

Die linke Hemisphäre produziert »falsche Erinnerungen«, indem sie sich Dinge selbst erklärt und interpretiert. Richtige Erinnerungen sind ausschließlich in der rechten Hemisphäre gespeichert.

Falsche Erinnerungen Durch einen, wie ich finde, sehr eindrucksvollen Test unterstreichen *Gazzaniga, Sperry* und Kollegen die falschen Erinnerungen noch einmal: Versuchspersonen – Split-Brain-Patienten – wurden zwei große Bilder so gezeigt, dass jede Gehirnhälfte nur eines davon wahrnehmen konnte. Dazu zeigte man ihnen zu jedem großen Bild je vier kleine, wovon eines zum großen Bild passte. In diesem Versuch sah die rechte Hälfte ein Haus mit Schnee davor und die linke Hirnhälfte sah eine Hühnerkralle. Nun zeigte die Testperson mit der linken Hand – gesteuert von der rechte Hälfte, welche das Haus mit Schnee sah –, auf eines der kleinen Bilder, und zwar vollkommen richtig auf die Schaufel, um den Schnee zu schippen. Die rechte Hand zeigte – von der linken Gehirnhälfte, welche die Hühnerkralle sah, gesteuert – auch richtig auf eines der vier kleinen Kärtchen, nämlich auf ein Huhn.

Nun sollten die Patienten erklären, wieso deren linke Hand auf die Schaufel zeigt. Diese Erklärung ist nun Aufgabe der sprach- und interpretationsbegabten linken Gehirnhälfte. Diese hatte sofort eine Erklärung parat: Der Hühnerstall müsse ausgemistet werden. Wäre der Balken nicht durchtrennt gewesen, hätten die beiden Hirnhemisphären kommunizieren können. Dann hätte

die linke gewusst, dass die Schaufel zum Schnee-
schippen benötigt wird, aber hier wusste die linke Hirnseite nichts vom Schneehausbild auf der
rechten. Und so fabulierte sie sich einfach etwas
Passendes zurecht.

Dies ist sehr interessant, wenn wir es uns einmal
im Businessalltag anschauen: Wenn ein Mensch
eine Entscheidung trifft, denken wir im Nor-
malfall, dass er sich vorher ausgiebig Gedanken
darüber gemacht hat. Aufgrund obiger Erkenntnisse scheint mir der Schluss zulässig, dass viele
Entscheidungen getroffen und im Nachhinein
von der linken Hirnseite erklärt werden. Mit anderen Worten:

**Wir reden bzw. machen uns so manche Entscheidung im
Nachhinein passend. Darauf aufbauend, sollte unsere
Argumentation nicht immer schwerpunktmäßig logisch
erfolgen; wenn Sie sich gute Werbekampagnen ansehen,
sind diese auch nicht, zumindest nicht nur, logisch. Obwohl
viele, vor allem Männer, gerne nach Zahlen, Daten und
Fakten entscheiden, behaupte ich, dass sie das zwar denken, es sich aber bei weitem nicht immer so verhält.**

Da beim gesunden Menschen, im Gegensatz zum Split-Brain-Pa- **Im Alltag**
tienten mit durchtrenntem Balken, beide Hirnhälften miteinander
kommunizieren, bekommt die linke von der rechten auch all die
Informationen, die wirklich flossen – ohne eine Interpretation,
die ja dann erst durch die linke Hälfte stattfindet. Auch gefühls-
mäßige Regungen sind mehr das Terrain der rechten. Und Gefühle fließen bekanntlich mit in die Entscheidungsfindung ein.

Die linke Hälfte ist auch viel mehr auf Sprache spezialisiert. Wäh- **Sprache**
rend die rechte allein kaum einfachsten sprachlichen Aufgaben
gewachsen ist, stellte man bei Split-Brain-Patienten fest, dass die
linke Hirnseite Sprache leicht verarbeiten und Erfahrungen sehr
gut verbal beschreiben kann. *Gazzaniga* nimmt an, dass es in der
Evolution einen harten Kampf um Platz auf der Hirnrinde gege-
ben haben müsse. Neue Fähigkeiten mussten erworben und alte

durften nicht verdrängt werden. Die Lateralisierung, die Verteilung auf beide Seiten, war hier wohl die Lösung.

Im besten Fall benutzen wir beide Gehirnhälften gleichmäßig, so wie wir auch beide Beine gleichmäßig benutzen. Dafür aber ist es unerlässlich, die rechte Hälfte durch gezieltes Training zu stärken. Diese Stärkung ist durch die Anwendung der Geisselhart-Methode gesichert. Mit ihr trainieren Sie in sehr effektiver Weise die rechte Hirnhemisphäre.

So arbeitet Ihr Gedächtnis

Ohne Gedächtnis gäbe es kein Lernen, keine Gesellschaft und auch keine Geschichte, so *Frank Ochmann* in seinem Artikel über das Erinnern in der Ausgabe 43 des *Stern* vom Oktober 2004. Allerdings ist die Geschichte, wie wir im vorigen Abschnitt erfuhren, ja meist nicht so, wie sie zu sein scheint. Das Fabuliertalent der linken Gehirnhälfte lässt grüßen. *Ochmann* hat insoweit Recht, als dass der Mensch ohne Gedächtnis aufgeschmissen wäre.

Warum merken sich Menschen bestimmte Dinge und warum manchmal gerade auch nicht?

Unser Gedächtnis will verblüfft werden. Unsere Gefühle müssen angesprochen werden. Dies geschieht am einfachsten durch Bilder. Diese sind deshalb auch die Grundlage der Geisselhart-Methode und waren es schon vor Tausenden von Jahren bei der Mnemotechnik der alten Griechen.

Diese hatten übrigens sogar eine Gedächtnisgöttin, Mnemosine.

Die Gehirnareale der Mandelkerne *(Amygdalae)* beurteilen, ob es sich bei einer Information um eine behaltenswerte handelt oder nicht. Hier im limbischen System, wo unsere Gefühle entstehen, wird also diese alles entscheidende Frage gestellt. Und hier gilt nun einmal allgemein: Bilder machen uns eher neugierig und wecken leichter Gefühle als bloße Aneinanderreihungen von Buchsta-

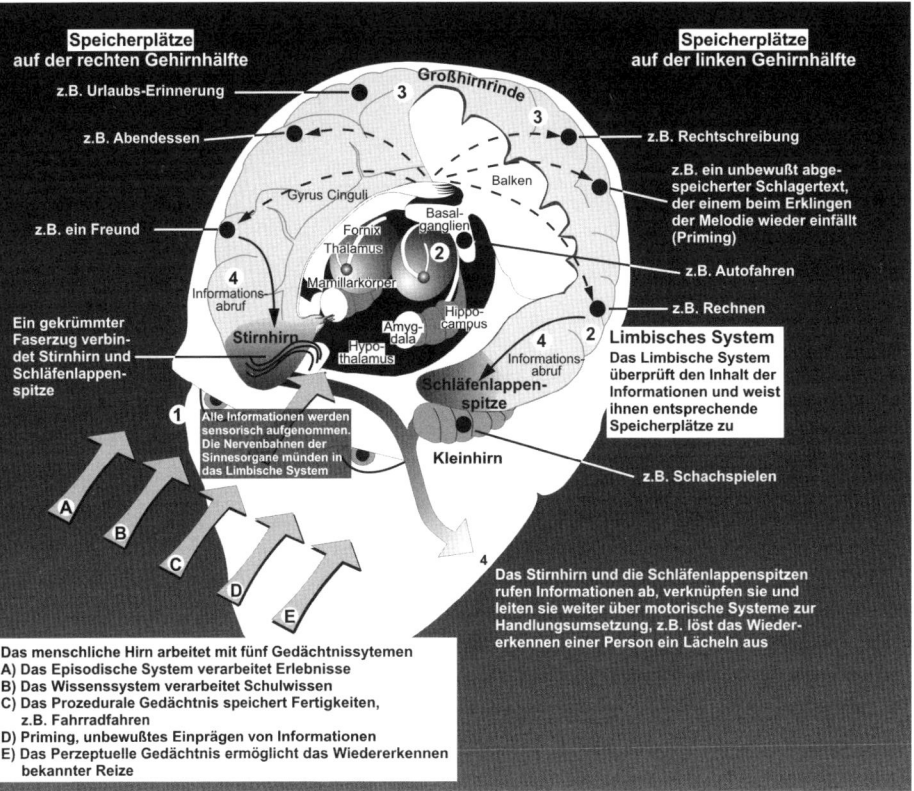

Speicherplätze auf der rechten Gehirnhälfte

z.B. Urlaubs-Erinnerung

z.B. Abendessen

z.B. ein Freund

Ein gekrümmter Faserzug verbindet Stirnhirn und Schläfenlappenspitze

Speicherplätze auf der linken Gehirnhälfte

z.B. Rechtschreibung

z.B. ein unbewußt abgespeicherter Schlagertext, der einem beim Erklingen der Melodie wieder einfällt (Priming)

z.B. Autofahren

z.B. Rechnen

Limbisches System
Das Limbische System überprüft den Inhalt der Informationen und weist ihnen entsprechende Speicherplätze zu

z.B. Schachspielen

Großhirnrinde

Balken

Gyrus Cinguli

Basalganglien

Fornix
Thalamus

Mamillarkörper

Informationsabruf

Stirnhirn

Amygdala

Hypothalamus

Hippocampus

Schläfenlappenspitze

Informationsabruf

Kleinhirn

1 Alle Informationen werden sensorisch aufgenommen. Die Nervenbahnen der Sinnesorgane münden in das Limbische System

4 Das Stirnhirn und die Schläfenlappenspitzen rufen Informationen ab, verknüpfen sie und leiten sie weiter über motorische Systeme zur Handlungsumsetzung, z.B. löst das Wiedererkennen einer Person ein Lächeln aus

Das menschliche Hirn arbeitet mit fünf Gedächtnissystemen
A) Das Episodische System verarbeitet Erlebnisse
B) Das Wissenssystem verarbeitet Schulwissen
C) Das Prozedurale Gedächtnis speichert Fertigkeiten, z.B. Fahrradfahren
D) Priming, unbewußtes Einprägen von Informationen
E) Das Perzeptuelle Gedächtnis ermöglicht das Wiedererkennen bekannter Reize

ben. Texte speichern wir deshalb schlechter. Sind die Texte allerdings bildhaft geschrieben, so macht sich der Leser seine eigenen Bilder.

Erinnern Sie sich doch bitte kurz an einen spannenden Roman, den Sie einmal gelesen haben: Ihr eigener Film in Ihrem Kopfkino war bestimmt besser als das verfilmte Buch später im richtigen Kino. Und Sie konnten diesen Roman leicht nacherzählen. Zumindest leichter als den Inhalt Ihres EDV-Handbuches.

Auch Wiederholungen sind fürs Gedächtnis wichtig. Vereinfacht können Sie sich das ähnlich wie bei einer Wiese vorstellen: Je öfter auf die gleiche Art und Weise darübergegangen wird, desto ausgeprägter und sichtbarer wird der Trampelpfad. Bis irgendwann eine Autobahn daraus entsteht. Analog wäre jetzt die Information unauslöschlich im Gedächtnis verankert, und wir hätten sie un-

Wiederholungen

Langzeitgedächtnis
Info wird verknüpft
Speicherung lebenslang
Info ist da, aber oft nicht auffindbar

Kurzzeitgedächtnis
Zweiter Check
Schutz vor zu viel Info
Speicherung von 20 Sekunden bis 20 Minuten

Ultrakurzzeitgedächtnis
Erster Check
Arbeitsspeicher für Soforthandlungen
Speicherung für ca. 20 Sekunden

bewusst zu jeder Zeit parat. Die Information ist im »prozeduralen Gedächtnis«, wenn es sich bei der gemerkten Information um einen bestimmten Bewegungsablauf handelt. Das einfache Wiederholungslernen jedoch ist vergleichbar mit dem einfachen Gehen über die Wiese. Lernen mit Bildern und Gefühlen wäre dagegen eine Dampfwalze. Was führt wohl schneller zum Ziel?

Gedächtnistypen Wenn es ein prozedurales Gedächtnis gibt, muss es auch noch andere Gedächtnisformen geben. So ist *Hans J. Markowitsch,* Professor für Psychologie an der Universität Bielefeld, mit vielen seiner Kollegen der Meinung, es gäbe mehrere Typen von Gedächtnis. Neben dem prozeduralen gebe es das episodische, auch autobiografisches Gedächtnis genannt, das semantische und das perzeptuelle Gedächtnis sowie das *Priming,* welches ich einmal frei übersetze mit dem Begriff »Ähnlichkeitsgedächtnis«.

Im episodischen Gedächtnis speichern wir einzelne Begebenheiten im Verlaufe des Lebens ab. Im semantischen Gedächtnis, auch Faktengedächtnis oder Wissenssystem genannt, wird Faktenwissen, Lernstoff, schulisches und universitäres Wissen abgelegt. Das prozedurale Gedächtnis ist, wie oben schon kurz angerissen, für Bewegungsabläufe und Handlungsstrategien zuständig. Hier werden also Sportarten und andere Geschicklichkeiten wie beispielsweise Autofahren, Basteln und dergleichen gespeichert. Und mit Hilfe des perzeptuellen Gedächtnisses erkennen wir Umrisse und Formen.

Es gibt verschiedene Arten von Gedächtnis:
- **Das prozedurale Gedächtnis speichert Bewegungsabläufe und Handlungsstrategien,**
- **das episodische die eigene Biografie,**
- **das *Priming* stellt Assoziationen her,**
- **das perzeptuelle erkennt Formen und Umrisse und**
- **das semantische merkt sich Fakten und Wissen.**

Die Gedächtnissysteme

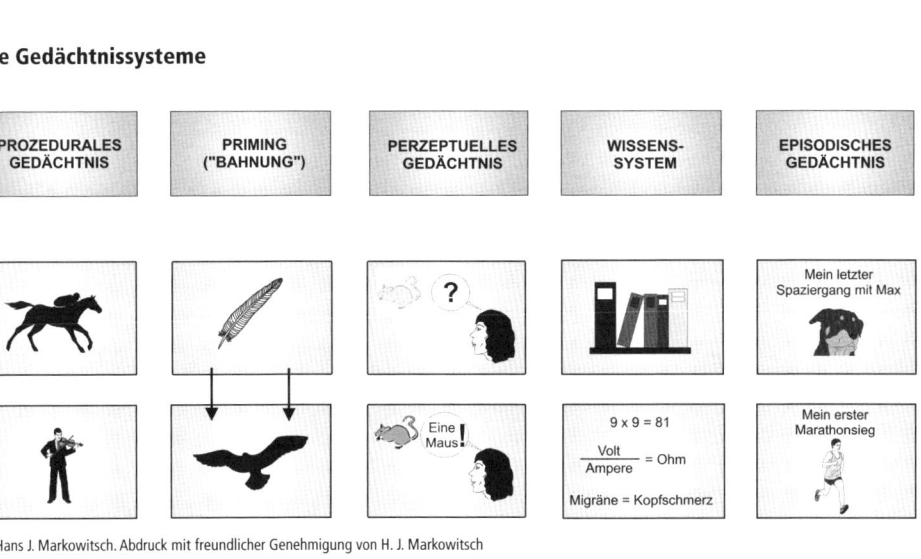

© Hans J. Markowitsch. Abdruck mit freundlicher Genehmigung von H. J. Markowitsch

Das meiner Meinung nach interessanteste Gedächtnis ist aber das Ähnlichkeitsgedächtnis oder *Priming,* wie es in der Fachsprache genannt wird. Dieses Gedächtnissystem ist in der Lage, Ähnlichkeiten zu erkennen und sich so an frühere bekannte und/oder ähnliche Geschichten zu erinnern. Sie erinnern sich beim Anblick einer Rose eventuell an Ihr erstes Rendezvous oder bei einer rasanten Autofahrt an einen früheren Unfall. Hier werden also Assoziationen gebildet. Eine Zigarre ruft Erlebnisse an einen Kuba-Urlaub wach, bzw. Sie assoziieren mit einer Zigarre den schönen Kuba-Urlaub. Und auch mit Gerüchen oder Geräuschen klappt dies: Beim Geruch von frischem Apfelkuchen sind Sie geistig auf einmal bei Ihrer Oma in der Küche, und bei einem bestimmten Musikstück müssen Sie an Ihr erstes Auto denken, weil Sie diese Musik damals ständig im Auto gehört haben. Sie *müssen* eben daran denken und können noch nicht einmal etwas dagegen tun.

- **Das *Priming* oder Ähnlichkeitsgedächtnis erkennt Ähnlichkeiten und bildet Assoziationen.**

Die Geisselhart-Methode nutzt das *Priming* Diese Eigenschaft des Gedächtnisses machen wir uns mit der Geisselhart-Methode zu Nutze. Wie Sie noch sehen werden, müssen die Bilder, die wir bei schwierigen Fachbegriffen, Vokabeln oder Namen kreieren, aus gerade diesem Grund nicht perfekt sein; es reicht, wenn sie ähnlich sind. Unser *Priming*, das Ähnlichkeitsgedächtnis, erledigt den Rest.

Übrigens kennen Sie dieses Phänomen ja schon seit langem: Ist es Ihnen nicht auch schon passiert, dass Sie eine Kollegin nach einem bestimmten Begriff oder Namen fragten, diese den Namen aber nur ähnlich hinbekam oder nur die erste Silbe parat hatte, und – zack – da fiel Ihnen der Name auch schon wieder ein? Sicher kennen wir alle solche Situationen. Ohne das Ähnlichkeitsgedächtnis wäre das nicht möglich.

Kann das Gedächtnis überfüllt werden?

Die Frage, ob das Gedächtnis überfüllt werden kann, höre ich immer wieder von skeptischen Seminarteilnehmern. Sie haben, zu Recht, die Befürchtung, die zu so großen Geschichten und Bildern aufgebauschten Informationen würden doch bestimmt im Gedächtnis auch mehr Raum einnehmen. Die Befürchtung ist aber nicht richtig.

Wir können unser Gedächtnis nicht mit einem Raum, einer Lagerhalle, vergleichen, die irgendwann einmal voll ist. Vielmehr speichert unser Gedächtnis Informationen durch Aktivitäten zwischen verschiedenen Nervenzellen im Gehirn ab.

Laut *Markowitsch* sind nicht einzelne Neuronen wichtig, die dann belegt oder verbraucht wären, vielmehr ist die Aktivität zwischen diesen Neuronen bedeutsam. So kann dann auch ein und dieselbe Zellpopulation mehrere Informationen darstellen. Dies lässt sich mit bildgebenden Verfahren, welche die Hirnaktivität sichtbar machen, sogar direkt darstellen. Hierbei wurde erkannt, dass bei Gedächtnisvorgängen oft weitverzweigte Hirnareale arbeiten.

Aktivität zwischen Neuronen

Hieraus könnte man den Schluss ziehen, dass es vielleicht sogar unmöglich sei, das Gedächtnis zu überfüllen. Ich wage sogar die These aufzustellen, dass ich desto mehr Platz schaffe, je mehr ich abspeichere. Der Grund hierfür: Die Aktivität zwischen den einzelnen Gehirnzellen wird dann besser, wenn sie stark beansprucht werden, also durch Training oder stetigen Gebrauch. Ich glaube, dass gut trainierte Hirnzellen in ein und demselben Nervennetzwerk dann mehr Informationen durch unterschiedliche Aktivitäten darstellen können.

Dazu gibt es noch die Theorie, dass Nervenverbindungen für die Informationsaufnahme wichtig seien. Dies ist wohl mit der von *Markowitsch* erklärten Aktivität vergleichbar.

Wenn also neues Wissen abgelegt wird, geht eine Zelle mit einer anderen eine Verbindung ein. Diese Verbindung schafft nun wieder einen Andockplatz für eine weitere Zelle. Nach dieser Theorie würde unendlich viel Wissen Platz finden. Je mehr abgespeichert ist, desto mehr hat Platz.

Eine etwas abenteuerliche These sei hier noch angesprochen: die morphogenetischen Felder. Der Biochemiker *Rupert Sheldrake* ist davon überzeugt, dass unser Gedächtnis nicht Speicher, sondern Antenne ist. Mit dieser Antenne fischen wir sozusagen das Wissen aus der Luft, aus den morphogenetischen Feldern. Dieser Ansatz wurde schon von *Carl Gustav Jung,* 1875 bis 1961, zuletzt Professor für medizinische Psychologie an der Universität Basel, ähnlich als »kollektives Unbewusstes« beschrieben. Möge sich jeder selbst ein Urteil bilden. Literaturangaben auch zu diesen Themen finden Sie im Anhang.

Abschließend hierzu sei noch folgender Vergleich erlaubt: Stellen wir uns das Gedächtnis, fälschlich, nun doch einmal als einen Raum vor. Und sehen wir weiterhin eine Stecknadel, welche eine zu speichernde Information symbolisiert, in diesen Raum hineinfallen. Dann wäre es schwierig und würde lange dauern, diese Stecknadel im Raum zu finden. Leichter wäre es, wenn die Nadel an ein großes, auffällig buntes Tuch gesteckt würde. Dann nämlich würden wir die Stecknadel schneller finden, und es würde schon ein Zipfel des Tuches genügen, um die Information heranzuholen. Genauso verhält es sich mit den Verknüpfungsbildern bzw. -geschichten, die wir hier kreieren. Der einzige Unterschied zum Gedächtnis liegt darin, dass der Raum irgendwann voll ist – mit den Tüchern selbstverständlich schneller als nur mit Nadeln – und unser Gedächtnis eben nicht voll werden kann. Wenn wir nun noch die Zahlensymbole als Ordnungssystem benutzen und die Nadel mit Tuch in das richtige Fach legen, haben wir all unsere Informationen zur rechten Zeit sicher abrufbar.

Gehirn, Gedächtnis und das Alter

Immer wieder höre ich in meinen Seminaren und Vorträgen das Klagelied aufs Alter. Bereits Teilnehmer um die dreißig klagen darüber, früher ein besseres Gedächtnis gehabt zu haben. Nahezu jeder, der die vierzig überschritten hat, steigt ein ins Klagelied. Das verwundert mich regelmäßig. Denn die Tatsache, auf welche jene Teilnehmer ihr Leiden zurückführen, ist lediglich, dass sie manches Mal in der Küche, im Keller oder beim Kollegen im Büro stehen und nicht mehr wissen, was sie dort eigentlich wollten.

Wenn also ein Mensch jenseits der vierzig etwas vergisst, hat dies auf einmal schon mit Gedächtnisschwund zu tun. Dann sagen die meisten zu sich selbst: »Ja ja, jetzt fängt es an.« Aha, interessant. Vielleicht sind Sie, liebe Leserin, lieber Leser, ja auch in diesem Alter und erkennen sich darin wieder. Dann sagen wahrscheinlich viele von Ihnen: »Genau, stimmt, früher als Kind war mein Gedächtnis viiiieeeel besser.« Wieso denn? Als Kind haben Sie doch auch schon das eine oder andere vergessen. Fragen Sie mal Ihre Eltern, ob Sie nicht mal vergessen haben, Ihr Zimmer aufzuräumen, die Hausaufgaben zu machen, Ihr Fahrrad zu putzen usw. Bestimmt fällt Ihren Eltern etwas ein. Damals, sagen wir mit elf Jahren, haben Sie dann doch auch nicht gesagt: »Ja ja, jetzt fängt es an«. Stellen Sie sich das doch einmal vor. Es war Ihnen schlicht und ergreifend »schnuppe«. Auch damals tat Ihnen übrigens mal Ihr Rücken oder Ihr Knie weh. Und »es« fing noch nicht an. Dies soll jetzt nicht heißen, dass Sie auf die Signale Ihres Körpers nicht achten sollen. Ich möchte nur, dass Sie diese nicht überbewerten.

Fakt ist, dass das Gehirn im Alter etwas von seiner Leistungsfähig- **Einbußen der** keit einbüßt. Etwas – wohlgemerkt. So verlieren etwa, laut *Ernst* **Leistungsfähigkeit** *Pöppel,* Professor für medizinische Psychologie an der *Ludwig-Maximilians-Universität* in München, die Sinnesorgane an Sensibilität. Hören und Sehen sowie der Geschmacks- und Geruchssinn werden unempfindlicher. Aber auch die motorische Leistung sei betroffen, so *Pöppel.* Schnelle und präzise Bewegungen fallen schwerer, Rechnen und Sprechen allerdings altern so gut wie nicht.

Laut *Pöppel* ist die Gehirnleistung älterer Menschen nicht generell schlechter. Vielmehr können diese durch Erfahrung einiges wiedergutmachen, so dass die Leistung unterm Strich nicht schlechter sein muss als bei jungen Menschen.

Auch die Aufnahmefähigkeit des Gedächtnisses sinkt im Alter. Vor allem das Arbeits-, Ultrakurzzeit- und Kurzzeitgedächtnis und das Langzeitgedächtnis seien hiervon betroffen, so *Pöppel.* Landläufig hält sich die Meinung, das Langzeitgedächtnis bei Älteren funktioniere meist tadellos. Alte Menschen können sich oft an Ereignisse von vor 50 Jahren bestens erinnern. Dies ist zwar richtig, jedoch steht es nicht im Gegensatz zu der Aussage, das Kurzzeitgedächtnis würde schlechter. Informationen, welche schon abgespeichert sind, also Erinnerungen an die Jugend, sind problemlos abrufbar. Neue Infos ins Langzeitgedächtnis zu verfrachten hingegen fällt im Alter, laut *Pöppel,* nicht mehr so leicht. Aber hier kommt das ganz große Aber: Das Gehirn und auch das Gedächtnis lassen sich trainieren! Dies bestätigt auch Professor *Pöppel.* Und nicht etwa so begrenzt wie bei unseren Muskeln. Diese nehmen im Alter sicher ab.

Unser Gehirn kann auch im Alter noch kräftig zulegen. Also: Sie sind auf dem absolut richtigen Weg. Benutzen Sie Ihr Gehirn, benutzen Sie Ihr Gedächtnis. Wenn Sie das tun, brauchen Sie keine Angst vor dem Alter zu haben. Dann können Sie sich beruhigt auf ein hohes Alter mit hoher geistiger Leistung freuen.

Alzheimer und Demenz

Demenz bezeichnet den Zerfall der geistigen Leistungsfähigkeit, hier vor allem die Abnahme von Gedächtnisleistung und Denkvermögen. Aber Vergesslichkeit allein bedeutet noch keine Demenz. Betroffene können vor allem aggressiv, enthemmt, depressiv oder in ihrer Stimmung schwankend werden. Ca. acht bis 13 Prozent aller Menschen über 65 Jahre leiden, laut der *Deutschen Gesellschaft für Psychiatrie, Psychotherapie und Nervenheilkunde*, unter Demenz. Bei den über 90-Jährigen sind es sogar 40 Prozent.

Ursachen für Demenz Als häufigste Ursache für eine Demenz gilt heute die 1906 von dem deutschen Neuropsychiater und Neuropathologen *Alois Alzheimer* entdeckte und später nach ihm benannte Erkrankung. Bei Alzheimer werden Hirnzellen durch krankhafte Eiweiße (Beta-Amyloid, Tau-Protein) in ihrer Funktion gehemmt. Dadurch kommt es in den Hirnarealen, die für die Denkprozesse verantwortlich sind, zu einem Mangel des Botenstoffes Acetylcholin. Durchblutungsstörungen, Stoffwechselstörungen, dauernde Vergiftungen (Alkoholismus), Gehirntumore sowie Infektionen des Gehirns können auch zu einer Demenz führen. Diese ist dann oftmals behandelbar.

Für die große Mehrheit der Demenzkranken ist derzeit keine Heilung in Sicht. Im besten Fall lässt sich der Hirnabbau durch entsprechendes Training aufhalten. Dies ist, da Demenz ständig fortschreitet, schon ein großer Erfolg. Eine gesunde, ausgewogene Ernährung und viel Flüssigkeitszufuhr sind auch hier immens förderlich. Wie schon erwähnt, sind in etwa zehn Prozent aller Alzheimer-Diagnosen lediglich auf mangelnde Flüssigkeitszufuhr zurückzuführen, weil das Gehirn nun zu schrumpfen beginnt, ein deutliches Alzheimerzeichen. Also: tüchtig trinken. Auch ist es zum Teil möglich, Patienten das Zurechtkommen im Alltag wieder neu zu lehren. Demenz-Medikamente werden ebenfalls immer besser.

Komplett verhindern lassen sich Demenz und Alzheimer zurzeit noch nicht. Allerdings lassen neueste Medikamente hoffen. Deutlich hinauszögern und in ihrer Wirkung mächtig mindern lässt auch entsprechendes Training diese beiden Krankheiten wieder. Aktivere Nervenzellen seien vielleicht widerstandsfähiger oder das neuronale, nervliche, Netz werde durch Training dichter und somit gegen Schäden resistenter, so *Roland Brandt,* Professor für Neurobiologie an der Universität Osnabrück. Also auch hier, wie oben in Bezug auf das Alter allgemein beschrieben, gilt wieder: trainieren, trainieren, trainieren! Das beste Training ist die tägliche hirngerechte Benutzung von Gehirn und Gedächtnis. Und das lernen Sie ja gerade.

Linderung der Krankheit durch Gehirntraining

4. Ihr Gedächtnis kann noch viel mehr

So merken Sie sich abstrakte Begriffe

Vielleicht haben Sie sich ja schon gefragt, wie abstrakte Begriffe behalten werden können. Diese sind ja eigentlich keine Bilder. Bisher waren die Bilder, die wir uns vorgestellt haben, ziemlich eindeutig. Einen Anzug aus der Reinigung zu holen ist leicht vorstellbar, ein U-Bahn-Anschluss direkt vor dem zu vermietenden Büro genauso. Mit einem Schwein Jojo zu spielen lässt sich ebenfalls leicht vorstellen, wenn auch die Idee, der kreative Einfall, etwas Übung braucht. All das sind konkrete Bilder, und jeder Mensch stellt sich diese Bilder in etwa gleich vor. Anders sieht es bei abstrakten Begriffen aus. *Lärm* ist nun mal kein Bild, sondern ein Geräusch, *Hoffnung* ein Gefühl und *Liebe* auch. Also was machen? Verbildern! Klar, aber wie?

Individuelle Verbilderung Bei abstrakten Wörtern ist die Verbilderung eine extrem individuelle Geschichte. Lärm können Sie auf zig verschiedene Arten verbildern. Der eine denkt bei *Lärm* sofort an einen Presslufthammer, die andere an ein startendes Flugzeug und wieder ein anderer an laute Musik.

Was also ist nun für abstrakte Begriffe das beste Bild? Ihres! Anders kann die Antwort hier nicht lauten. Denn kein anderer als Sie selbst muss später wieder vom Bild auf den Begriff kommen.

Vielleicht ahnen Sie schon, welches Gedächtnis hier gefragt ist. Richtig, das *Priming* oder Ähnlichkeitsgedächtnis. Wenn Sie das dritte Kapitel gelesen haben, wissen Sie Bescheid. Es geht hier um Assoziationen, welche Sie bei dem zu verbildernden Wort entwickeln. So hatten wir im dritten Kapitel das Beispiel mit der Zigarre. Bei Zigarre müssen Sie vielleicht an Kuba denken und bei Lärm eben an Presslufthammer.

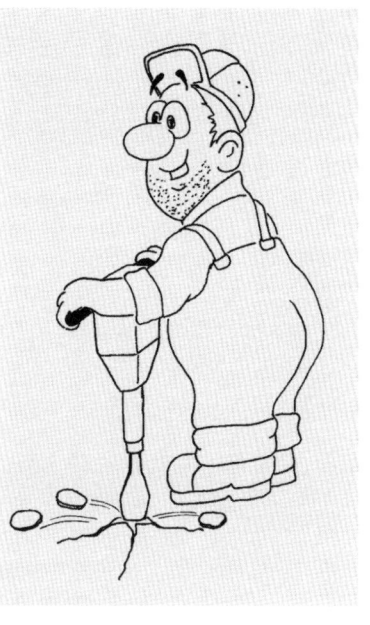

Nun gibt es immer wieder eifrige Seminarteilnehmer, die versuchen, die perfekte Assoziation zu finden. Die perfekte Assoziation ist *die erste* – und keine andere. Nur die erste hat die größte Chance, Ihnen auch umgekehrt wieder als Erstes den gesuchten abstrakten Begriff zu liefern.

In der Praxis sieht das Ganze so aus: Sie wollen beispielsweise einen Vortrag über die Missstände der firmeneigenen Schulungsräume halten. Stellen wir uns vor, **Beispiel** Ihr erster Punkt, welchen Sie ansprechen wollen, ist der Lärm, der von der vor den Fenstern befindlichen Bahnstrecke ausgeht. Ihr zweiter Stichpunkt wäre die extreme Hitze, die in den Räumen im Sommer herrscht. Nun würden Sie den ersten Stichpunkt Ihrer Rede verbildern und dieses Bild mit der Kerze verknüpfen. Das Bild des zweiten Punktes verknüpfen Sie mit dem Schwan usw. In diesem Fall wäre das Bild für Lärm klar: Die Bahnstrecke, auf welcher gerade ein Zug vorbeifährt. Vielleicht hätte die Lok eine überdimensional große Kerze auf dem Dach und wäre komplett mit Wachs überzogen. Ihr zweites Bild wäre weniger klar. Woran denken Sie ganz spontan, wenn Sie Hitze hören? Wie würden Sie Hitze in einem zu malenden Bild darstellen? Dieses Bild müssten Sie nun mit dem Schwan verknüpfen. Also angenommen, Ihr Bild für Hitze wäre eine Wüste mit sengender Sonne. Nun würden Sie den Schwan in der Wüste sehen. Er wischt sich mit dem Flügel den Schweiß von der Stirn und schüttet sich zur Kühlung etwas Wasser aus seiner Trinkflasche über den Kopf.

Bei Ihrem Vortrag starten Sie logischerweise mit der Eins. Sie denken also an die Kerze und sehen spontan den Zug mit der Kerze auf dem Dach. Nun ist für Sie klar: Der Zug, der an den firmeneigenen Schulungsräumen vorbeidonnert, ist zu laut und verursacht Lärm. Sie tragen vor, was Sie dazu zu sagen haben, und machen dann mit Ihrem zweiten Punkt weiter. Sie denken also an den Schwan, und natürlich sehen Sie diesen bei großer Hitze in der Wüste. Nun wissen Sie auch, dass Ihr zweiter Vortragspunkt die große Hitze in den Räumen ist. Die Chance, dass Sie von Wüste auf Hitze kommen, ist am größten.

Das erste Bild nehmen

Es wäre absolut falsch, beim Verbildern und Einspeichern zu denken:»Nein, ich muss noch ein besseres Bild finden. Vielleicht ein Backofen oder auch ein brennender Backofen. Nein, besser noch ein brennendes Haus. Ja genau, ein brennendes Haus!« Wenn Sie mich fragen, haben Sie jetzt um zu viele Ecken herum gedacht. Die Chance, dass Sie nun wieder vom brennenden Haus auf Hitze kommen, ist gesunken und nicht etwa, wie erhofft, gewachsen. Nun würden Sie das brennende Haus vielleicht mit dem Schwan so verknüpfen, dass Sie diesen sehen, wie er in einem See Wasser auftankt, über das brennende Haus fliegt und es von oben löscht – wie ein Löschflugzeug. Bei Ihrem Vortrag erinnert Sie dieses Bild nun aber eventuell an Rettung oder Hilfe oder weiß der Himmel was. Die Chance sinkt, dass Sie dieses Bild an den gesuchten Begriff Hitze erinnert.

> **Nutzen Sie also hier Ihr Ähnlichkeitsgedächtnis, indem Sie es so benutzen, wie die Natur sich dies gedacht hat: Ein bestimmtes Bild ruft eine ganz bestimmte Erinnerung oder ganz bestimmte Worte in Ihnen hervor. Und umgekehrt: Ein bestimmtes Wort ruft ein ganz bestimmtes Bild in Ihnen hervor. Nehmen Sie also das Bild, das Ihnen als Erstes einfällt. Und kein anderes!**

Genug der Theorie, setzen Sie das Gelesene doch gleich einmal in die Praxis um. Verbildern Sie bitte dazu die nun folgenden abstrakten Begriffe. Was ist das erste Bild, das Ihnen dazu einfällt? Schreiben Sie dieses Bild dann bitte auf die dafür vorgesehenen Zeilen. Als Nächstes verknüpfen Sie Ihr Bild mit dem dazugehörigen Zahlensymbol. Sollte Ihnen ausnahmsweise mal kein Bild oder keine Verknüpfung einfallen, machen Sie sich keine Sorgen, weiter hinten finden Sie wieder meine Vorschläge als Anregung.

Aber schauen Sie sich meine Bilder erst an, wenn Sie mit der Übung fertig sind. Dann ist der Lerneffekt größer. Los geht's:

Verbilderung abstrakter Begriffe

1. Zuversicht

Mein Bild _____

Verknüpfung _____

2. Intelligenz

Mein Bild _____

Verknüpfung _____

3. Höhe

Mein Bild _____

Verknüpfung _____

4. Motivation

Mein Bild _____

Verknüpfung _____

5. Achtung

Mein Bild _____

Verknüpfung _____

6. Angst

Mein Bild _____

Verknüpfung _____

7. Freude

Mein Bild   _____

Verknüpfung _____

8. Hoffnung

Mein Bild   _____

Verknüpfung _____

9. Treue

Mein Bild   _____

Verknüpfung _____

10. Individualismus

Mein Bild   _____

Verknüpfung _____

Schauen wir wieder, wie es geklappt hat. Tragen Sie dazu wie gewöhnlich die abstrakten Begriffe in die leeren Zeilen ein. Viel Erfolg!

Ihre Lösungen   1. _____

2. _____

3. _____

4. _____

5. _____

6. _____

7. _____

8. _____

9. _____

10. _____

Na, wie lief es? Wie viele wussten Sie noch? Haben Sie für jeden Begriff ein Bild und eine »merk-würdige« Verknüpfung mit dem entsprechenden Zahlensymbol gefunden? Wenn nicht, macht nichts, hier finden Sie Anregungen:

Beispiele für Bilder

1. Zuversicht

- Ein Schüler geht in eine Prüfung und macht aus Zuversicht eine Faust, weil er zuversichtlich ist, die Prüfung zu bestehen.
- Ein Arzt beruhigt einen Patienten, indem er diesem zuversichtlich auf die Schulter klopft und ihm dadurch Zuversicht gibt.

Beispielverknüpfung

Der Schüler nimmt eine Kerze mit in die Prüfung. Er schaut in die Flamme und macht nun vor lauter Zuversicht eine Faust. Er weiß, dass er es schafft.

Beispiele für Bilder

2. Intelligenz

- Einstein
- Gehirn
- Intelligenztest in Papierform, IQ-Show im Fernsehen
- Ein Kopf mit einer Glühbirne darauf

Beispielverknüpfung

Ein Schwan mit Einsteins Kopf, der gerade einen IQ-Test ausfüllt.

Beispiele für Bilder

3. Höhe

- Hochhaus
- Leiter
- Berggipfel

Beispielverknüpfung
Den Dreizack in den Berggipfel spießen.

4. Motivation

Beispiele für Bilder
- Ein Boxer, der sich für den Kampf »heiß macht«
- Ein Mensch, der voller Motivation hochspringt
- Ein Verkäufer, der motiviert zum Kunden geht

Beispielverknüpfung
Als Auszeichnung für den Verkäufer mit der größten Motivation gibt es das goldene Kleeblatt. Der Verkäufer geht nun mit noch mehr Motivation zum Kunden.

5. Achtung

Beispiele für Bilder
- Eine Verbeugung aus Achtung vor einem König
- Vorfahrt achten

Beispielverknüpfung
An einer Kreuzung steht ein Vorfahrt-achten-Schild in Form einer Hand. Sehr selten übrigens.

6. Angst

Beispiele für Bilder
- Schwarzer Mann
- Mensch zusammengekauert im Dunkeln in einer Ecke
- Angstvolles Gesicht mit aufgerissenen Augen

Beispielverknüpfung
Der ängstliche Mensch wird vom Elefanten beschützt.

7. Freude

Beispiele für Bilder
- Lachendes Gesicht
- Vor Freude hüpfende Person
- Sonne mit einem Lachen

Beispielverknüpfung
Viele Menschen halten Fahnen hoch und hüpfen vor Freude.

8. Hoffnung

Beispiele für Bilder
Siehe *Zuversicht.* Hier spielen sich die Bilder aber unbedingt auf einem Hof (für Hoffnung) ab.

Beispielverknüpfung
Der Arzt behandelt auf einem Hof (Schulhof, Bauernhof …) einen Patienten. Er achtet dabei genau auf die Sanduhr. Als der Sand durchgelaufen ist, ist klar: Es besteht Hoffnung. Der Arzt klopft dem Patienten zum Zeichen dafür hoffnungsvoll auf die Schulter.

9. Treue

Beispiele für Bilder
- Eheringe
- Hund
- Altes Ehepaar

Beispielverknüpfung
Ein älteres Ehepaar ist mit Schlangen aneinander gefesselt. Das geht schon das ganze Leben so. Darum waren sich die beiden auch immer treu.

10. Individualismus

Beispiele für Bilder
- Ein Bergsteiger, der Pflaumenmus isst. Das Mus muss sein, sonst wäre das Bild »Individualist« und nicht Individualismus!
- Ein Punker, der sich Apfelmus über den Kopf schüttet.
- Ein exzentrischer Maler, der mit Pflaumen- und Apfelmus malt.

Beispielverknüpfung
Der Maler hat eine besondere Technik: Er schlägt mit dem Golfschläger den Mustopf auf die Leinwand. Das dadurch entstandene Bild ist zigtausende wert.

Bevor wir ans Eingemachte gehen und uns ganze Fachtexte mit vielen abstrakten Begriffen merken, pushen wir Ihre Kreativität noch ein weiteres Mal nach vorn. In unseren beliebten Kreativitäts-Verknüpfungsspielen sind Sie ja bereits ein Meister. Schauen wir einmal, wie Ihnen das nächste gelingt. Hier werden nun abstrakte Begriffe verknüpft, und zwar mit Erledigungen. Sie haben hierbei zwei Möglichkeiten: Entweder Sie verbildern erst das abstrakte Wort, ohne es in Zusammenhang mit der Erledigung zu bringen, und verknüpfen dieses Bild dann mit der Erledigung. Oder Sie verbildern den abstrakten Begriff gleich in Bezug auf die

Erledigung. Dies ist oftmals praktischer und passender. Aber nehmen Sie trotzdem immer das erste Bild, das Ihnen dazu einfällt.

Beispiel Kleines Beispiel vorweg: Angenommen, der abstrakte Begriff wäre *Mut* und die dazu gehörende Erledigung wäre *wichtige Vertragsunterlagen schreddern,* damit diese nicht in falsche Hände gelangen. Die Verknüpfung könnte dann folgendermaßen aussehen: Der Schredder ist sehr groß und extrem stark, Sie klettern mit viel Mut nach oben und lassen die Papiere hinein. Dabei müssen Sie aufpassen und all Ihren Mut zusammennehmen. Es können leicht auch einmal die Finger mit hineinkommen.

Diese Szene, deutlich vor Ihrem geistigen Auge gesehen und entsprechende Gefühle dabei entwickelt, wird dazu führen, dass Sie bei *Vertragsunterlagen vernichten* an *Mut* denken müssen.

Verknüpfen Sie also wieder, wie bei den beiden anderen Spielen auch schon, die nun folgenden abstrakten Begriffe mit den entsprechenden Erledigungen. Und unten sind natürlich auch hier wieder meine Verknüpfungsvorschläge, zur Sicherheit. Denn die brauchen Sie jetzt bestimmt nicht mehr. So, jetzt aber: Kopfkino anschalten.

Kreativitätsspiel – 3. Stufe: Tätigkeit – abstrakter Begriff

Planung	Kaffee kochen
Ruhe	Nachrichten ansehen
Höflichkeit	Kopierpapier einkaufen
Hitze	Telefonkonferenz abhalten
Licht	Schuhe putzen
Transparenz	Auto zur Werkstatt bringen
Musik	Mittagessen zubereiten
Zeit	einkaufen gehen
Geschwindigkeit	privaten Brief schreiben
Reichtum	Garten umgraben

So, das war schon eine leicht andere Kategorie als die gewohnten Kreativitätsspiele, oder? Mit abstrakten, nicht direkt greifbaren Begriffen ist dieses Spiel einfach etwas schwieriger. Aber es ist ein hervorragendes Training. Und alle

Begriffe / Tätigkeiten brauchen Sie nicht zu wissen. Testen Sie doch gleich, wie viele Sie so gut verknüpft haben, dass Sie sie behalten haben. Für die anderen schauen Sie sich einfach meine Vorschläge weiter unten an.

Planung	_____	**Ihre Lösungen**
_____	Nachrichten ansehen	
Höflichkeit	_____	
_____	Telefonkonferenz abhalten	
Licht	_____	
_____	Auto zur Werkstatt bringen	
Musik	_____	
_____	einkaufen gehen	
Geschwindigkeit	_____	
_____	Garten umgraben	

Und hier meine Vorschläge zur Verbilderung:

Hier können Sie sich vorstellen, wie Sie an einem Reißbrett mit Stiften, Lineal und Zirkel an einer *Planung* sitzen. Der frisch *gekochte Kaffee* steht neben den Plänen. Und weil Sie der Meinung sind, etwas Farbe sähe besser aus, kippen Sie eine Tasse frisch gekochten Kaffee über das Reißbrett.

Planung – Kaffee kochen

Für *Ruhe* können Sie das Bild von Ohrstöpseln nehmen. Stellen Sie sich vor, wie Sie die *Nachrichten ansehen* wollen, aber nicht hören können, weil Sie Ohrstöpsel im Ohr haben.

Ruhe – Nachrichten ansehen

Gehen Sie in Ihrem Kopfkino in ein Schreibwarengeschäft und kaufen Sie ein. Sie sind dabei so *höflich*, dass Sie das *Kopierpapier* fragen, ob es ihm recht ist, dass Sie es *kaufen*.

Höflichkeit – Kopierpapier einkaufen

Hitze – Telefon-konferenz abhalten
Stellen Sie sich vor, Ihr Telefon ist gleichzeitig ein Heizlüfter, der *Hitze* produziert. Im Inneren des Hörers befindet sich ein kleiner Ventilator, der die Hitze und Wärme aus den kleinen Löchern der Sprechmuschel bläst. Der Schweiß läuft Ihnen übers Gesicht. Genauso schicken Sie die Hitze an die anderen Teilnehmer der *Telefonkonferenz*. Sehen Sie alle schweißtriefend am Hörer sitzen.

Licht – Schuhe putzen
Denken Sie an eine neue Erfindung: *das Putzen der Schuhe* mit *Licht*. Nie wieder mit Lappen und Bürste Schuhe putzen. Sie beleuchten Ihre Schuhe lediglich mit einer Speziallampe und schon sind diese blitzsauber und glänzen wie neu.

Transparenz – Auto zur Werkstatt bringen
Stellen Sie sich vor, Sie hätten ein *transparentes Auto* aus durchsichtigem Material. Sie sehen von außen den Motor, den Inhalt des Kofferraums und alle Fahrgäste. Komischerweise ist auch die *Werkstatt* komplett transparent. So können Sie von außen jeden Handgriff des Mechanikers mitverfolgen.

Musik – Mittag-essen zubereiten
In Ihrer Küche steht eine riesige Stereoanlage. Diese ist voll aufgedreht, und die Bässe knallen so richtig. Sie stehen am Herd und *bereiten* im Takt zur *Musik* das *Mittagessen* zu. In die Suppe kommen natürlich Nudeln in Form von kleinen Notenschlüsseln.

Zeit – einkaufen gehen
In Ihrer Fantasie kann man *Zeit einkaufen*. Es funktioniert so ähnlich wie Prepaid-Karten. Sie kaufen eine Karte mit einem bestimmten Zeitguthaben, stecken diese in Ihre persönliche Zeitmaschine, aktivieren den Code, und wenn Sie wieder auf eine Uhr sehen, stellen Sie fest, dass die Zeit um die gekaufte Spanne tatsächlich zurückgesprungen ist.

Geschwindigkeit – privaten Brief schreiben
Um *private Briefe* zu *schreiben*, haben Sie extra einen schönen Füller. Dieser schreibt mit besonders hoher *Geschwindigkeit*. Die Feder rast nur so übers Papier. Das Resultat sieht dann sogar noch gut aus.

Reichtum – Garten umgraben
Stellen Sie sich vor, Ihre Ahnen besaßen großen *Reichtum*, haben aber nichts hinterlassen. Sie vermuten, dass Geld und Gold vergraben sind. Also *graben* Sie den ganzen *Garten um*, um den Reichtum zu finden.

Sollten Sie mit Ihrem obigen Ergebnis nicht zufrieden gewesen sein, machen Sie die Übung jetzt einfach noch einmal. Sie werden feststellen: Wenn Sie meine Beispielverknüpfungen auch im Kopfkino gesehen haben, verbessern Sie sich dadurch enorm.

Legen Sie nun bitte ein drittes Mal die CD ein und machen Sie die Übung »Die ersten 12 Artikel des Grundgesetzes«. Im Anschluss geht's wieder im Buch weiter.

Übung auf CD-ROM

So, jetzt werden wir gleich wieder toppraktisch. Die nächste Übung hat es auch schon ganz schön in sich. Sie sollen einen Fachtext abspeichern. In diesem Fall einen Gesetzestext oder zumindest einen Auszug daraus. Die Schwierigkeit hierbei ist nun, dass es sich meist um abstrakte Wörter wie *Arbeitsbeschreibung* und *Kündigungsfrist* handelt. Nehmen Sie bitte jeweils das erste Bild, welches Ihnen dazu in den Sinn kommt. Dieses Bild verknüpfen Sie dann bitte mit dem entsprechenden Zahlensymbol. Wenn Sie fertig sind, tragen Sie bitte unten die jeweiligen Bestandteile ein. Merken Sie sich also nun die zehn wesentlichen Bestandteile eines Arbeitsvertrages.

Der Anwalt – ganze Fachtexte merken

Hier ein Gesetzestextauszug: »Laut dem Gesetz über den Nachweis der für ein Arbeitsverhältnis geltenden wesentlichen Bedingungen (Nachweisgesetz – NachwG § 2) müssen die folgenden 10 Punkte schriftlich vom Arbeitgeber niedergelegt werden.« Verknüpfen Sie bitte auf die Ihnen bekannte Art und Weise die einzelnen Vertragsinhalte mit dem entsprechenden Zahlensymbol:

1. Name und Anschrift der Vertragsparteien
2. Arbeitsort
3. Arbeitsentgelt und dessen Zusammensetzung
4. Arbeitsbeschreibung
5. Zeitpunkt des Beginns des Arbeitsverhältnisses
6. Jährliche Urlaubsdauer
7. Vereinbarte Arbeitszeit
8. Kündigungsfristen
9. Vorhersehbare Dauer (bei Befristung)
10. Geltende andere Vereinbarungen (Tarif, betriebliche Vereinbarungen)

Decken Sie die obigen Punkte ab, und dann tragen Sie in die leeren Zeilen die wesentlichen Bedingungen ein.

Ihre Lösungen

1. _____

2. _____

3. _____

4. _____

5. _____

6. _____

7. _____

8. _____

9. _____

10. _____

Sollten Sie irgendwo Schwierigkeiten mit der Verknüpfung oder einem Bild gehabt haben, so können Sie sich von den folgenden Vorschlägen inspirieren lassen.

1. Name und Anschrift der Vertragsparteien

Für *Name* und *Anschrift* könnten Sie sich Adressaufkleber als Bild vorstellen. Stellen Sie sich vor, für die Vertragsunterzeichnung wird eine Zeremonie bei *Kerzenschein* gemacht. Damit man auch die richtige Kerze benutzt, sind Name und Anschrift der *Parteien* darauf angebracht. Sehen Sie bitte deutlich die entsprechenden Adressaufkleber auf den *Kerzen*. Wenn Sie Ihrem neuen Mitarbeiter dann den Vertrag zusenden wollen, müssen Sie nur die entsprechende Kerze heraussuchen und die Adresse abschreiben.

2. Arbeitsort

Für den *Arbeitsort* könnten Sie sich einen Schreibtisch als Bild vorstellen. Weil Ihr neuer Mitarbeiter *Schwäne* so liebt, einigen Sie sich, dass sein Arbeitsort draußen vor dem Firmengebäude ein Schreibtisch direkt am *Schwanensee* ist.

Für *Arbeitsentgelt* könnten Sie sich Geldscheine als Bild vorstellen. Sie überreichen in Ihrer Fantasie die Geldscheine monatlich auf einem *Dreizack* aufgespießt. Auf den verschiedenen Zacken stecken die verschiedenen Komponenten: Geld, Leasingvertrag des Firmenwagens und Versicherungspolice.

3. Arbeitsentgelt und dessen Zusammensetzung

Für die *Arbeitsbeschreibung* könnten Sie sich eine Liste, ein Formblatt als Bild vorstellen. Sehen Sie folgendes Bild lebendig vor Ihrem inneren Auge: Damit Ihre Mitarbeiter glücklich sind, drucken Sie die Arbeitsbeschreibung als Liste oder Formblatt auf dem Glückssymbol *Kleeblatt* aus: Das Papier hat die Form eines großen vierblättrigen Kleeblatts und ist natürlich grün.

4. Arbeitsbeschreibung

Für den *Zeitpunkt* könnten Sie sich eine Armbanduhr als Bild vorstellen. Stellen Sie sich vor, Sie brauchen Ihren neuen Mitarbeiter dringend, gleich und sofort. Sie zeigen demonstrativ mit großer Geste auf Ihre Armbanduhr. Damit das Arbeitsverhältnis gleich beginnen und der Mitarbeiter nicht mehr entkommen kann, packen Sie ihn mit Ihrer Hand an seiner *Hand* und legen ihm Handschellen an, die Sie an seinem Schreibtisch (am See draußen) befestigen.

5. Zeitpunkt des Beginns des Arbeitsverhältnisses

Für die *Urlaubsdauer* könnten Sie sich eine Sonnenuhr als Bild vorstellen. In Ihrer Fantasie ist der Neue ein *Elefanten-* und Indienfan. Jeden Urlaub verbringt er, auf Elefanten reitend, in Indien. Damit er nicht zu lange dort bleibt, legen Sie die Urlaubsdauer fest. Sie stecken vor den neuen Mitarbeiter einen Stock in den Boden und zeigen ihm anhand dieser Sonnenuhr die Urlaubsdauer.

6. Jährliche Urlaubsdauer

Für den Begriff *Arbeitszeit* könnten Sie sich eine Werkssirene als Bild vorstellen. Sehen Sie in Gedanken Ihren Mitarbeiter schlafen oder lümmeln. Da treten Sie neben ihn und lassen die Werkssirene aufheulen. Völlig erschrocken wedelt der Neue mit der weißen *Friedensfahne*. Sie machen ihm dann deutlich, dass er bis zum nächsten Signal zu arbeiten hat.

7. Vereinbarte Arbeitszeit

Für den Begriff *Kündigungsfrist* könnten Sie sich vorstellen, wie Sie die persönlichen Sachen des Neulings in einem Karton vor die Firmentür werfen und ihn gleich mit dazu. Stellen Sie sich

8. Kündigungsfristen

vor, Sie haben zur besseren Übersicht einen Schrank voller *Sanduhren*, den Kündigungsschrank. Für jeden (selbst oder von Ihnen) gekündigten Mitarbeiter wird eine Sanduhr umgedreht. Diese rieselt dann vor sich hin, und der Mitarbeiter hat, so lange sie rieselt, Zeit, seine Sachen in obigen Karton zu packen.

9. Vorhersehbare Dauer (bei Befristung)

Für die *vorhersehbare Dauer* könnten Sie sich eine Wegstrecke als Bild vorstellen. Stellen Sie sich vor, Ihr Betrieb ist eine überdimensionale *Schlange*. Die neuen Mitarbeiter gehen vorne rein, werden sozusagen verschlungen, und Sie können vorhersehen, wie lange diese Wegstrecke dauert, bis die Mitarbeiter die Firma bzw. Schlange wieder verlassen.

10. Geltende andere Vereinbarungen (Tarif, betriebliche Vereinbarungen)

Für *Vereinbarung* könnten Sie sich eine Unterschrift bzw. die Vertragsunterzeichnung als Bild vorstellen. In ihrem Kopfkino gehen Sie mit einem Geschäftsfreund vor Vertragsunterzeichnung noch schnell während der Arbeitszeit eine Runde *Golf* spielen. Noch vor dem ersten Schlag kommt ein Vertreter des Betriebsrates und behauptet, dass das nicht mit den Vereinbarungen zu vereinbaren wäre. Gleich darauf erscheint ein Vertreter des Arbeitgeberverbandes, einer der Berufskammer und einer der Gewerkschaft; alle streiten sich darüber, welche *anderen Vereinbarungen* gültig sein könnten. Und keiner merkt, dass Sie still zum nächsten Loch gehen und weiterspielen.

So speichern Sie Fremdwörter und Fachtexte

Wir steigen weiter empor auf den Gedächtnisstufen. Fremdwörter und Fachbegriffe sind noch etwas schwieriger zu verbildern als bloße abstrakte Wörter. Aber auch das kriegen wir mit der Geisselhart-Methode hin. Schauen wir uns zum Einstieg mal ein paar Wörter an, die Sie hoffentlich noch nicht kennen. Haben Sie schon einmal von *Pediculose* gehört? Nein, sehr gut. Was für Bilder hören Sie, wenn Sie *Pediculose* lesen? Ja ja, ich meine Bilder, die Sie hören. Wir gehen nach dem Klang, die Schreibweise ist egal. Es hört ja niemand, wie Sie das entsprechende Fachwort schreiben würden. Wenn Sie jetzt denken: »Na toll, ich will aber trotzdem wissen, wie das Wort richtig geschrieben wird«, kann ich

Ihnen tröstlich sagen, dass wir in diesem Buch noch extra darauf eingehen werden. Und zwar weiter hinten in diesem Kapitel beim Tieralphabet. Also gedulden Sie sich noch etwas, bitte. Übrigens, bevor Sie das Wort schreiben – und zwar richtig –, müssen Sie erst einmal wissen, welches Wort Sie schreiben möchten. Sie müssen sich also erst an das entsprechende Fachwort erinnern, es muss Ihnen erst einfallen.

Pediculose

Zurück zu *Pediculose*. Sie könnten vielleicht denken: »Na ja, hinten ist auf jeden Fall irgendetwas *lose*. Vorne muss ich an *Pediküre* – Sie wissen schon, Fußpflege – denken.« Und bei der Pediküre ist der große Zehennagel lose. Merken Sie was? Wir verbildern hier gerade einen Fachbegriff. Wir zerlegen ihn dafür in Silben oder nehmen sinnvolle Silben zusammen. Dann überlegen wir uns, was sich ähnlich anhört. Und hier hört sich nun mal *Pediküre* ähnlich an wie *Pedicu*. Oh, da höre ich gerade noch ein Bild: *Petticoat*. Sie wissen schon, die Reifröcke aus den 50er-, 60er-Jahren. Der *Petticoat* könnte ja auch lose sein.

Wenn Sie sich jetzt weiterhin vorstellen, wie der *Petticoat lose* ist und Sie nun noch *Läuse* aus dem Rock herauskriechen sehen, dann ekeln Sie sich wahrscheinlich. Richtig so. Dann kommt auch noch etwas Gefühl mit ins Spiel. Sie wissen ja noch: Gefühle sind der Merkturbo. Aber nun endlich die Auflösung: *Pediculose* ist der medizinische Fachbegriff für »Lausbefall« beim Menschen. Und mit dieser Verknüpfung vergessen Sie das so schnell bestimmt nicht wieder. Um den Begriff nun fertig zu machen: Es können natürlich auch bei der *Pediküre* unter dem *losen* Zehennagel die *Läuse* herkriechen.

Heliosis

O.k., damit es gleich gut klappt, machen wir schnell noch ein Beispiel: *Heliosis*. Was hören Sie für Bilder? Na klar, *Helikopter* und *Ossis*. Also stellen Sie sich bitte vor, wie ein Helikopter ein paar Ossis mitnimmt. Diese fliegen dann direkt in Richtung Sonne und holen sich dort einen *Sonnenstich*. Sonnenstich bzw. Überhitzung ist nämlich das, was *Heliosis* bedeutet. Gut, Sie hätten auch *Helium* und die Band *Oasis* oder *Ozzy Osborne* nehmen können. Es gibt immer mehrere Varianten. Ihre eigenen Ideen können Sie bei der nächsten Praxisübung herauslassen. Machen Sie hierbei zuerst ein Bild aus dem Fachbegriff. Dieses Bild verknüpfen Sie im zweiten Schritt mit dem Bild der Bedeutung des Begriffs. Hier der erste Schritt.

Fremdwörter und Fachbegriffe verbildern

Bagatelle
Mein Bild: _____

Banquette
Mein Bild: _____

Ballistik
Mein Bild: _____

Frenetisch
Mein Bild: _____

Haptisch
Mein Bild: _____

Affin
Mein Bild: _____

Akrophobie
Mein Bild: _____

Belcanto
Mein Bild: _____

Nun folgt der zweite Part. Verknüpfen Sie bitte auf möglichst »merkwürdige« Art und Weise Ihr eben vorgestelltes Bild des entsprechenden Fachwortes mit dem Bild der Bedeutung.

Bagatelle – Kleinigkeit

Meine Verknüpfung: _____

Banquette – Sprungwall, -hecke beim Reitsport

Meine Verknüpfung: _____

Ballistik – Flugbahn; Schusslehre

Meine Verknüpfung: _____

Frenetisch – leidenschaftlich

Meine Verknüpfung: _____

Haptisch – auf den Tastsinn ausgerichtet

Meine Verknüpfung: _____

Affin – verwandt, bindend

Meine Verknüpfung: _____

Akrophobie – Höhenangst

Meine Verknüpfung: _____

Belcanto – virtuoser italienischer Gesangsstil

Meine Verknüpfung: _____

Bagatelle	_____	**Ihre Lösungen**
_____	Sprungwall, -hecke beim Reitsport	
Ballistik	_____	
_____	leidenschaftlich	
Haptisch	_____	
_____	verwandt, bindend	
Akrophobie	_____	
_____	virtuoser italienischer Gesangsstil	

Ich hoffe, es hat gut bei Ihnen geklappt. Allerdings meine ich mit »gut«, dass Sie ca. fünf Begriffe gut verbildern konnten und es Ihnen bei zweien schwer fiel. Vielleicht ist auch bei diesen zwei Begriffen das Bild nicht wirklich gut. Immer noch besser als gar keins. Gar keins haben Sie eventuell bei dreien. Wenn Sie über meiner Erwartung liegen, gehören Sie zu den wirklich Guten. Wenn Sie darunter liegen, sollten Sie sich die vorangegangenen Übungen noch einmal anschauen. Übung macht den Meister.

Für die Begriffe, für die Ihnen kein Bild einfallen wollte und will, finden Sie nun wieder meine Verbilderungsvorschläge:

Bagatelle – Kleinigkeit
Klingt wie *Bagger* und *Teller*. Stellen Sie sich vor, Sie brauchen einen Bagger, um einen Teller zu transportieren. Dabei ist das doch eine *Kleinigkeit*.

Banquette – Sprungwall, -hecke beim Reitsport
Bank und *Kette*. Stellen Sie sich in einem Park eine Bank vor, die mit einer straff gezogenen Kette umwickelt ist. Plötzlich kommen Reiter im scharfen Galopp an und springen über diese Bank-Kette, wie über einen *Sprungwall* bzw. eine *-hecke bei einem Turnier*.

Ballistik – Flugbahn; Schusslehre
Auch schön, oder? *Ball ist dick*. Wenn der Ball dick ist, fliegt er nicht so weit. Die *Flugbahn* ist sehr kurz, man kann diese leicht berechnen.

Frenetisch – leidenschaftlich
Frech Näh-Tisch. In Ihrer Vorstellung setzen Sie sich frech an den Näh-Tisch und beginnen *leidenschaftlich* mit Ihrem Hobby. Das freche Nähen am Tisch ist Ihre ganze Leidenschaft.

Haptisch – auf den Tastsinn ausgerichtet
Hab und *Tisch*. In Ihrer Fantasie sehen Sie eine Person mit einem Tisch als rechte Hand. Sie fragen, was das soll. Er antwortet:»Hab Tisch« und *tastet* damit alles ab.

Affin – verwandt, bindend
Affin klingt wie *Äffin*. Affen sind *verwandt* mit uns Menschen. Oder *binden* Sie in Ihrer Fantasie eine Äffin mit einer Schnur an Sie selbst an.

Akrophobie – Höhenangst
Akro wie *Akrobat* und *Phobie* wie *Photo-Biene*. Stellen Sie sich vor, wie der Akrobat in luftiger Höhe, eventuell auf dem Hochseil, Angst hat, *Höhenangst*, wenn eine Photo-Biene heransummt.

Bel wie *bellen* und *canto* hört sich ähnlich an wie *kannst du*. Aha, er dachte also, er könne virtuos singen. Sie sagen es ihm deutlich: »Bellen kannst du, aber von *virtuosem, italienischem Gesang* bist du weit entfernt.«

Belcanto – virtuoser italienischer Gesangsstil

Die souveräne freie Rede – eine Jahresauftakt-Rede

Sie wollen eine Rede halten über Maßnahmen und Ziele, die Sie im kommenden Geschäftsjahr durchführen bzw. erreichen wollen. Sie haben die folgenden zehn Punkte gesammelt, welche Sie mit Hilfe der Zahlensymbole abspeichern wollen, um Ihre Rede wirklich frei zu halten.

Also verknüpfen Sie hier bitte die einzelnen Stichpunkte mit dem entsprechenden Zahlensymbol:

1. Erfolgreiche Projekte anschieben
2. Besprechungen reduzieren und effektiver gestalten
3. Ausbildungsförderung
4. Entbürokratisierung
5. Motivation und Bindung der Mitarbeiter
6. Konzentration auf die Kernkompetenzen
7. Ausbildung der Mitarbeiter
8. Flexible Arbeitsverträge
9. Qualitätssicherung
10. Networking und Cross-Selling

Sie sind an der Reihe. Oben bitte abdecken und aufschreiben. Wie viele Redenpunkte wissen Sie noch?

1. _____   **Ihre Lösungen**

2. _____

3. _____

4. _____

5. _____

6. _____

7. _____

8. _____

9. _____

10. _____

Na, sind Sie mit Ihrem Ergebnis zufrieden? Denken Sie daran: Perfektion weckt Aggression. Wenn Sie jetzt denken: »Wenn mir zwei Punkte fehlen, weckt dies auch Aggression. Ich will ja mit der Geisselhart-Methode meine Rede frei halten. Und eben die ganze Rede, nicht nur den größten Teil«, dann haben Sie damit natürlich vollkommen Recht. Das werden Sie auch. Im Moment sind wir ja noch beim Üben. Und hier ist Fehler machen erlaubt. Ich meine auch nicht unbedingt das Fehlen kompletter Punkte. Vielmehr müssen Sie die einzelnen Punkte nicht wortwörtlich wissen. Hier reicht sinngemäßes Wissen aus. Das Wort sagt es ja schon: Der Sinn soll beim Publikum ankommen! Also gehen Sie nicht zu hart mit sich ins Gericht.

Für die Punkte, bei denen Sie Schwierigkeiten hatten, hier wieder ein paar Vorschläge als Anregung:

Erfolgreiche Projekte Stellen Sie sich vor, jedes *erfolgreich abgeschlossene Projekt* wird in einer Zeremonie geehrt. In dieser Ehrung schreiten Sie würdevoll und feierlich mit einer großen, reich verzierten *Kerze* in beiden Händen vor sich zum Projektleiter und überreichen ihm diese Kerze als Anerkennung. Auch die Projektmitarbeiter bekommen eine Kerze überreicht.

Besprechungen reduzieren und effektiver gestalten Sehen Sie vor Ihrem inneren Auge, was passiert, wenn sich viele *Schwäne* zusammen treffen. Es gibt ein heilloses Geschnatter, und alles rennt ziellos hin und her. So können *Meetings* nicht weiter laufen. Sehen Sie, wie Sie eingreifen, das Schwanentreffen *strukturieren und organisieren* oder gegebenenfalls auflösen.

Die *Ausbildung* bzw. die Auszubildenden müssen *gefördert* werden. Sie greifen in Ihrer Fantasie zum *Dreizack* und bringen die Azubis auf Zack, verleihen Ihren Vorstellungen mit dem Dreizack Nachdruck.

**Ausbildungs-
förderung**

Die Bürokratisierung muss heruntergefahren werden. In Ihrem Kopfkino sehen Sie, wie vor lauter Bürokratie selbst alle vierblättrigen *Kleeblätter* gesammelt, abgeheftet und archiviert werden. Sie reißen die Ordner mit den Kleeblättern heraus und entsorgen sie. So sieht *Entbürokratisierung* aus.

**Entbürokratisie-
rung**

Wie können Ihre Mitarbeiter besser motiviert werden? Dafür gehen Sie in Ihrer Fantasie zu allen Mitarbeitern und schütteln jedem einzeln die *Hand*, klopfen ihm mit Ihrer Hand anerkennend auf die Schulter und schenken ihm eine kleine flache Hand aus Pappe, die an einem Saugfuß und einer Feder angebracht ist. Am Arbeitsplatz des Mitarbeiters wippt sie den ganzen Tag hin und her und soll ihm ein *motivierendes* Schulterklopfen symbolisieren.

**Motivation
und Bindung der
Mitarbeiter**

Sehen Sie einen *Elefanten* vor sich, wie er auf dem Boden liegt und mit seinen Vorderfüßen und dem Rüssel konzentriert an etwas arbeitet. Sie gehen näher hin und sehen, wie er mit Obstkernen hantiert. Er hat kleine Werkzeuge dazu und scheint sehr *konzentriert und kompetent bei der Kernarbeit.*

**Konzentration auf
Kernkompetenzen**

In Ihrer Vorstellung verteilen Sie an die *Mitarbeiter* kleine *Fähnchen*. Anzahl, Größe und Farbe der Wimpel richten sich nach dem *Ausbildungsgrad*. Um den Ausbildungsstand der Mitarbeiter immer erkennen zu können, müssen diese die Fähnchen ständig mit sich herumtragen.

**Ausbildung der
Mitarbeiter**

Sehen Sie vor Ihrem inneren Auge, wie jeder Mitarbeiter immer eine riesige, gleich große *Sanduhr* bei sich hat, um zu sehen, wann die Arbeitszeit vorbei ist. Sie wollen *flexible Zeiten* einführen und geben den Mitarbeitern verschiedene Eieruhren in allen denkbaren Größen aus. So kann jeder so lange arbeiten, wie er will bzw. wie seine Sanduhr und damit sein *Arbeitsvertrag* läuft.

**Flexible Arbeits-
verträge**

Sie benutzen in Ihrem Betrieb speziell dressierte *Schlangen*. Diese können jede Abweichung der Produkte vom Standard und jede

Qualitätssicherung

Qualitätsminderung sofort erkennen. Dann fauchen die Schlangen mit gebleckten Giftzähnen den verantwortlichen Mitarbeiter an, damit er den Fehler korrigiert. *Qualitätsmanagement by Quality-snakes.*

Networking, Cross-Selling Die Nachfrage nach *Golfspielen* ist so groß, dass Sie nicht mehr zum Zuge kommen. Die einzige Möglichkeit besteht in *Networking-* und *Cross-Spielen.* Das heißt, Sie spielen mit anderen, die Sie kennen, zusammen, Sie schlagen mal deren Ball, dafür schlagen diese mal Ihren (Networking). Außerdem geht es Cross und quer auf dem Golfplatz (Cross-Selling), man kreuzt einfach die Bahnen der anderen.

Nehmen wir direkt noch ein paar Wirtschaftsfachbegriffe:

Emittieren	Ausgeben von Wertpapieren
Syndikat	straffes Kartell mit Vertrieb
Bärenmarkt	pessimistische Börsenstimmung
Mid caps	Unternehmen mit einer Marktkapitalisierung zwischen 250 Mio. Euro und 1 Mrd. Euro
Shareholder Value	Wert (value) eines Anteils (share); meist Aktie für den Anteilseigner (shareholder)
Cashflow	absolute Kennzahl, insbesondere zur Beurteilung der Finanzlage, aber auch der Ertragslage eines Unternehmens; Differenz der Einzahlungen (Cash-Inflow) und Auszahlungen (Cash-Outflow)
Merchandising	Verkaufsförderung
Tantieme	Vergütung, die vom Umsatz oder Gewinn abhängig ist

Nun sind wieder Sie an der Reihe. Testen Sie, wie viele Begriffe Sie effektiv verknüpft haben. Die sollten Sie dann nämlich noch wissen. Falls Sie den einen oder anderen Begriff schon kannten – soll ja vorkommen –, zählt dieser natürlich nicht mit.

Ihre Lösungen   Emittieren   _____

_____   straffes Kartell mit Vertrieb

Bärenmarkt	_____
_____	Unternehmen mit einer Markt-kapitalisierung zwischen 250 Mio. und 1 Mrd. Euro
Tantieme	_____
_____	Anteilswert für den Anteilseigner
Cashflow	_____
_____	Verkaufsförderung

Darf ich gratulieren? Mittlerweile sind Sie ja schon gut geübt und bestimmt auf dem Weg zum Gedächtnisstar. Trotz alledem hier wieder meine Verbilderungs- und Verknüpfungsvorschläge zur Ergänzung:

Bei der letzten Ausgabe von Wertpapieren an der Frankfurter Börse, stellen Sie sich das mal vor, wollte ein Mann *Wertpapiere ausgeben* bekommen. Als er diese in Empfang nimmt, stellt er fest, dass lauter Tierbilder darauf sind. Da ruft er spontan: *»Eh, mit Tieren!«*

Emittieren – Ausgeben von Wertpapieren

Das klingt wie *Sünde* und *Diktat*. Ein Syndikat ist ein *straffes Kartell mit Vertrieb*. Stellen Sie sich vor, es ist illegal bzw. eine Sünde, die Preise zu diktieren.

Syndikat – straffes Kartell mit Vertrieb

Stellen Sie sich vor, in die Frankfurter Börse dringt ein *Bär* ein und eröffnet dort einen *Markt*. Im Nu gibt es eine *pessimistische Stimmung an der Börse.*

Bärenmarkt – pessimistische Börsenstimmung

Wer läuft da *mit Caps (Kappen)* herum? Sehen Sie alle Mitarbeiter einer Firma mit Caps gekleidet. Die *Firma* kann sich das nur leisten, weil sie eine *Marktkapitalisierung zwischen 250 Millionen und 1 Milliarde Euro* hat.

Mid caps – gut am Markt eingeführte Unternehmen …

Shareholder Value – Wert eines Anteils …	Eine *Schere holt* sich ein *Waljunges,* um damit die *Werte der Aktie* auszuschneiden.
Cashflow – absolute Kennzahl …	Einen *Kescher* für *Flöhe* braucht man, damit auch die kleinsten Dinge darin hängen bleiben. Stellen Sie sich vor, wie Sie in einem Zahlenstrom fischen, um brauchbare *Kennzahlen* zu bekommen, und dafür brauchen Sie eben einen feinen Kescher für Floh.
Merchandising – Verkaufsförderung	*Mehr Gin* muss Lady *Di* (Gott hab sie selig) trinken, damit sie *singt.* Und zwar in einem Werbespot für Gin, und das ist *Verkaufsförderung* pur.
Tantieme – Vergütung, die vom Umsatz oder Gewinn abhängt	In Ihrem Kopfkino sehen Sie Ihre *Tante* wie eine *Hyäne* herumlaufen und nach Beute bzw. *Vergütungen* suchen.

In der Praxis sieht es so aus, dass Sie sich schon mal die Inhalte von wichtigen Fachtexten merken müssen. Das können Sie nun direkt üben. Sie müssen dazu lediglich die für Sie relevanten Stichpunkte im folgenden Wirtschaftstext anstreichen und diese dann mit Kerze, Schwan und Dreizack verknüpfen. Danach sollten Sie in der Lage sein, den Text zumindest stichpunktartig wiederzugeben.

Der Manager – Wirtschaftsfachtext behalten

Hier ein Artikel von *Alfred J. Kremer* aus der Zeitschrift *Cash,* Nr. 5 vom Mai 2005:

Die meiner Meinung nach wichtigsten Begriffe des Textes sind markiert, so dass Sie sie gleich verknüpfen können. Verknüpfen Sie bitte die markierten Passagen mit den Zahlensymbolen. Damit Ihnen das Nummerieren leichter von der Hand geht, habe ich die markierten Stellen zusätzlich noch durchnummeriert.

Lesen Sie den Text bitte erst einmal komplett durch. Danach verbildern Sie die entsprechenden Textstellen und verknüpfen sie dann sogleich mit dem dazugehörenden Zahlensymbol. Anschließend tragen Sie die abgespeicherten Inhalte bitte stichpunktartig bzw. sinngemäß in die dafür vorgesehenen Zeilen ein und überprüfen deren Richtigkeit. Viel Erfolg.

Was eine Vision enthalten muss

Die Vision ist das grundlegendste Instrument (1) der strategischen Entwicklung jedes Unternehmens. Es geht darum, eine genaue Vorstellung (2) zu haben, wie Ihr Unternehmen zukünftig aussehen soll. Eine Vision ist dabei nichts Illusionäres, sondern eine Sammlung von Aussagen, die Ziel und Richtung vorgeben. Sie strebt eine schwierige Balance zwischen scheinbaren Widersprüchen an und ist langfristig (3), soll aber nicht auf den Sankt-Nimmerleins-Tag vertrösten.

Sie soll qualitative und quantitative Elemente (4) enthalten. Sie muss herausfordernd (5) genug sein, um große Energien freizusetzen, darf aber nicht Ziele vorgeben, die von zu vielen Beteiligten als unrealistisch und unerreichbar (6) angesehen werden. Die Visionsentwicklung geht zwar von der Unternehmensspitze aus, sollte jedoch die Mitarbeiter mit einbeziehen, um die gewünschte Akzeptanz zu erreichen.

Die Visionsentwicklung beginnt an der Spitze, also top-down (7). Die Kerninhalte der Vision (8) werden von der Unternehmensspitze vorgegeben und sind nicht Gegenstand einer Abstimmung durch die Mitarbeiter. Jedoch sollte sich die Führung nicht auf die Verkündigung einer Vision beschränken. Vielmehr sollte sich im Anschluss an den Top-down-Prozess ein Bottom-up-Prozess anschließen (9). Dies bedeutet konkret, dass die zunächst grob formulierten Kerninhalte auf den nachgelagerten Ebenen diskutiert werden (10). In der Regel geschieht dies in Form von Arbeitsgruppen oder Workshops.

(Dem Autor *Alfred J. Kremer,* Geschäftsführender Gesellschafter der *Multiconsult GmbH* in Martinsried bei München, sowie der Zeitschrift *Cash* nochmals vielen Dank für die Abdruckgenehmigung.)

1. _____   **Ihre Lösungen**

2. _____

3. _____

4. _____

5. _____

6. _____

7. _____

8. _____

9. _____

10. _____

Da geht es ganz schön ans Eingemachte, nicht wahr? Ich hoffe
trotzdem, dass Sie sich wacker geschlagen haben und, zumindest
stichpunktartig, sinngemäß, die meisten Punkte wiedergeben
konnten. Ein paar Beispiele, wie ich es gemacht hätte, sollen auch
hier nicht fehlen:

1. ... *grundlegendstes Instrument:* ein *Musikinstrument,*
   welches auf dem *Grund* eines Sees liegt. Dort brennt
   noch eine *Kerze* daneben und leuchtet das Instrument schön an.
2. ... *genaue Vorstellung:* vielleicht eine *Theatervorstellung,*
   bei der ein *Schwan* mit einem Zentimetermaß ganz
   genau misst. Nur so wird es dann eine »genaue Vorstellung«.
3. ... *langfristig:* eine Uhr, ein Sträfling – der sitzt auch
   langfristig. Also die Uhr mit dem *Dreizack* aufspießen
   oder eben der Sträfling, der versucht, mit Hilfe des
   Dreizacks zu flüchten.
4. ... *qualitative und quantitative Elemente:* Stellen Sie sich
   goldene (qualitative) und ganz *viele (quantitative)* Kleeblätter vor.

Die restlichen lassen Sie sich zur Abwechslung einmal selbst einfallen. Mit diesen Beispielen sollten Sie das hinkriegen.

Die nächste Steigerung folgt auf dem Fuß: Wir kommen schon zu
den Vokabeln. Und so geübt, wie Sie jetzt sind, werden Sie sehen,
dass auch Vokabeln schnell und sicher abzuspeichern sind.

Sprachen lernen wie ein Profi

In Zukunft lernen Sie selbst schwierige Sprachen leicht, schnell, effizient und dauerhaft. Sehr gut geübte Gedächtnisfans schaffen übrigens, und das ist kein Witz, 200 Vokabeln einer neuen Sprache in nur einer Stunde. Wie? Richtig, genauso wie oben: mit der Geisselhart-Methode. Ob Sie nämlich Fremdwörter, Fachbegriffe oder Vokabeln einer fremden Sprache lernen, macht keinen Unterschied. Später erleben Sie, dass es mit Namen von Personen dasselbe ist. Also wenden wir einfach die Ihnen bereits bekannte Technik an, um Fachbegriffe zu speichern. Nur diesmal speichern wir keine Fachbegriffe, sondern Vokabeln.

Nehmen wir nun als Einstiegsbeispiel einmal an, Sie wollten sich **Beispiel** die Lateinvokabel *cubare* (gesprochen: kubare) und deren deutsche Bedeutung merken. Dann gehen Sie genauso vor, wie Sie es eben bei den Fachbegriffen gelernt haben: Sie verbildern die Vokabel. Die Bilder, die Sie bei *cubare* »hören«, könnten sein: *Kuh, Bar, Bahre, Cuba, Reh* usw. Das heißt, wir achten nicht auf die Schreibweise, sondern wieder, wie schon bei den Fremdwörtern und Fachbegriffen, nur auf die Aussprache. Sprechen Sie also die zu lernende Vokabel am besten laut vor sich hin, und achten Sie auf die Bilder, die Ihnen spontan in den Sinn kommen, wenn Sie die Vokabel hören. Was hört sich ähnlich an? Gibt es ein deutsches Wort, das ähnlich klingt? Kennen Sie bereits eine andere Vokabel, welche sich ähnlich anhört? Zerhacken Sie die neue, unbekannte Vokabel in Silben und machen Sie Worte bzw. Bilder aus den einzelnen Silben. Oder nehmen Sie einzelne Wortteile, welche eben keine Silben sind. Dabei kommen manchmal sehr komische, einprägsame Geschichten heraus. In unserem aktuellen Beispiel *cubare* nehmen wir nun einmal das Bild *Kuh und Bahre*. Dann sieht dies so aus:

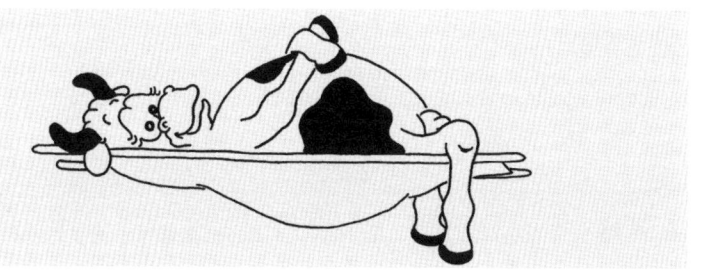

Die Kuh liegt auf der Bahre.

Die Bedeutung dieser Vokabel ist »liegen, legen, schlafen«. Und genau aus diesem Grund »liegt« die Kuh ja auch auf der Bahre! Wir verknüpfen also wieder einmal zwei Bilder. Nämlich das Bild der Vokabel mit dem Bild der Bedeutung dieser Vokabel. Das Bild für die Vokabel, freilich, müssen wir erst entwickeln. In unserem Fall »Kuh und Bahre«. So haben wir also »Kuh und Bahre« als erstes Bild und »liegen«, die Bedeutung, als zweites Bild. Beide Bilder, also Vokabelbild und Bedeutungsbild, miteinander verknüpft, ergibt: »Die Kuh liegt auf der Bahre«. Würde *cubare* zum Beispiel »tragen« heißen, wäre das Bild folgendes: Die Kuh trägt die Bahre.

Vokabeln verbildern

Und nun testen Sie selbst einmal, wie gut Sie im Verbildern von Vokabeln bereits sind. Etwas Übung haben Sie ja schon. Halten Sie sich bitte an die obigen Regeln und achten Sie nicht so sehr auf die Zeit, die Sie benötigen. Schnelligkeit kommt von ganz alleine. Denken Sie an das Beispiel in der Einleitung vom Kind, welches laufen lernt.

Lassen Sie Ihrer Fantasie freien Lauf, und nehmen Sie die ersten Bilder, die Ihnen in den Kopf kommen. In der Klammer hinter der Vokabel finden Sie die korrekte Aussprache, falls diese von der Schreibweise abweicht. Ihre Bilder sollten auf der Aussprache basieren. Hören Sie sich also nun die folgenden Vokabeln einmal sprechen und erfinden Sie dazu Ihre individuellen Bilder. Meine Vorschläge gibt's später. Los geht's!

choukran (schukran)

Mein Bild: _____

livre (liefre)

Mein Bild: _____

bolso

Mein Bild: _____

Übersicht: Vokabellernen leicht gemacht – die wichtigsten Tipps auf einen Blick

1. Vokabel verbildern:
- Welches andere Wort hört sich ähnlich an? *Bolso* (span. Tasche) hört sich ähnlich an wie *bolzen* (Fußball spielen). Diese Ähnlichkeit reicht dem *Priming*, Ähnlichkeitsgedächtnis, schon. Es muss also keineswegs perfekt sein, ähnlich reicht. Mein Onkel hat deshalb die »Egal-Regel« kreiert: Egal, wenn es nicht 100-prozentig passt, Hauptsache, es ist einigermaßen ähnlich vom Klang her, oder aber auch nur die erste Silbe passt. Ausprobieren und staunen.
- Vokabel in Silben zerhacken und für jede einzelne Silbe oder zusammengefasste Silben nach ähnlichen Worten suchen. *Cubare* wird so zu *cu, ba, re.* Aus cu wird Kuh, ba und re zusammengefasst ergibt *Bahre.*
- Aus den Silben neue Worte kreieren. *Helios* (griech. Sonne) wird so zu *he, li, os.* Daraus entstehen die Wörter *Helikopter, Liege, Ostern.* Film: Im Helikopter steht eine Liege mit Ostereiern darauf.
- Vokabel eben nicht in Silben, sondern entsprechend passend zerhacken. Bei *vendredi* (frz. Freitag), ausgesprochen Woandredie, wären es die Silben *ven, dre, di.* Besser passt *vend, red, i.* Also Wand, rede, ich.
- Einzelne Buchstaben der Vokabel doppelt benutzen. Bei *hostigar* (span. bedrängen), ausgesprochen ostigar, benutzen wir das T doppelt. Einmal für *Ost* und das zweite Mal für *Tiger.*
- Dialekte und andere Sprachen miteinbeziehen. *L'embouchure* (frz. die Flussmündung), ausgesprochen loambuschür, klingt ähnlich wie Lampenschirm, ausgesprochen Loambeschürm, auf Schwäbisch.

2. Bedeutung der Vokabel verbildern:
- Oft ist die Bedeutung schon ein Bild: Die Bedeutung von *cubare* ist »liegen« und liegen ist ein Bild.
- Sollte die Bedeutung kein Bild sein, benutzen Sie das erste, spontane Bild (wie bei den abstrakten Begriffen). Zum Beispiel ist die Bedeutung von *but* (engl. aber), gesprochen batt, kein Bild. »Aber« ist nun mal kein Bild. Das erste spontane Bild könnte vielleicht die Band *Abba* sein. *Abba* hört sich ähnlich an wie »aber«.

3. Beide Bilder verknüpfen:
- Verknüpfung möglichst skurril. Eine liegende Kuh auf einer Bahre ist skurril.
- Nicht lange nachdenken, die erste Verknüpfungsidee ist meist die beste.
- Auf den Kern konzentrieren und Unnötiges weglassen.
- Verknüpfungsbild bzw. -film deutlich im Kopfkino sehen und erleben.
- Alle Sinnesorgane ansprechen.
- Gefühle miteinbeziehen.

sorcerer (sorserer)

Mein Bild: _____

primavera

Mein Bild: _____

Nun folgen die Verknüpfungen. Das erste Bild haben Sie ja gerade entwickelt.
Das zweite Bild ist die Bedeutung der jeweiligen Vokabel. Dieses wird mit dem
ersten Bild verknüpft. Wie oben bei *cubare*. In der Klammer dahinter steht die
Sprache.

Verknüpfen Sie also jetzt das Vokabelbild mit dem Bedeutungsbild.

choukran (schukran) – danke (Arabisch)

Meine Verknüpfung: _____

livre (liefre) – Buch (Französisch)

Meine Verknüpfung: _____

bolso – Tasche (Spanisch)

Meine Verknüpfung: _____

sorcerer (sorserer) – Zauberer (Englisch)

Meine Verknüpfung: _____

primavera – Frühling (Italienisch)

Meine Verknüpfung: _____

Vokabeln sind schon die hohe Kunst. Ob Ihre Verknüpfungen erfolgreich waren,
erfahren Sie im folgenden Test.

Ihre Lösungen　　■ Danke heißt auf Arabisch: _____

- Buch heißt auf Französisch: _____

- Tasche heißt auf Spanisch: _____

- Zauberer heißt auf Englisch: _____

- Frühling heißt auf Italienisch: _____

Das Ganze funktioniert natürlich auch andersherum, also aus der Fremdsprache ins Deutsche.

- choukran (schukran) heißt auf Deutsch: _____

- livre (liefre) heißt auf Deutsch: _____

- bolso heißt auf Deutsch: _____

- sorcerer (sorserer) heißt auf Deutsch: _____

- primavera heißt auf Deutsch: _____

Sollten Sie hierbei noch ein paar Problemchen gehabt haben, so kann ich Sie hoffentlich beruhigen. Sie sollten erst einmal ca. 100 Vokabeln verbildert und verknüpft haben – dann klappt's richtig. Aber es muss ja nicht bei jeder Vokabel klappen. Zu Beginn wenden Sie die Geisselhart-Methode halt nur bei den Vokabeln an, bei denen sich Ihnen das Bild praktisch aufdrängt. Mit der Zeit wird dies immer häufiger passieren. Und dann klappt's relativ zügig bei den meisten. Und ganz wichtig: Perfektion weckt auch hier immer noch Aggression. Es muss nicht bei jeder Vokabel klappen. Freuen Sie sich über die, bei denen es klappt. Bei den anderen Vokabeln wenden Sie die gewohnte Technik an. Wahrscheinlich werden Sie über zig Wiederholungen lernen.

Und ob Sie jemals so viel trainieren, dass Sie, wie oben erwähnt, in nur einer Stunde 200 Vokabeln schaffen, ist doch auch gar nicht so wichtig. Wenn Sie nur halb so gut werden, schaffen Sie bereits 100 Vokabeln in nur einer Stunde oder 50 in einer halben. Und das ist doch auch ein toller Wert. Der ist übrigens für jeden gesunden Normalsterblichen zu erreichen. Wenn Sie täglich ca. eine halbe Stunde Vokabeln lernen, sollten Sie diese Zahl nach ungefähr ein bis zwei Monaten schaffen.

Sprache in einem Monat lernen Dann sind Sie übrigens auch in der Lage, eine neue Sprache, zumindest vom nötigen Wortschatz her, in nur einem Monat zu erlernen. Welch eine Zeitersparnis! Überlegen Sie mal: Sie lernen täglich 50 Wörter. Dies sollten natürlich die richtigen sein. Also genau die, die Sie später tatsächlich brauchen. Schauen Sie sich mal in einer guten Buchhandlung um. Dort gibt es Vokabelbücher mit häufig gebrauchten umgangssprachlichen Vokabeln. Bei 50 täglich schaffen Sie also 250 in fünf Tagen. Am Wochenende wiederholen Sie diese noch einmal. Dies machen Sie drei Wochen lang, dann haben Sie 750 Vokabeln gelernt. Damit sind Sie schon ziemlich fit und können alles sagen, was Sie wollen. Klar, Ihre Synonymauswahl ist begrenzt, aber was soll's? Die vierte Woche gehört allein der Wiederholung aller 750 Vokabeln. Wer jetzt zwischendurch die wichtigsten Grammatikregeln lernt, kommt im Ausland prächtig klar. Und das nach nur einem Monat!

Also, worauf warten Sie noch? Gehen Sie in die nächste Buchhandlung und fangen Sie an. Erfolg buchstabiert man T-U-N! Das ist bei Gedächtnistechniken genauso wie beim Fremdsprachenlernen oder bei der Telefonakquise.

Für den Anfang starten Sie doch einfach direkt hier mit den nächsten Übungen. Das sind jede Menge Vokabeln in jeder Menge Sprachen – bestens geeignet, um Verbilderungsroutine zu bekommen. Also los.

Ach ja, fast hätte ich es vergessen, und das darf mir ja nicht passieren, hier übrigens noch meine Verknüpfungsvorschläge für obige Vokabeln:

choukran – danke Hört sich an wie *Schuh* und *Kran*. Mein *Schuh* fiel ins Wasser. Er wird mit einem *Kran* herausgefischt. Ich sage *danke*.

livre – Buch Hört sich an wie *liefre, liefern* auf Schwäbisch. Ich lasse mir also ein *Buch liefre*.

Hört sich ähnlich an wie *bolzen*, ich meine Fußball spielen. Und ähnlich wie *beult so*. Die Kinder *bolzen* nun eben mit einer *Tasche*. Oder ich brauche eine neue Tasche, meine alte *beult* so.

bolso – Tasche

Klingt wie *Sauciere*. Oder auch wie *Sauce rührn* (rühren). Der *Zauberer* zaubert also leckere Sauce in die Sauciere. Oder: Wer ständig in der *Sauce rührt* (oder im Zaubertrank), muss wohl ein *Zauberer* sein.

sorcerer – Zauberer

»*Prima*«, ruft *Vera* und hüpft im Frühling umher.

primavera – Frühling

Als Nächstes lernen Sie diverse Vokabeln in diversen Sprachen. Damit ist der Grundstein für den nächsten Urlaub gelegt. Es geht los wie gewohnt, erst sind Sie auf sich allein gestellt und weiter unten folgen dann meine Vorschläge.

Sollte nichts hinter der Vokabel in Klammern stehen, so wird diese in etwa so ausgesprochen, wie sie geschrieben wird. Wenn die Vokabel anders ausgesprochen wird, steht dies in Klammern dahinter.

Halten Sie sich bitte unbedingt an die vorher gelernten Regeln. Stellen Sie sich jedes Mal die entsprechende Verknüpfung vor Ihrem geistigen Auge deutlich vor und lassen Sie auch Gefühle zu. Wir beginnen mit lateinischen Vokabeln.

Gut fürs Allgemeinwissen – Lateinvokabeln

omnis – alle

Meine Verknüpfung: _____

ministrare – dienen

Meine Verknüpfung: _____

lassare – ermüden

Meine Verknüpfung: _____

imber – Regenguss

Meine Verknüpfung: _____

brachium – Arm

Meine Verknüpfung: _____

impellere – stoßen, bewegen, antreiben

Meine Verknüpfung: _____

honestus – angesehen, ehrenhaft, anständig

Meine Verknüpfung: _____

fuscus – dunkel

Meine Verknüpfung: _____

domare – zähmen, bezwingen

Meine Verknüpfung: _____

vadere – gehen, schreiten

Meine Verknüpfung: _____

Wollen wir doch mal sehen, wie Sie sich geschlagen haben. Tragen Sie bitte
wieder die entsprechenden Begriffe ein und vergleichen Sie danach mit oben.
Schreibweise egal, es geht um die Aussprache.

Ihre Lösungen _____ – alle

Ministrare – _____

_____ – ermüden

imber – _____

_____ – Arm

impellere – _____

_____ – angesehen, ehrenhaft, anständig

fuscus – _____

_____ – zähmen, bezwingen

vadere – _____

Ich hoffe, Sie sind mit sich zufrieden. Falls nicht: Hilft nix! Akzeptieren Sie es und finden Sie sich o.k. Aus einer komfortablen Situation heraus handelt es sich leichter und erfolgreicher als aus einer unkomfortablen. Ihre Unzufriedenheit kostet Sie unnötige Energie und blockiert Ihr Gehirn. Genau das brauchen Sie aber jetzt.

Vielleicht waren Sie aber auch überaus zufrieden mit sich? Dann werden in der Hirnanhangsdrüse (Hypophyse) Endorphine gebildet. Ihr Gehirn schüttet Freudenhormone aus. Diese machen Sie noch leistungsfähiger. Damit beginnt ein positiver Kreislauf. Nutzen Sie diesen und machen Sie munter weiter mit den nächsten Übungen. Der Vollständigkeit halber auch hier wieder meine Verknüpfungsbeispiele.

Klingt wie _Omnibus_. Stellen Sie sich vor, Sie steigen in einen mehr als vollen Omnibus ein. Drinnen stellen Sie fest, es sind _alle_ hier drin. Draußen ist niemand mehr. Alle sind im Omnibus.

omnis – alle

Hört sich an wie _Minister_ und _rar_. In ihrer Fantasie haben Sie einen Minister als Diener. Dieser _dient_ nur leider nicht gern. Sie rufen ihn meist vergeblich, der _Minister_ macht sich nämlich _rar_.

ministrare – dienen

Ich mache daraus: _lass Haare_. Sie sind beim Frisör. Dieser ist allerdings schon viel zu lange an Ihren Haaren dran. Da sagen Sie zu ihm: »_Lass Haare_, ich bin total _ermüdet_.«

lassare – ermüden

imber – Regenguss Klingt ähnlich wie *im Berg*. In Ihrem Kopfkino machen Sie einen ausgedehnten Spaziergang in den Bergen, da überrascht Sie ein *Regenguss*. Sie sehen sich um und sehen im Berg einen Stollen und stellen sich unter.

brachium – Arm Meinen *Arm brach ich um*.

impellere – stoßen, bewegen, antreiben *Im Pelz Leere*. Sie können niemanden *bewegen* oder *antreiben*, in den Pelz zu schlüpfen. Auch nicht durch *Stoßen*. Deshalb ist im Pelz Leere.

honestus – angesehen, ehren- haft, anständig Hieraus mache ich *hohes Nest* mit *US*-Flagge. Stellen Sie sich vor, Sie sind *angesehen* und haben einen *ehrenhaften* Namen als bildender Künstler. Ihr angesehenstes Kunstwerk ist ein hohes Nest mit US-Flagge.

fuscus – dunkel Klar: *Fuß* und *Kuss*. In Ihrer Vorstellung zwingt Sie jemand, seinen Fuß zu küssen. Es ist das *dunkelste* Kapitel in Ihrem Leben. Als Sie dann nach diesem *Fußkuss* aus der gebückten Stellung wieder aufstehen, wird Ihnen ganz *dunkel* vor Augen.

domare – zähmen, bezwingen Klingt wie *Dom* und *Mare*, also »Meer« auf Italienisch. Sehen Sie folgendes Bild vor sich: Die Bewohner einer kleinen Stadt am Meer wurden immer wieder von Überschwemmungen heimgesucht. Deshalb bauten sie einen Dom ans Mare, um das Mare zu *zähmen* und zu *bezwingen*, und nannten ihn dann *Domare*.

vadere – gehen, schreiten  Wie *Wade* und *Reh*. Neulich im Wald haben Sie eine seltene Art von Reh gesehen, es hat richtige Waden an den Beinen, das so genannte *Wadereh*. Dadurch kann es nicht mehr schnell laufen, nur noch *gehen*, ja es *schreitet* regelrecht.

Weiter geht es mit spanischen Vokabeln. Olé!

Urlaub in Spanien – Spanischvokabeln abspeichern

trampa – Falle

Meine Verknüpfung: _____

sudar – schwitzen

Meine Verknüpfung: _____

refresco (refressko) – Erfrischungsgetränk

Meine Verknüpfung: _____

querer (kerer) – mögen, gern haben

Meine Verknüpfung: _____

polvo – Staub

Meine Verknüpfung: _____

neumonia – Lungenentzündung

Meine Verknüpfung: _____

hostigar (ostigar) – bedrängen

Meine Verknüpfung: _____

hincar (inkar) – treiben

Meine Verknüpfung: _____

traba – Hindernis

Meine Verknüpfung: _____

barquillo (barkijo) – Waffeln

Meine Verknüpfung: _____

Einige waren ganz in Ordnung, nicht wahr? *Querer* zum Beispiel. Mussten Sie da nicht sofort an den Straßen*kehrer* denken? Als mittlerweile topgeübter Gedächtnischamp haben Sie diese Übung bestimmt ganz gut gemeistert.

Tragen Sie doch einmal die gesuchten Wörter unten ein. Dann erfahren Sie sofort, wie gut Ihre Verknüpfungen waren.

Ihre Lösungen   trampa –   _____

_____   – schwitzen

refresco –   _____

_____   – mögen, gern haben

polvo –   _____

_____   – Lungenentzündung

hostigar (ostigar) –   _____

_____   – treiben

traba –   _____

_____   – Waffeln

Falls Sie noch ein paar Anregungen wollen, hier sind die Verknüpfungsvorschläge:

trampa – Falle   Hört sich wie *trampeln* an. Machen Sie sich ein Bild von einer (Tier-)*Falle*. Sehen Sie innerlich, wie die Tiere *herantrampeln* und sogar in die *Falle hineintrampeln*. Dann schreien sie laut: »*Ahhh*«.

sudar – schwitzen   Klingt wie *Sudan*. In Ihrem Urlaub im Sudan *schwitzen* Sie sich in Ihrem eigenen *Sud gar*.

refresco –   Ich höre hier *Reh, fresh* und *Cola*. Stellen Sie sich ein Reh vor, das
Erfrischungs-   sich ein wenig frisch bzw. fresh machen will und deshalb als *Erfri-*
getränk   *schungsgetränk* eine *Cola* trinkt.

Wie *Kehrer,* also Straßenkehrer. Frauen können sich vorstellen, dass sie den (Straßen-)Kehrer gerne *mögen,* Männer wissen, dass ihre Frauen den (Straßen-)Kehrer *gerne mögen.*

querer – mögen, gern haben

Hört sich an wie *Volvo.* Fahren Sie einen *Power-Volvo?* Dann sieht man nur noch *Staub,* wenn Sie Gas geben. Oder einfach Pulver. Ist ja auch Staub.

polvo – Staub

Klingt wie *Neumond* und *Ih-Ah.* Das beste Mittel gegen *Lungenentzündung* ist der Neumond. Stellen Sie sich vor, wie die Kranken eines Krankenhauses bei Neumond auf das Flachdach klettern und zum Neumond »*ihah*« rufen, wie ein Esel.

neumonia – Lungenentzündung

Osten und *Tiger.* Weit weg im Osten gibt es Tiger. Wenn Sie im Osten von Tigern *bedrängt* werden, seien Sie bloß vorsichtig.

hostigar – bedrängen

Wie *in* und *car.* Stellen Sie sich vor, Sie setzen sich in Ihr *car* (Auto) und lassen sich nun nur noch *treiben.*

hincar – treiben

Hört sich an wie *Trabant.* Immer wenn Sie einen alten Trabant auf der Autobahn sehen, schreien Sie »*ahhh*«, weil er nun ein echtes *Hindernis* ist.

traba – Hindernis

Ähnlich wie *Bar* und *Kilo.* Stellen Sie sich vor, wie Sie an eine Bar gehen. Dort gibt es aber nichts zu trinken, sondern nur Waffeln. Es gibt die Waffeln in dieser *Bar* nur im *Kilo.*

barquillo – Waffeln

Und hier ein paar Beispiele für bella Italia.

Urlaub in Italien – Italienischvokabeln abspeichern

bestemia – Fluch

Meine Verknüpfung: _____

alunno – Schüler(in)

Meine Verknüpfung: _____

crepare (kreppahre) – aufplatzen

Meine Verknüpfung: _____

crostata (krosstahta) – Mürbeteig

Meine Verknüpfung: _____

diaframma – Blende

Meine Verknüpfung: _____

esporre – aussetzen

Meine Verknüpfung: _____

gremire – füllen

Meine Verknüpfung: _____

lampada – Lampe

Meine Verknüpfung: _____

nascere (nasszehre) – geboren werden, entstehen

Meine Verknüpfung: _____

parte – Teil, Seite

Meine Verknüpfung: _____

Wird immer besser, nicht wahr? Ja ja, schon bald sind Sie ein Fremdsprachen-genie. Schauen wir mal, wie es geklappt hat.

Ihre Lösungen   bestemia – _____

_____ – Schüler(in)

crepare – _____

_____ – Mürbeteig

diaframma – _____

_____ – aussetzen

gremire – _____

_____ – Lampe

nascere – _____

_____ – Teil, Seite

Ging, oder? Demnächst achten Sie doch mal ein wenig auf die Zeit. Talentierte schaffen jetzt schon ca. pro Minute eine Verbilderung. Das sind dann, wenn Sie das Tempo halten können, 30 in nur einer halben Stunde!

Und wieder wie immer meine Verknüpfungsvorschläge:

Klingt wie _Beste_ und _mir._ Wenn das Beste nicht mir ist, dann spreche ich einen _Fluch_ aus und verfluche den, der das _Beste mir_ genommen hat.

bestemia – Fluch

Wie _Alu_ und _No_ für »nein«. Sehen Sie sich in Ihrer Schulzeit. Das Schulgebäude soll mit Alu verkleidet werden. Die _Schüler_ wollen das aber nicht. Sie rufen alle: »_Alu? No!_«

**alunno –
Schüler(in)**

Hört sich an wie _Crêpes,_ die zum Essen, und _Paare._ Stellen Sie sich vor, wie man Crêpes heute am liebsten isst: zu zweit, als Paare. Wenn Sie dann zusammen zubeißen, _platzen_ die Crêpes häufig _auf._

**crepare –
aufplatzen**

Klingt sehr ähnlich wie _Cross_ und _Prostata._ In Ihrer Fantasie haben Sie einen neuen medizinischen _Mürbeteig_ entwickelt. Wenn der Mürbeteig schön cross ist, ist er gut für die Prostata.

**crostata –
Mürbeteig**

diaframma – **Blende beim** **Fotoapparat**	*Dia, fragen* und *Mama*. Sehen Sie in Ihrem Kopfkino Folgendes: Die *Dias* des letzten Urlaubs fragen die Mama, ob denn die *Blende am Fotoapparat* richtig eingestellt war.
esporre – **aussetzen**	Klingt wie *Essen* und *Pore*. Stellen Sie sich vor, es gibt eine neue Krankheit: Man bekommt große Poren, die essen können und müssen, so genannte *Essporen*. Wer diese ansteckende Krankheit hat, wird *ausgesetzt*.
gremire – füllen	*Creme gefällt mir irre.* Nicht die Creme für Haut und Gesicht, sondern die zum Essen, Nachspeise. Stellen Sie sich vor, ich kaufe die Creme literweise in Großpackungen, *fülle* sie dann in kleine Schüsseln und fülle mich dann selber damit ab.
lampada – Lampe	Da gab es doch mal so eine Tanzwelle: *Lambada*. Stellen Sie sich vor, Sie tanzen auf einer *Lampe Lambada*.
nascere – geboren **werden, entstehen**	Wie *Nase* und *zerren*. Manchen Menschen muss man alles aus der Nase ziehen bzw. zerren, dann aber *entstehen* interessante Themen, *werden* neue Ideen *geboren*. Oder sehen Sie in Ihrer Fantasie eine seltene und exotische Tierart. Wenn Kinder geboren werden, werden sie von dem Männchen dem Weibchen aus der Nase gezerrt.
parte – Teil, Seite	Sehr schön: *Paar* und *Tee*. Hier können Sie ein *Paar* sehen, dass zusammen Tee trinkt. Das machen sie *Seite* an Seite und jeder trinkt nur einen *Teil*.

Auf geht's nach *good old England* oder auch nach USA, ganz wie es beliebt.

Urlaub in England – Englischvokabeln abspeichern

library (laiprärrie) – Bibliothek

Meine Verknüpfung: _____

night (nait) – Nacht

Meine Verknüpfung: _____

bicycle (baißickl) – Fahrrad

Meine Verknüpfung: _____

window (windou) – Fenster

Meine Verknüpfung: _____

eagle (iegl) – Adler

Meine Verknüpfung: _____

bare (bähr) – nackt, bloß

Meine Verknüpfung: _____

bell – Klingel

Meine Verknüpfung: _____

to dig (tu dig) – (um-)graben

Meine Verknüpfung: _____

to burst (tu börst) – brechen, bersten

Meine Verknüpfung: _____

barbed wire (barbett waier) – Stacheldraht

Meine Verknüpfung: _____

Gehen wir gleich ans Werk und prüfen wir Ihre Verknüpfungen.

library – _____   **Ihre Lösungen**

_____ – Nacht

bicycle – _____

_____ – Fenster

eagle – _____

_____ – nackt, bloß

bell – _____

_____ – (um-)graben

to burst – _____

_____ – Stacheldraht

Und hier wieder meine Verknüpfungsvorschläge. Nur zur Sicherheit für die paar Vokabeln, die Ihnen Schwierigkeiten bereitet
haben.

library – Bibliothek   *Leihen* und *Prärie*. Sie gehen in die *Bibliothek* und leihen sich ein
Buch über die Prärie.

night (nait) – Nacht   Klingt ähnlich wie *Neid*. Sie stehen in der schwarz-dunklen *Nacht*
und Neid spricht aus Ihrem Gesicht: Sie wären auch gerne mal
die Nacht.

bicycle – Fahrrad   *Beißen* und *Igel* klingt doch sehr ähnlich, finden Sie das nicht auch?
Deshalb: Das *Fahrrad* hat vorne Zähne und ein Maul, damit beißt
es in einen Igel.

window – Fenster   Wie *Wind* und der Ausruf: *ouhh*. Sie haben aus Versehen das *Fenster* offen gelassen, und der Wind bläst herein. Als Sie dies sehen,
rufen Sie »ouhh«.

eagle – Adler    Hört sich an wie *Igel*. Der *Adler* hackt in einen Igel und
trägt ihn dann mit in die Lüfte.

bare – nackt, bloß   Klar: *Bär*. Stellen Sie sich doch mal einen Bär vor, der völlig *nackt*
ist (ohne Fell).

Wie *bellen.* Ihre neue *Klingel* klingelt nicht, sie bellt.

bell – Klingel

Dick hört sich ähnlich an. Stellen Sie sich einen wirklich sehr dicken Menschen vor. Übertreiben Sie ruhig. Was macht er? Genau: *(um-)graben.*

to dig – (um-)graben

Bürste kommt dicht heran. Sehen Sie in Ihrem Kopfkino, wie Ihre Bürste *bricht.* Aber so richtig, sie *berstet* geradezu.

to burst – brechen, bersten

In Silben zerhackt wird daraus: *Bar, Bett* und *Weiher.* Ein Weiher ist ein kleiner See, ein Teich. Ist eher ein süddeutscher Begriff, glaube ich. Seit neuem haben Sie in einer *Bar* ein *Bett* stehen, und zwar am Ufer eines *Weihers.* Das Ganze ist mit *Stacheldraht* umwickelt.

barbed wire – Stacheldraht

Und weil jeder einmal nach Frankreich sollte: hier ein paar Französischvokabeln.

Urlaub in Frankreich – Französischvokabeln abspeichern

soir (swar) – Abend

Meine Verknüpfung: _____

diner (dinnee) – Abendessen

Meine Verknüpfung: _____

mais (mä) – aber

Meine Verknüpfung: _____

aller (allee) – gehen

Meine Verknüpfung: _____

cerveau (servo) – Gehirn

Meine Verknüpfung: _____

santé (sontee) – Gesundheit

Meine Verknüpfung: _____

chapeau (schappoo) – Hut

Meine Verknüpfung: _____

beauté (bottee) – Schönheit

Meine Verknüpfung: _____

chambre (schoumbre) – Zimmer

Meine Verknüpfung: _____

trouver (truweh) – finden

Meine Verknüpfung: _____

Dann testen Sie sich mal wieder.

Ihre Lösungen   soir – _____

_____ – Abendessen

mais – _____

_____ – gehen

cerveau – _____

_____ – Gesundheit

chapeau – _____

_____ – Schönheit

chambre – _____

Und wie gewohnt auch hierzu meine Verknüpfungsvorschläge:

Klingt wie *es war,* nur schnell gesprochen. Also stellen Sie sich vor, **soir – Abend**
es war Abend. Sie sagen dies sehr treffend mitten in der Nacht.
Und Sie haben Recht: s'war Abend, vor einigen Stunden.

Klingt ähnlich wie *Dünne.* Also eine dünne Person. Wenn Sie nun **diner – Abendessen**
jemanden zum *Abendessen* einladen, dann macht sich eine dün-
ne Person meist billiger. Sie isst nicht viel. Darum laden Sie eine
Dünne zum Abendessen ein. Die Schwaben werden sich freuen.
Bin übrigens selbst ein gebürtiger Schwabe!

Ich musste sofort an eine Ziege denken: *määähh.* Sie könnten zur **mais – aber**
Ziege sagen:»Mäh (du den Rasen).« Die Ziege will nicht, sie hört
lieber weiter die Musik von *Abba* (damit ist »aber« gemeint, siehe
Vokabeltipps auf Seite 119) und antwortet: »*Aber,* aber ich will
nicht.«

Alle Menschen, eine Riesenmenge, *gehen* die *Allee* entlang. **aller – gehen**

Hört sich an wie *Servolenkung* am Auto. Und so wäre es in der **cerveau – Gehirn**
Tat für manche Mitmenschen förderlich, wenn diese eine *Servo-*
lenkung im *Gehirn* hätten. Dann könnten sie vielleicht auch mal
um(-lenken) / -denken.

Für die *Gesundheit* gut ist der *Sonnen-Tee.* Sie trinken ihn und sind **santé – Gesundheit**
fortan gesund.

Klingt wie *Shampoo* oder *Chappi* und *Po.* Also entweder waschen **chapeau – Hut**
Sie Ihren *Hut* mit Shampoo, oder Sie schmieren sich Chappi an
den Po und setzen dann einen Hut darüber. Damit es keiner sieht.
Na ja, wenn es hilft.

Sonnen-Tee für die Gesundheit und *Boot-Tee* für die *Schönheit.* Viel- **beauté – Schönheit**
leicht hat Ihnen ein Freund von einem Bootsausflug in der Kari-
bik einen so genannten Boot-Tee mitgebracht. Und damit werden
Sie natürlich noch schöner bzw. erhalten Ihre Schönheit.

chambre – Zimmer *Schaum* und *Brezel* hören sich ähnlich an, nicht wahr? Brezel natürlich abgekürzt. Stellen Sie sich also nun bitte vor, wie Sie in Ihr *Zimmer* wollen. Als Sie die Tür öffnen, kommen Ihnen lauter Schaum-Brezeln entgegen.

trouver – finden Jetzt haben Sie die *Truhe* endlich *gefunden*. Da fällt diese Ihnen auf den Zeh und es tut *weh*. Also wenn Sie die Truhe finden, tut Ihnen das weh.

Namen *waren* Schall und Rauch

Kaum eine andere Anwendung der Geisselhart-Methode ist so gefragt wie Namen- und Gesichtermerken. So wusste schon *Goethe:* »*Ein Name ist nichts Geringes.*« Und *Thomas Mann* sagte: »*Der Name ist ein Stück des Seins und der Seele.*« Wer sich die Namen der Menschen, mit denen er zu tun hat, bestens merken kann, fühlt sich sicher und selbstbewusst. Wer sich Namen gut merken kann, wirkt sympathischer und interessierter. Wer bei dieser Disziplin vorne mit dabei ist, ist im Beruf und im Privatleben erfolgreicher, und zwar in jeder Hinsicht.

Erfolgreicher mit Namensgedächtnis Chefs und Führungskräfte sind erfolgreicher, wenn sie ihre Mitarbeiter mit Namen ansprechen können. Und noch mal erfolgreicher, wenn sie wissen, was ihre Mitarbeiter beschäftigt und motiviert bzw. was ihnen die Mitarbeiter beim letzten Gespräch erzählt haben. Verkäufer sind erfolgreicher, wenn sie die Kundennamen sicher im Kopf haben. Und noch erfolgreicher, wenn sie wissen, welche Vorlieben die Kunden haben und welches die Fragen beim letzten Besuch waren. Steuerberater, Rechtsanwälte, Architekten, Ingenieure usw. sind allesamt auch erfolgreicher, wenn sie dies beherrschen. Bei Ärzten jeder Art nimmt diese Fähigkeit sogar nochmal eine Sonderstellung ein: Einem Arzt, der meinen Namen kennt und der weiß, was mit mir los ist, vertraue ich mehr als einem, der sich an meinen letzten Termin nicht erinnern kann. Dieses Vertrauen wirkt aber genauso bei allen anderen Berufen. Ein gutes Personen- und Namensgedächtnis stärkt im höchsten Grade meine Glaubwürdigkeit und damit das Vertrauen, das in mich gesetzt werden kann. Insbesondere wenn ich mich noch genau an zurückliegende Gesprächsdetails erinnern und verschiedene Daten und Fakten zu den entsprechenden Menschen aus dem Gedächtnis wiedergeben kann. Das ist schon ein Unterschied zur Karteikarte oder zum Kundenkontakt im CRM-Programm meines Laptops.

Sie lernen mit der Geisselhart-Methode gleich, wie Sie die Namen von 10 bis 15 Ihnen unbekannten Menschen innerhalb von nur 10 bis 15 Minuten sicher abspeichern können. Und das Ganze sogar noch dauerhaft. Dies hört sich wilder an, als es ist. Rechnen wir ein bisschen, so kommen wir auf eine Minute pro Person. Das ist machbar. Die Technik hierfür haben Sie übrigens schon die ganze Zeit angewandt:

Namen merken wir uns exakt genau so wie Vokabeln oder Fachbegriffe. Nur tritt an Stelle der Bedeutung der Vokabel eben das Bild der Person. So einfach kann Namenmerken sein.

Damit Sie sehen, dass dies keine Seifenblase ist, noch folgende wahre Begebenheit: *Helga Zehetmaier* gewann 1997 die *Deutschen Gedächtnismeisterschaften*. Sie merkte sich zum Beispiel bei der Übung Gesichterbilder- und Namenmerken in nur 15 Minuten die Vor- *und* Zunamen von sage und schreibe 96 Porträtfotos. »Klar«, denken Sie jetzt, »die hat halt Talent und jahrelang geübt. Unsereins kommt da doch nie hin.« Das stimmt so nicht. Klar hat sie Talent, nur jahrelang geübt hat sie nicht, lediglich 30 Stunden. Zuvor hatte sie ein Zweitageseminar besucht.

Deutsche Gedächtnismeisterschaften

Und da sage ich: Hut ab, alle Achtung! Der menschliche Geist ist zu Dingen fähig, die wir uns nicht mal vorstellen können. Aber müssen Sie denn überhaupt 96 Namen in 15 Minuten abspeichern können? Nein, sehr, sehr wahrscheinlich nicht. Genauso wenig wie ich. Interessant an der Geschichte ist vielmehr, was in dem Bereich möglich ist. Und wenn Sie »nur« 15 Namen in 15 Minuten abspeichern? Reicht doch, ist doch prächtig. Und das ist in der Praxis relevant. Also, los geht's.

Übersicht: So merken Sie sich Namen und Gesichter

1. Person, Gesicht, auffällige Merkmale und auffälliges Verhalten beachten
2. Namen deutlich hören und wiederholen, dabei auf korrekte Aussprache und eventuell Schreibweise achten
3. Namen verbildern
4. Bild der Person, das Gesicht oder das auffällige Merkmal bzw. Verhalten mit dem Bild des Namens verknüpfen
5. Verknüpfung mit allen Sinnen erleben
6. Die Verknüpfung bleibt Ihr Geheimnis!

1. Person, Gesicht, auffällige Merkmale und auffälliges Verhalten beachten

Meistens liegt der erste Fehler darin, dass viele Menschen wenig Interesse an ihrem Gegenüber zeigen. Interesse aber ist wichtig für Ihr Gedächtnis! Also schauen Sie sich in Zukunft Ihre Mitmenschen genauer an. Je genauer Sie hinschauen, desto genauer können Sie die Person wieder als Bild im Geiste entstehen lassen. Dies ist für Punkt 4 überaus wichtig.

Auffällige Merkmale können sein: Frisur / Haare, Nase, Ohren, Narben, Augenbrauen, Muttermale, Warzen, Bart usw. Ja, sogar Schmuck und Kleidung sind zulässig. Wenn Sie jetzt denken: »Moment mal, wenn die Person morgen mit anderer Kleidung vor mir steht, fällt mir der Name nicht mehr ein«, so kann ich Sie beruhigen. Der Name wird Ihnen einfallen. Denken Sie an folgende Situation: Sie lernen jemanden kennen mit einem dicken, weißen Vogelschiss auf dem dunkelblauen Anzug. Diese Person hat das Malheur noch nicht bemerkt. Jede Wette, dass Ihnen dieses Bild auch noch vor Augen ist, wenn Sie die Person einige Tage später wieder treffen und sie diesmal einen anderen, sauberen Anzug trägt. Und damit hätten Sie Ihr auffälliges Merkmal wieder. Genauso verhält es sich mit auffälligen Uhren, mit Schmuck und Sonstigem. Sogar mit Taten funktioniert dies. Sie können auch Taten der Person als auffälliges Merkmal und damit als Bild benutzen.

Ein auffälliges Verhalten ist ebenfalls sehr hilfreich. Oft erinnern wir uns ganz genau, was die besagte Person gemacht hat, nur fällt uns leider der Name nicht ein. Hier können wir das Verhalten als Bild benutzen, genau wie das Gesicht, die Kleidung oder ein auffälliges Merkmal.

Hier lauert die zweite Fehlerquelle. Denn wir hören oft nicht richtig hin, wenn uns jemand vorgestellt wird. Deshalb: Namen bewusst wiederholen und nachfragen, ob Sie den Namen korrekt aussprechen bzw. richtig verstanden haben. Dies signalisiert Ihrem Gegenüber Interesse, Wichtigkeit und damit auch – ganz wichtig – Respekt! Als willkommener Nebeneffekt können Sie hier etwas Zeit fürs Verbildern schinden.

2. Namen deutlich hören

Die beste Methode, sich Namen sowie alles Wissenswerte zu merken, ist, sie sich als Bilder vorzustellen. Wie das in der Praxis bei Namen funktioniert, haben Sie bei den Fachbegriffen und Vokabeln ja schon gesehen. Nutzen Sie hier bitte unbedingt auch die Tipps aus der Übersicht: Vokabellernen leicht gemacht von Seite 119. Wie Sie zum Experten werden, zeigen Ihnen die Beispiele unten.

3. Namen verbildern

Nun werden auf möglichst originelle und merk-würdige Art und Weise die beiden Bilder (das des Namens und das der Person) miteinander verknüpft. Näheres wird aus den Beispielen weiter unten deutlich.

4. Bilder verknüpfen

Gerade beim Namenmerken ist es ungeheuer wichtig, die Verknüpfung mit allen Sinnen zu erleben. Es ist mitunter das Wichtigste überhaupt. Hiermit steht und fällt die Geschichte!

5. Verknüpfung mit allen Sinnen erleben

Sehen Sie die Verknüpfung unbedingt lebhaft und mit allen Sinnen im Kopfkino. Lassen Sie Gefühle zu, reden Sie mit sich selbst, gucken Sie genau hin und wundern Sie sich. Hören Sie sich sagen: »Das gibt es doch nicht« oder »Das ist ja ulkig« oder »So was habe ich ja noch nie erlebt« und Ähnliches. Tun Sie also ganz so, als sei die Sache wirklich echt. Als würden Sie die Geschichte, die Verknüpfung, gerade wirklich erleben. Sie steigern Ihre Erinnerungschance damit ungemein. Wer in der Lage ist, sich hierbei ein wenig selbst zu veräppeln, sich etwas vorzuspielen, ist beim Namenmerken ganz weit vorn!

6. Verknüpfung bleibt Geheimnis

Es kann vorkommen, dass sehr ungewöhnliche Verknüpfungen entstehen. Das ist absolut gewollt, denn Sie wissen doch: Je ungewöhnlicher, je merk-würdiger, desto besser erinnern Sie sich daran. Diese Bilder sind aber für die betreffende Person nicht immer lustig. Daher behalten Sie die Verknüpfungen lieber für sich. In jedem Fall gilt: Egal, wie absurd Ihnen eine Verknüpfung erscheinen mag, wenn Sie sich wieder an den Namen der betreffenden Person erinnern, ist sie gut.

Und da Sie ja den Namen bewusst verunstaltet haben, wird Ihnen dieser neue Spitzname auch aller Wahrscheinlichkeit nach nicht einfach so herausrutschen. Bitte verwechseln Sie diese Technik nicht mit dem unbewussten Spitznamen-Geben. Dabei wissen die Spitznamen-Geber oft gar nicht mehr so genau, ob die Person nicht tatsächlich so heißt wie der Spitzname. Bei unserer Technik wissen Sie dies immer. Der Name muss nicht genauso sein wie das Bild, das Sie abgespeichert haben; meist hört er sich so ähnlich an. Und Ihr Gehirn wird unter Zuhilfenahme des Ähnlichkeitsgedächtnisses in den meisten (ca. 90 von 100) Fällen darauf kommen.

Praxisbeispiele

Tiernamen

Bei Tiernamen wie z. B. *Wolf, Bär*, stellen Sie sich die betreffende Person z. B. mit einem *Wolf* im Arm vor. Frau *Fuchs* verkriecht sich vielleicht gerade in ihren *Fuchs*bau. Oder falls sie Zöpfe als auffälliges Merkmal hat, ersetzen Sie diese durch *Fuchs*schwänze.

Berufsnamen

Berufsnamen wie *Müller, Schmied* usw.: Herrn *Müller* stellen wir uns vor, wie er einen riesigen *Mehlsack* schleppt, oder wir stäuben ihn komplett mit *Mehl* ein. Herr *Bauer* fährt mit *Trecker* und *Pflug* durch die Gegend usw.

Namen, die aus zusammengesetzten, konkreten Begriffen bestehen, sind ebenfalls denkbar einfach zu »verbildern«. Herr *Kochendorf* kocht für ein ganzes *Dorf* eine leckere Mahlzeit. Frau *Goldmund* versprüht lauter *Gold*stücke, wenn sie den *Mund* aufmacht.

Namen aus zusammengesetzten, konkreten Begriffen

Namen, die eine leicht veränderte Schreibweise besitzen, sind auch kein Problem. Herr *Tanner* sägt im Wald eine *Tanne* ab. Frau *Bardt* stellen wir uns mit einem dicken Rausche*bart* vor.

Namen mit leicht veränderter Schreibweise

Auch Namen ohne jede Bedeutung sind mit der Geisselhart-Methode leicht zu erinnern. Sie benötigen hierzu nur Ihre mittlerweile toptrainierte Fantasie. Damit fällt Ihnen dann leicht ein Ersatzwort ein. Herr *Traimer* wird zum *Träumer*, Herr *Lambro* isst gerne *Lamm* mit *Brot,* Frau *Nuskowsky* fährt mit einer *Nuss* auf dem *Kopf Ski*, Herr *Papadouppolus* lacht mit seinem Papa um die Wette, denn sein *Papa* ist *doppelt lus*tig, Herr *Rommel* fährt nach *Rom,* um *Mehl* zu besorgen, und Frau *Koufalis* besitzt eine *Kuh*, die einen *Pfahl isst*.

Namen ohne jede Bedeutung

Sie lernen nun gleich als Einstieg auf einer netten Party ein paar Personen kennen. Die hier verwendeten Namen sind echt. Die Personen auch. Also keine Fakes oder Models: Alle in diesem Buch vorgestellten Personen heißen tatsächlich so.

Nachdem Sie die Partyleute kennen gelernt haben, nehmen Sie sich bitte etwas Zeit, um die Namen zu verbildern und das jeweilige Bild zur entsprechenden Person zu knüpfen. Es ist hierbei von unschätzbarem Wert, wenn Sie sich am Anfang voll konzentrieren und die Verknüpfungen so deutlich wie möglich in Ihrem Geiste sehen – so als seien es echte Bilder. Lassen Sie bitte auch Gefühle zu. Sie wissen schon: als Merkturbo.

Cocktailparty

Im ersten Schritt sehen Sie sich bitte die Personen auf der Party an. Irgendetwas fällt Ihnen bei jedem Menschen auf. Das ist dann Ihr auffälliges Merkmal für ebendiese Person. Es ist wesentlich schwieriger, sich Fotos zu merken als die Menschen in natura, weil die komplette Ausstrahlung fehlt. Auch können Sie auf einem Bild keine Mimik und Gestik ausmachen. Aus diesen Gründen ist es zulässig, auch merk-würdige, auffällige Merkmale am Foto an sich zu benutzen. Also z.B. ein auffälliger Hintergrund oder etwas Ähnliches. Das funktioniert zwar in der Realität, also später beim Anwenden in der Praxis, nicht wirklich, aber dann haben Sie dafür das ganze Verhalten und alle Bewegungen der Person.

Sie betreten die Cocktailparty und schauen sich, bevor Sie den anderen Gästen vorgestellt werden, diese erst einmal mit etwas Distanz an. Welche Merkmale fallen Ihnen auf? Schreiben Sie es unter das Foto. Voilà, hier sind sie:

Für mich ist auffällig: Für mich ist auffällig: Für mich ist auffällig: Für mich ist auffällig:

_____   _____   _____   _____

_____   _____   _____   _____

Für mich ist auffällig: Für mich ist auffällig: Für mich ist auffällig: Für mich ist auffällig:

_____   _____   _____   _____

_____   _____   _____   _____

Die erste Hürde ist genommen. Hoffe ich doch, oder? Sie haben zu jedem Foto
ein auffälliges Merkmal. Der nächste Schritt ist das Verbildern des Namens.
Schreiben Sie nun das Namensbild unter die Fotos und verknüpfen Sie dann
sogleich das Merkmal mit dem Namensbild. Auch das können Sie wieder direkt
unters Foto schreiben. Los geht's:

Neumann	Knoblauch	Scheelen	Ritz
Mein Namensbild:	Mein Namensbild:	Mein Namensbild:	Mein Namensbild:
Meine Verknüpfung:	Meine Verknüpfung:	Meine Verknüpfung:	Meine Verknüpfung

Goldfuß	Brandenburg	Raffler	Laubrinus
Mein Namensbild:	Mein Namensbild:	Mein Namensbild:	Mein Namensbild:
Meine Verknüpfung:	Meine Verknüpfung:	Meine Verknüpfung:	Meine Verknüpfung:

Das war's auch schon. Nun können Sie gleich wieder testen, wie gut Ihr Namensgedächtnis bereits ist. Sehen Sie sich die Fotos an und achten Sie, wie ganz am Anfang, erst einmal auf die auffälligen Merkmale, die Sie sofort sehen. Daran müsste dann ja auch das Bild des Namens hängen. Für den Einstieg sehen Sie alle Namen noch einmal über allen Fotos. Dies ist etwas einfacher, weil Sie die Namen eigentlich nur verteilen müssen. Für den Anfang reicht das aber auch.

Ihre Lösungen   Neumann, Knoblauch, Scheelen, Ritz, Goldfuß, Brandenburg, Raffler, Laubrinus

 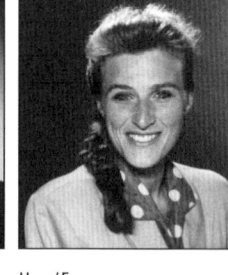  

Herr/Frau   Herr/Frau   Herr/Frau   Herr/Frau

Herr/Frau   Herr/Frau   Herr/Frau   Herr/Frau

Und? Alle wiedererkannt? Wenn nicht: Wir legen doch gerade erst mit Namenmerken los! Also immer locker bleiben. Es ist noch kein Namenmerkmeister vom Himmel gefallen.

Hier nun wieder wie gewohnt meine Vorschläge zu den auffälligen Merkmalen der Partypeople und zu den entsprechenden Verbilderungen der Namen. Auch das Verknüpfen ist nicht immer das Leichteste. Aber das dürften Sie schon gemerkt haben. Deshalb also für alle hier gleich ein paar Beispiele.

- Auffälliges Merkmal: der klare Himmel mit den kleinen Wolken im Hintergrund **Neumann**
- Namensbild: der neue Mann
- Verknüpfung: Das ist unser neuer Mann und er ist so gut, dass er gleich zum Himmel aufsteigt. Deshalb schaut er schon mal hoch.

- Auffälliges Merkmal: breiter Mittelscheitel **Knoblauch**
- Namensbild: Knoblauch
- Verknüpfung: die Glatze mit Knoblauch einreiben

- Auffälliges Merkmal: dichtes, schwarzes und kräftiges Haar **Scheelen**
- Namensbild: schälen (Obst schälen)
- Verknüpfung: Schälen Sie ihm die Haare, dann hat er eine Glatze.

- Auffälliges Merkmal: der Zopf und die geöffnete Bluse **Ritz**
- Namensbild: Hotel Ritz, Ritze
- Verknüpfung: Der Zopf wächst in den Ritz der Bluse.

- Auffälliges Merkmal: glänzende, hohe Stirn und der Schnauzer. **Goldfuß**
- Namensbild: der goldene Fuß
- Verknüpfung: Damit seine Stirn wie Gold glänzt, poliert er diese mit dem Gold-Fuß. Der Schnauzer besteht aus zwei Goldbarren.

- Auffälliges Merkmal: die langen Haare **Brandenburg**
- Namensbild: Brandenburger Tor in Berlin
- Verknüpfung: Sie sitzt auf dem Brandenburger Tor und lässt ihre Haare herab, wie Rapunzel.

| **Raffler** | ■ Auffälliges Merkmal: Der Hintergrund sieht aus wie ein Heiligenschein. |

Raffler

- Auffälliges Merkmal: Der Hintergrund sieht aus wie ein Heiligenschein.
- Namensbild: raffen und leer
- Verknüpfung: Der Heiligenschein ist nur Tarnung. In Wirklichkeit rafft er alles leer.

Laubrinus

- Auffälliges Merkmal: die Brille
- Namensbild: Laub, Laubbrille, rief Nuss, Rizinus
- Verknüpfung: Mit seiner speziellen Laubbrille kann er durch Laub sehen. Er sucht mit der Laubbrille eine Nuss.

Mit diesen Verknüpfungen dürfte es Ihnen nun sehr leicht fallen, die Namen zuzuordnen. Wenn Sie vorher nicht zufrieden waren mit Ihrer Leistung, so machen Sie die Übung jetzt noch einmal.

Hier noch ein paar Tipps, damit Sie es in Zukunft noch leichter und schneller haben.

Oft vorkommende Silben und Endungen

Bestimmte Silben und auch bestimmte Endungen kommen sehr häufig vor. Hier ist es von großem Vorteil, wenn Sie die häufigsten kennen und diese schon im Vorfeld verbildert haben. Dadurch können Sie sich in der direkten Situation schon über einen Teilerfolg freuen. Das führt in der Regel dazu, dass Sie lockerer und auch kreativer sind. Sie sind halt nicht so unter Druck. Oft reicht auch schon zum Beispiel die erste Silbe als Bild, um wieder auf den gesuchten Namen zu kommen.

Häufige Silben und Endungen und die Bilder dazu

-ke	Bild: Keller
-ner	Bild: Nerz oder nerven
-ski	Bild: Ski
-wicz	Bild: wischen
-czak	Bild: Zacken
-jak	Bild: Jacke
-re	Bild: Reh
-na	Bild: nah
-mer	Bild: Meer
-ker	Bild: kehren

-ler   Bild: leer
-kov, kow, koff   Bild: Kopf oder Koffer

Bei der folgenden Übung stehen Ihnen die Namen der Personen nicht mehr zur Verfügung. In der Realität ist das ja auch nicht der Fall. Die Vorgehensweise ist wieder gleich: auffälliges Merkmal auswählen, Namen verbildern, beide Bilder verknüpfen. Ganz wichtig, wie immer: Sehen Sie die Verknüpfung unbedingt lebhaft und mit allen Sinnen im Kopfkino. Lassen Sie Gefühle zu, reden Sie mit sich selbst, gucken Sie genau hin und wundern Sie sich. Denken Sie an Punkt 5 der Namenmerkregeln.

Sind Sie bereit für die nächste Runde Namenmerken? Also los:

Neu in der Firma – Kollegennamen merken

Stein	Schmitt	Pfeifer	Kaiser	Böhnke
Für mich ist auffällig:	Für mich ist auffällig:	Für mich ist auffällig:	Für mich ist auffällig:	Für mich ist auffällig:
Mein Namensbild:	Mein Namensbild:	Mein Namensbild:	Mein Namensbild:	Mein Namensbild:
Meine Verknüpfung:	Meine Verknüpfung:	Meine Verknüpfung:	Meine Verknüpfung:	Meine Verknüpfung:

Roland Geisselhart	Zunker	Bahr	Riedler Knecht	Backerra
Für mich ist auffällig:	Für mich ist auffällig:	Für mich ist auffällig:	Für mich ist auffällig:	Für mich ist auffällig:
Mein Namensbild:	Mein Namensbild:	Mein Namensbild:	Mein Namensbild:	Mein Namensbild:
Meine Verknüpfung:	Meine Verknüpfung:	Meine Verknüpfung:	Meine Verknüpfung:	Meine Verknüpfung:

Nun zeigt es sich, ob Sie schon ein Namenmerkprofi sind. Unter zu großen Druck sollten Sie sich aber nicht setzen. Wenn Sie sechs der Namen behalten haben, ist dies schon eine beträchtliche Leistung. Bedenkt man doch, dass der Durchschnitt, ohne eine besondere Technik, bei zwei bis drei gemerkten Namen liegt. Und das in natura, mit sich bewegenden Menschen, was einfacher ist, als sich Fotos zu merken.

Ihre Lösungen

Herr/Frau   Herr/Frau   Herr/Frau   Herr/Frau   Herr/Frau

Herr/Frau   Herr/Frau   Herr/Frau   Herr/Frau   Herr/Frau

Na, zufrieden? Geht es voran? Ich hoffe doch. Und seien es nur kleine Schrittchen. Anwendung ist das Zauberwort. Wir üben noch ein bisschen weiter. Denn es gibt ja noch mehr zu Personen zu merken.

Bevor wir aber mit Daten und Fakten zu Personen loslegen, hier noch schnell meine Verbilderungs- und Verknüpfungsvorschläge.

- Auffälliges Merkmal: die Perlenkette **Stein**
- Namensbild: ein Stein eben
- Verknüpfung: An der Kette hängen in Gedanken lauter Steine.

- Auffälliges Merkmal: sehr kurze Haare, schwarze Klei- **Schmitt** dung, schwarze Brille
- Namensbild: klingt ähnlich wie Schmied, nur schneller

gesprochen. Also schmiedet Herr Schmitt Tee. Er klopft auf einen Teebeutel. So haben wir das T im Namen als Bild miteingebracht.

- Verknüpfung: Bei der schwarzen Kleidung fällt es nicht auf, wenn diese beim Tee-Schmieden schmutzig wird. Die Brille schützt vor Funkenflug und die Haare sind so kurz, weil sie schon mal Feuer gefangen haben.

Pfeifer

- Auffälliges Merkmal: der Bart
- Namensbild: Er pfeift halt gern.
- Verknüpfung: Durch den Bart wird das Schrille von den Pfiffen geschluckt. Dadurch hört sich dies harmonischer an.

Kaiser

- Auffälliges Merkmal: die glänzende Goldkette
- Namensbild: Sie ist eine Kaiserin.
- Verknüpfung: Die Kette ist Teil des kaiserlichen Schmucks. In Gedanken setzen wir ihr noch eine Kaiserkrone auf.

Böhnke

- Auffälliges Merkmal: das sympathische Lachen
- Namensbild: Er isst gerne Böhnchen im Keller.
- Verknüpfung: Jedes Böhnchen ein Tönchen. Und darum lacht er so schön.

Roland Geisselhart

- Auffälliges Merkmal: breiter Mittelscheitel und Schnauzer
- Namensbild: Er geißelt sich hart.
- Verknüpfung: Die Geißel schwingt er hart über den Kopf. Dabei streift sie den Kopf. Deshalb sind da auch keine Haare mehr. Vor lauter Geißeln hat er keine Zeit sich zu rasieren.

Zunker

- Auffälliges Merkmal: die Haartolle, die so nach oben wegsteht, und das Mikrofon
- Namensbild: Mit der Zunge kehrt er.
- Verknüpfung: Stellen Sie sich vor, wie er mit seiner Zunge bis zu seiner Haartolle schleckt und damit kehrt. Deshalb ist die Tolle so weit oben. Auch das Mikro wird mit der Zunge gekehrt.

- Auffälliges Merkmal: die volle Unterlippe, die etwas nach unten gezogen ist **Bahr**
- Namensbild: Bargeld oder die Bar, in welcher es etwas zu trinken gibt
- Verknüpfung: Er hörte gerade einen beträchtlichen Bargeldbetrag. Deshalb zieht er so anerkennend und staunend die Unterlippe etwas herunter. Oder er will gerade seinen Mund öffnen, um etwas Flüssiges in der Bar zu sich zu nehmen. Suchen Sie sich eine Verknüpfung aus.

- Auffälliges Merkmal: ihre dicken Ohrringe **Riedler Knecht**
- Namensbild: Sie will gleich das Ried leer pflücken. Aus dem ganzen Schilf bastelt sie dann eine Rute für Knecht Ruprecht.
- Verknüpfung: Sie bindet die Schilfbündel mit ihren Ohrringen zusammen.

- Auffälliges Merkmal: der fransig geschnittene Pony **Backerra**
- Namensbild: Baccara-Rose oder die Band Baccara Oder, wer beides nicht kennt, nimmt halt backen und Keramik.
- Verknüpfung: Hängen Sie ihm ein paar Baccara-Rosen an seinen Pony. Lassen Sie ihn als männliches Mitglied bei der Band mitsingen. Oder aber: Beim Backen von Keramikfiguren hat er seine Haare vorn im Ofen eingeklemmt. Da sind ihm ein paar abgebrannt. Deshalb ist sein Pony jetzt so fransig.

Daten und Fakten zu Personen im Kopf haben

Der nächste Schritt ist ein Leichtes für Sie: Wir merken uns bei der nächsten Übung verschiedene Dinge zu der entsprechenden Person, also beispielsweise den Namen und den Beruf oder ein Hobby. Dies ist ja gerade beim Smalltalk sehr hilfreich. Auch, wie in der Einleitung zum Namenteil schon bemerkt, macht es sich im Berufsleben bezahlt, bestimmte Dinge zu den verschiedenen Kunden, Mitarbeitern, Klienten, Patienten, Mandanten usw. parat zu haben. Von der Technik her, wie schon gesagt, nichts Schlimmes, nichts Unbekanntes.

Wir haben jetzt ein Bild mehr, welches wir verknüpfen. Also statt nur das Personen- und das Namensbild zu verknüpfen, kommt nun noch das Berufsbild oder Hobby oder Sonstiges dazu.

Wenn also etwa Herr Bauer, der mit der großen Nase, gerne Ski fährt, stellen wir uns vor: Eine große Nase (auffälliges Merkmal) zieht er als Pflug über den Acker (Bild für Bauer) und fährt dabei selbst auf Skiern (Hobby) vorne her. Damit liefe folgendes Programm ab, wenn wir ihn träfen: Uns fällt die große Nase auf, und wir müssen an den Pflug denken. Der erinnert uns an den Namen Bauer. Weiter sehen wir Herrn Bauer auf Skiern den Pflug ziehen und können ihn so freundlich auf sein Hobby ansprechen.

Sympathieträger – so merken Sie sich Details zu Personen

Limbeck · Jogging	Löscher·Neukunden-gewinnung	Tomas · Business-Kommunikation	Oliver Geisselhart · Oldtimer	Datené · Persönlich-keitstrainings
Für mich ist auffällig:	Für mich ist auffällig:	Für mich ist auffällig:	Für mich ist auffällig:	Für mich ist auffällig:
Mein Namensbild:	Mein Namensbild:	Mein Namensbild:	Mein Namensbild:	Mein Namensbild:
Meine Verknüpfung:	Meine Verknüpfung:	Meine Verknüpfung:	Meine Verknüpfung:	Meine Verknüpfung:

Schettke · Quizshows	Warnatz · Führungstraining	Calvör · Pharmatraining	Böhme · Bergwandern	Ritz · Zeitmanagement
Für mich ist auffällig:	Für mich ist auffällig:	Für mich ist auffällig:	Für mich ist auffällig:	Für mich ist auffällig:
Mein Namensbild:	Mein Namensbild:	Mein Namensbild:	Mein Namensbild:	Mein Namensbild:
Meine Verknüpfung:	Meine Verknüpfung:	Meine Verknüpfung:	Meine Verknüpfung:	Meine Verknüpfung:

Das war wieder ganz schön happig, nicht wahr? Schauen wir trotzdem einmal, wie es geklappt hat. Tragen Sie dazu bitte die fehlenden Daten unter die Fotos ein.

Ihre Lösungen

Herr/Frau

Beruf/Hobby/
Sonstiges

_____

_____

_____

Herr/Frau
_____

Beruf/Hobby/
Sonstiges

_____

_____

_____

Herr/Frau
_____

Beruf/Hobby/
Sonstiges

_____

_____

_____

Herr/Frau
_____

Beruf/Hobby/
Sonstiges

_____

_____

_____

Herr/Frau
_____

Beruf/Hobby/
Sonstiges

_____

_____

_____

Herr/Frau
_____

Beruf/Hobby/
Sonstiges

_____

_____

_____

Herr/Frau
_____

Beruf/Hobby/
Sonstiges

_____

_____

_____

Herr/Frau
_____

Beruf/Hobby/
Sonstiges

_____

_____

_____

Herr/Frau
_____

Beruf/Hobby/
Sonstiges

_____

_____

_____

Herr/Frau
_____

Beruf/Hobby/
Sonstiges

_____

_____

_____

Ja, wie gesagt: ganz schön happig. Die meisten meiner Seminarteilnehmer können sich in der Regel leichter an das Hobby oder den Beruf erinnern. Dies sind meist exaktere und leichtere Bilder als der Name. Falls Sie dies an sich selbst auch feststellen, knüpfen Sie doch einmal das Namensbild an das Berufs- bzw. Hobbybild. Wenn Sie die betreffende Person dann wieder treffen, müssen Sie zwar als Erstes an deren Hobby denken, daran hängt dann aber auch sogleich das Bild für den Namen, und Sie können die Person mit Namen begrüßen.

Und für alle Neugierigen: hier wieder meine Verknüpfungsvorschläge:

Limbeck – Jogging

- Auffälliges Merkmal: sieht sehr sportlich und durchtrainiert aus
- Namensbild: Er trinkt gern Limo mit *Beck's* (Bier). Oder er tanzt Limbo mit seinem Becken.
- Verknüpfung: Während er joggt, tanzt er gleichzeitig Limbo mit seinem Becken. Mann, ist der sportlich.

Löscher – Neukundengewinnung

- Auffälliges Merkmal: lehnt so zufrieden und glücklich auf seiner Hand
- Namensbild: Er spielt gern Feuerwehr und löscht gerne.
- Verknüpfung: In manchen Unternehmen brennt es im übertragenen Sinne: Die haben zu wenig Neukunden. Hier kommt Herr Löscher zum Einsatz und löscht das Gröbste. Er schafft also ein paar neue Kunden heran. Nach erfolgreichem Löschen stützt er sich zufrieden auf seine Hand.

Tomas – Business-Kommunikation

- Auffälliges Merkmal: sieht fast so aus, als käme er gleich aus dem Foto bzw. Buch herausgestiegen
- Namensbild: wie beim gleichnamigen Vornamen: Tomate
- Verknüpfung: Er steigt in Ihren Gedanken tatsächlich aus dem Buch und zeigt Ihnen, wie Sie im Business mit Tomaten richtig kommunizieren.

Oliver Geisselhart – Oldtimer

- Auffälliges Merkmal: meine wuscheligen, etwas längeren Haare, die so nach hinten geweht sind

- Namensbild: Ich geißele mich hart.
- Verknüpfung: Die Haare sind vom Fahrtwind des Old-timer-Cabrios so nach hinten geweht. Außerdem lasse ich sie so lang wachsen, dass ich mich mit meinen eigenen Haaren geißeln kann, und zwar hart.

Datené – Persön-lichkeitstrainings

- Auffälliges Merkmal: der scharfe Scheitel
- Namensbild: Er will keine Daten. Er sagt zu Daten »nee«.
- Verknüpfung: Stellen Sie sich vor, wie in seinem Scheitel lauter Daten angehäuft werden. Also vielleicht diverse Disketten, CDs, DVDs usw. Er aber wischt die ganzen Daten weg und ruft ganz laut: »Daten, nee«. Die vielen Daten bringen seine Persönlichkeit durcheinander und hindern ihn beim Erkennen der Persönlichkeit seiner Seminarteilnehmer.

Schettke – Quizshows

- Auffälliges Merkmal: die Lücke in der Frisur links über dem Auge
- Namensbild: Er chattet (Chat am PC im Internet) gern im Keller.
- Verknüpfung: Er hat sich mit dem Kopf, als er chatten wollte, an der Kellertreppe gestoßen. Daher die Lücke in der Frisur. Er chattet am liebsten mit Quizshow-Teilneh-mern, während parallel Quizshows im Fernsehen laufen.

Warnatz – Führungstraining

- Auffälliges Merkmal: Seine Haare sind so schön rund über die Stirn geschnitten.
- Namensbild: Sein Lieblings-Schokoriegel war *Nuts*. Oder er warnt Atze.
- Verknüpfung: Er hat unter seinen Haaren, die so schön rund in die Stirn fallen, immer noch ein *Nuts* in Reserve. Damit motiviert er dann auch die Führungskräfte im Training.

Calvör – Pharmatraining

- Auffälliges Merkmal: die freie Stelle auf der Stirn
- Namensbild: kahl und Frisör
- Verknüpfung: An der freien Stelle ist sie kahl, deshalb geht sie zum Frisör. Die kahle Stelle kam vom Experi-mentieren mit Pharmamitteln während eines Trainings.

- Auffälliges Merkmal: die nach vorne gestreckte Hand mit dem Daumen nach oben
- Namensbild: böhmische Knödel, böhmische Dörfer, Böhmerwald, Böse und Meer
- Verknüpfung: Da er gerne in den Bergen wandert, wird er böse, wenn er ans Meer in den Urlaub soll.

Böhme – Bergwandern

- Auffälliges Merkmal: der Zopf und die geöffnete Bluse
- Namensbild: Hotel Ritz, Ritz
- Verknüpfung: Der Zopf wächst in den Ritz der Bluse. Sie hatte aus Zeitmanagement-Gründen die Bluse nicht ganz zugeknöpft, und auch der Zopf ist schnell gemacht.

Ritz – Zeitmanagement

So, das war's. Das dickste Paket ist geschafft. Aber wahrscheinlich denken jetzt wieder die bekannten Skeptiker: »Hallo, das waren ja gerade alles relativ einfache Namen. Da war ja kein wirklich schwieriger dabei. Was ist mit ausländischen Namen und den ganz exotischen?«

O. k., erst einmal: Alle Namen und auch die Berufe bzw. Hobbys in diesem Buch sind echt. Sie gehören auch zu den entsprechenden Fotos. Das sind alles Trainerkollegen. Und die wurden nicht ausgewählt. Mittlerweile habe ich ja bald alle mir bekannten Trainernamen verbraucht. Auf der CD-ROM zu diesem Buch und in meinem Buch *Souverän freie Reden halten* sind auch schon welche drin. Damit will ich Folgendes sagen: Dies sind alles Namen, wie Sie sie morgen kennen lernen könnten. Das ist die Realität. Nicht die unaussprechlichen Namen. Diese bleiben ja gerade auch deshalb zum Teil schon gut in Erinnerung, eben weil sie so außergewöhnlich sind.

Exotische Namen

Aber bitte: ich selbst bin bei solchen Geschichten ja auch gerne mal ein bisserl skeptisch. Darum habe ich dafür auch Verständnis. Und für alle, denen es bisher mit den Namen noch nicht genug war:

Es funktioniert auch mit völlig außergewöhnlichen Namen

Hier noch ein paar exotische und außergewöhnliche Namen, dem Dortmunder Telefonbuch sei Dank. Lassen Sie sich zu denen doch einfach auch ein Bild einfallen. Sie werden sehen, es ist einfacher, als Sie denken. Halten Sie sich an die Tipps zum Fachbegriffe-, Vokabeln- und Namenmerken. Damit klappt es garantiert. Und für die ganz harten Nüsse folgen ja wieder meine Verbilderungen.

Badecki

Mein Bild: _____

Akgündüz

Mein Bild: _____

Mikolajczyk

Mein Bild: _____

Ahmadniha

Mein Bild: _____

Romaszewski

Mein Bild: _____

Büyükkatar

Mein Bild: _____

Kurylonek

Mein Bild: _____

Wiesollek

Mein Bild: _____

So, das hätten wir also auch. Nun sind Sie fit für das wahre Leben. Verbildern Sie alle Namen, die Sie hören, und knüpfen Sie die Bilder an die entsprechende Person. Es ist dabei ganz egal, ob Sie diese schon kennen oder nicht. Sie haben ja bisher noch keine Bilder aus den Namen Ihrer Bekannten gemacht. Oder etwa doch?

Obligatorisch hier noch meine Vorschläge zu obigen Namen:

Können wir aufteilen in: *Bad, Eck* und *i*. Also sitzt Herr oder Frau **Badecki** Badecki im Bad im Eck und schreit »iiiihhh«.

In Silben aufgeteilt ergibt dies: *Ak, gün, düz*. Daraus basteln wir: **Akgündüz** Frau oder Herr Akgündüz muss wegen ihrer / seiner Akne zum Gynäkologen düsen.

Ist doch klar, dass man *mit Kohle leihen schicker* einkaufen kann. **Mikolajczyk**

Frau oder Herr Ahmadniha sagt: »*A Matt wollt ich nie ha.*« Über- **Ahmadniha** setzt: Eine Matte wollte ich nie haben.

Tja, sie oder er fährt in *Roma* mit dem *Chef Ski*. **Romaszewski**

Beim *Bügeln juckt* es so im Hals, wegen des *Katars*. **Büyükkatar**

Während seiner *Kur* saß er öfter mit *Ilona* im *Eck*. **Kurylonek**

Ja, *wieso eigentlich? Wieso* tut er sich die *Sohl*en *leck*en? **Wiesollek**

Also, bestimmt kamen Sie auf ähnliche Bilder. Und wenn nicht, trösten Sie sich: Dies mit den Namen ist, auch für mein Empfinden, eine heftige Geschichte. Und auch hier ist es wieder so, dass Übung den Meister macht. Denken Sie an *Helga Zehetmaier*. Also anwenden, anwenden und nochmals anwenden.

Die 50 häufigsten Namen in Deutschland

Die allermeisten Namen sind allerdings ziemlich einfach zu verbildern. Die 50 häufigsten deutschen Namen sind von sich aus schon oft Bilder. Sehen Sie selbst, hier sind sie:

1. Müller	18. Wolf	35. Köhler
2. Schmidt	19. Schwarz	36. Herrmann
3. Schneider	20. Zimmermann	37. Walter
4. Fischer	21. Krüger	38. König
5. Meyer	22. Braun	39. Mayer
6. Weber	23. Hofmann	40. Huber
7. Wagner	24. Schmitz	41. Kaiser
8. Becker	25. Hartmann	42. Fuchs
9. Schulz	26. Lange	43. Peters
10. Hoffmann	27. Schmitt	44. Möller
11. Schäfer	28. Werner	45. Scholz
12. Koch	29. Krause	46. Lang
13. Bauer	30. Meier	47. Weiß
14. Richter	31. Schmied	48. Jung
15. Klein	32. Lehmann	49. Hahn
16. Schröder	33. Schulze	50. Vogel
17. Neumann	34. Maier	

Auf Aussprache achten, nicht auf Schreibweise

Na, was sagen Sie nun? Diese Namen sind ja nun wirklich einfach zu verbildern. O. k., Sie fragen sich jetzt vielleicht: »Wie halte ich denn *Maier, Meier, Mayer* und *Meyer* auseinander?« Tja, ganz einfach: gar nicht! Hört sich doch jedes Mal gleich an. Und Sie wollen die betreffende Person nur richtig begrüßen. Wenn Sie einen Brief an die Meyers schreiben und deswegen die Schreibweise des Namens benötigen, schauen Sie doch sowieso in Ihrer Adresskartei nach. Sie brauchen ja auch Straße, Hausnummer, PLZ und Ort. Und das alles müssen Sie nicht im Kopf haben, dafür gibt es Zettel. Es sei denn, Sie brauchen diese Adresse so häufig, dass es sich lohnt, sie im Kopf zu haben. Entscheiden Sie selbst: Kopf oder Zettel?

So halten Sie ähnliche Namen auseinander

Was allerdings tatsächlich so manches Mal zu Verwechslungen führen kann, sind sehr ähnlich klingende Namen. *Schmied, Schmitz* und *Schmitt* zum Beispiel. Oder *Peter* und *Peters*, oder *Kraus, Krause* und *Kruse*. Und für solche Problemchen erhalten Sie hier nun ein paar sehr effektive Tipps. Gehen wir gemeinsam doch einmal ein paar Beispiele durch. Dann wird Ihnen klar, wie einfach das Auseinanderhalten ähnlicher Namen sein kann.

Hoffmann – Hofmann   **Beispiele**
Hoffmann hofft auf einen Mann und *Hofmann* hat auf einem Hof (Bauernhof) einen Mann.

Schulze – Schulz
Schulze hat einen Zylinder auf und eine Bürgermeisterkette um den Hals, wie ein Dorf-Schulze früher. *Schulz* sitzt im Schulzimmer.

Kruse – Krause
Kruse gruselt sich gerne bei Gruselfilmen. *Krause* hat vielleicht krauses Haar. Und wenn nicht, machen wir ihm welches.

Schmied – Schmitt
Altbekannt: *Schmied* schmiedet nur und *Schmitt* schmiedet Tee.

Schmitz – Schmitze
Schmitz geht ab wie Schmitz' Katze oder lacht verschmitzt. *Schmitze* schmiedet eine Flasche Hohes C. Er schmiedet also C.

Peters – Peter
Peters isst gern Petersilie. *Peter* ist der schwarze Peter.

Müller – Möller
Müller trägt einen Sack Mehl aus der Mühle. *Möller* möchte gerne Böller, die zu Silvester.

Hofmeister – Hoffmeister
Hofmeister ist auf dem Hof Meister, während *Hoffmeister* noch hofft, dass er Meister wird.

Lohmann – Lormann
Lohmann spielt gerne mal Klomann. *Lormann* setzt in die Lore einen Mann.

Lang – Lange
Lang hat immer ein Maßband dabei und misst ständig, wie lang alles ist. *Lange* sitzt lange beim Angeln.

So funktioniert das Ganze mit Vornamen

Mit Vornamen funktioniert es genauso wie auch bei den Nachnamen. Und für die ganz Faulen hier gleich sage und schreibe 41 vorgefertigte Bilder.

Männliche Vornamen

Name	Bild
Alexander	Das kann Alexander der Große sein mit Rüstung und Schild. Vielleicht trinkt er auch *alles* auf *Ex* und dann wird ihm ganz *anders*.
Bernhard	Bernhardiner-Hund
Christian	Hat einen *Christbaum* unterm Arm. Oder Sie machen sich das Bild von einem *christlichen Indianer*. Er hat neben der Kriegsbemalung ein christliches Zeichen an der Stirn.
Dominik	Sehen Sie diese Person in, auf oder an einem *Dom* stehen oder sitzen und *nicken*. Oder er spielt *Domino* und *nickt* ständig.
Felix	Er macht niemals Fehler. Mit *Fehlern* hat er *nix* am Hut. Kennen Sie *Felix*, den Kater?
Florian	Er macht Ihnen als *Florist* einen wunderschönen Blumenstrauß.
Harald	Seine *Haare* sind *alt*.
Johannes	*Johannisbeeren*
Jonas	Klingt wie *jo* und *nass*. Als er gefragt wird, ob er das Wasser über den Kopf will, sagte er: »Jo, nass.« Oder er sitzt in einem Wal, weil er von ihm verschluckt wurde, wie der *Jonas* aus der Bibel.

Leo	Leo wie Löwe
Lorenz	Sehen Sie ihn angestrengt mit einer *Lore* fahren. Und wenn dieses Bild nicht genug ist, sehen Sie ihn in den *Lenz* fahren, während sein Beifahrer einen faulen *Lenz* macht.
Lukas	Er haut den *Lukas*.
Mark	Der *markige Mark* bittet Sie um eine *Mark*, damit er sich eine *Briefmarke* kaufen kann.
Matthias	Seine Lieblingsspeise ist garantiert *Matjes*.
Maximilian	Sehen Sie einen *maximal* großen *Milan*. Vielleicht können Sie sich aber den Herrn besser vorstellen mit einem *Maxirock* statt einem *Mini an*.
Nicolaus	Er hat Sack und Rute in Ihrer Vorstellung. Oder sitzt er nicht versunken am Tisch mit *nickendem* Kopf und beobachtet etwas? Dann ruft er: »*Oh*, eine *Laus*!«
Paul	Hier können Sie sich die Person als *Paulus*, den Jünger Jesu oder Papst, vorstellen. Haut da nicht einer auf die *Pauke* mit viel *Lust*? Oder einfach *Paulchen* Panther.
Philipp	Ein *Zappelphilipp* mit *viel Lippe*
Robert	Das ist ein *Robber,* er geht nicht, nein, er bewegt sich nur *robbend* vorwärts.
Tobias	Da sehen Sie in der Vorstellung einen Topas. Und weil es Ihrer ist, sind Sie *top* und ein *Ass*.
Victor	Stellen Sie sich vor, wie er ständig das Siegeszeichen V für *Victory* macht, an einem *Tor* stehend.
Walter	Entdecken Sie eine Ähnlichkeit zu einem *Wal* im hohen *Alter?*

Name	Bild
Anja	Stellen Sie sich diese Frau vor, wie sie schüchtern am Lichtschalter steht und fragt: »*An? Ja?*« Na klar.
Beate	Sehen Sie die Person vor Ihrem inneren Auge. Sie hat im *BH Teebeutel* aufbewahrt. Wenn sie einen Tee trinken will, fragt sie nach heißem Wasser und kramt einen Teebeutel hervor.
Bettina	Sie liest im *Bett* die »*Tina*«.

Weibliche Vornamen

Birgitt	Mag sie *Bier?* Neee, *igitt!*
Heike	Sie raucht gerne mal einen Joint, denn sie ist gerne *high,* aber nur *heimlich* im *Keller* (Endung -ke: Keller).
Helga	Ihre Haut ist *hell* und *gar.* Gerne auch *Helga,* die Frau von Hägar.
Iris	Sehen Sie dieser Frau tief in die Augen und dann sehen Sie die *Iris.* Hat sie die Farbe wie die Blume Iris?
Karin	Stellen Sie sich diese Frau als Autofan vor. Sie setzt sich in ihr *Car (r)in.*
Katharina	Katharina hat einen starken *Katarrh,* zumindest in der Fantasie.
Kirsten	Mit Kirsten ist nicht gut *Kirschen* essen. Sie spuckt den *Kirschstein* aus.
Laura	Sehen Sie vor Ihrem inneren Auge die *Aura* der Person, möglicherweise ist es auch nur eine *laue Aura.*
Lisa	Dieser Mensch trägt ein wertvolles Bild, ein Original unter dem Arm. Welches? Natürlich die Mona *Lisa.*
Maria	Mit Heiligenschein und blauem Umhang wird diese Frau in der Vorstellung zur Mutter Gottes, *Maria.*
Marie	Stellen Sie sich das vor! Ihr Lieblingsgericht sind *Marien-käfer.*
Michelle	Hier muss das bekannte Michelin-Männchen für das Bild herhalten. Oder diese Frau stößt *mich* permanent mit der *Elle.*
Rebekka	Sehen Sie die Person scheu und schön wie ein *Reh.* Sie bzw. es steht an einem *Schwimmbecken* und trinkt.
Sarah	Vielleicht ist diese Person besonders braun oder hat Tücher, die an eine Tuareg erinnert. Die *Sahara* ist auf alle Fälle ein gutes Bild.
Sofie	In Ihrem Kopfkino liegt sie auf dem *Sofa* und döst. Als eine Maus unter dem Sofa hervorkriecht, schreit sie laut »*iihhh!*«.
Vanessa	Diese Frau will bestimmt nur essen. Denn immerzu fragt sie: »*Wann essa?*«

So klappt das Namenmerken am Telefon

Wie sieht das Ganze nun am Telefon aus? Da sehen wir den Anrufer ja nicht. Woran knüpfen wir denn jetzt unser Namensbild? An das Anliegen des Anrufers. Denn das ist ja auch wieder ein Bild, und wenn wir die anrufende Person nicht kennen, haben wir kein anderes. Zum Beispiel ruft eine Frau Richter an und möchte wissen,

Frau Richter

wann die neue Bürostuhl-Kollektion eintrifft. Sie müssen das erst selbst beim Hersteller erfragen. Sie sichern Frau Richter deshalb zu, dass Sie sie zurückrufen. Nun erreichen Sie leider heute beim Hersteller keinen mehr und denken sich: »Gut, kläre ich morgen und melde mich dann gleich bei Frau Richter.« Jetzt kommt Ihnen diese zuvor. Sie ruft gleich am nächsten Morgen an und fragt, was denn nun sei. In solch einem Moment macht es sich nun mal einfach gut, wenn Sie wissen, wer Frau Richter ist, sich erinnern, dass sie gestern miteinander telefoniert hatten und, ganz wichtig, dass sie wissen wollte, wann die neue Kollektion eintrifft. Deshalb haben Sie ja auch gestern, gleich nachdem Sie den Hörer aufgelegt hatten, das Namensbild mit dem Anliegenbild verknüpft. Ungefähr so:

Frau Richter stellen Sie sich in schwarzer Richterrobe vor. Damit setzt sie sich auf einen noch nicht komplett ausgepackten Stuhl der Lieferung der neuen Bürostuhl-Kollektion. Mit diesem Bild vor Augen können Sie ihr dann am nächsten Morgen sofort, nachdem sich Frau Richter am Telefon gemeldet hat, auch sagen, dass Sie im Werk noch keinen erreicht haben, dies aber am Vormittag sicherlich in Erfahrung bringen und sie dann unverzüglich anrufen werden.

Um sich am Telefon einen Namen zu merken, verknüpfen Sie das Namensbild mit dem Anliegen des Anrufers.

Um dies zu vertiefen, machen Sie bitte die nachfolgende Übung.

Telefontraining

- Herr Cron braucht eine bestimmte CD, die er Ihnen zugeschickt hat, wieder zurück.
- Herr Theis, ein neuer, noch unbekannter Kunde, will mit Ihnen zusammen Mittag essen.
- Herrn Krause sollen Sie die Folien zusenden, wenn Sie diese fertig gestellt haben.
- Frau Seidel von der Änderungsschneiderei hat Ihr Kostüm fertig gemacht, Sie können es abholen.
- Frau Busse rief an und musste ihr Treffen verschieben.

Schauen wir mal, wie dies bei Ihnen geklappt hat:

Ihre Lösungen

- Herr Cron _____

- Herr Theis _____

- Herr Krause _____

- Frau Seidel _____

- Frau Busse _____

Und hier wieder meine Vorschläge:

Cron –
CD zurücksenden

Der Name Cron klingt wie *Krone*. Stellen Sie sich die *CD*, die Sie *zurückgeben* sollen, als Krone für Herrn Cron vor. Sie schwebt wie ein Heiligenschein über seinem Kopf.

Theis – zusammen
Mittag essen

In Ihrer Fantasie sitzen Sie mit ihm beim *Mittagessen*. Herr Theis isst einen *Toast* mit *Eis* darauf. Dazu trinkt er *Tee* auch mit *Eis*.

Krause – Folien
zuschicken

Sehen Sie in Ihrem Inneren: *Krause,* also nicht glatte, OHP-*Folien* sind ein *Graus*.

Seidel – Kostüm
fertig, abholen

Der Name Seidel klingt fast wie *Seide*. Da denken Sie gleich an Ihr *Kostüm*, welches in Ihrer Vorstellung aus Seide ist.

Malen Sie sich aus, wie Sie zum Treffen mit Frau Busse fahren, mit dem *Bus* natürlich. Sie wohnt so ungünstig, dass Sie nur mit dem Bus zu ihr kommen. Da sitzen Sie also schon im Bus, als sie auf dem Handy anruft und das *Treffen verschieben* will.

Für alle, die bis hier noch nicht genug haben, folgt jetzt noch die absolute Kür: die Zahlensymbole bis zur Zahl 100, auch Major-System genannt. Und das Tieralphabet.

Das Major-System

Vor über 300 Jahren, Mitte des 17. Jahrhunderts, war es *Stanislas Mink von Wennsheim*, der das Major-System entwickelte. Es wurde nur noch einmal leicht verändert, und zwar von dem Engländer *Dr. Richard Grey.* Zahlen werden hierbei nicht direkt in Bildern dargestellt, sondern in Buchstaben. Aus den Zahlenkombinationen entstehen so Buchstabenkombinationen, aus diesen wiederum Wörter. Wenn diese Wörter jetzt auch noch Bilder ergäben, wäre dies das i-Tüpfelchen. Es werden nur Konsonanten verwendet. Vokale, Umlaute und Diphthonge, also Doppellaute, zählen nicht, also nicht mal Null. Wir tun so, als seien sie einfach nicht da. Im Folgenden erhalten Sie gleich mitgeliefert, wie Sie sich das merken können und warum die Buchstaben nun die entsprechende Zahl repräsentieren. Die Buchstaben für die Zahlen von 0 bis 9 sind folgende:

- 0 = c, s, ß, z
- 1 = d, t
- 2 = n
- 3 = m
- 4 = r
- 5 = l
- 6 = ch, sch
- 7 = g, k, ck, q, j
- 8 = f, v, w
- 9 = b, p

Und nun die Erklärung zu jeder Zahl:

0 = c, s, ß, z Denken Sie ans Roulettespiel. Dort heißt Null »Zero«. Und die Buchstaben, die ähnlich sind, sind c, s, ß und natürlich z.

1 = d, t Ein t sieht ähnlich aus wie die 1. Der Hauptgrund für diese Buchstabenwahl allerdings ist, dass das t nur einen Längsstrich hat. Genauso wie auch das d nur einen Längsstrich hat.

2 = n Das n hat zwei Längsstriche.

3 = m Das m hat drei.

4 = r Vier endet auf r.

5 = l L steht im Römischen für die 50.

6 = ch, sch Im Klang des Wortes sechs steckt ch. Sch ist ähnlich und darf deshalb auch dabei sein. Wer will, kann noch das j mit hereinnehmen.

7 = g, k, ck, q, j Am siebten Tage sollst du ruhen. Denn da bist du k.o. Da ist also das k; ck, g und q sind wieder klangverwandt. Wer will, kann noch das j mit hereinnehmen, wenn es nicht schon bei der sechs mit drin ist.

8 = f, v, w Zwei fs nebeneinander gestellt – das eine richtig herum, das zweite seitenverkehrt – sehen aus wie eine Acht. V und W klingen wieder ähnlich.

9 = b, p Ein seitenverkehrtes p sieht ähnlich aus wie die Neun. B klingt ähnlich wie p und darf somit auch dazu.

Vokale ohne Bedeutung Die Vokale a, e, i, o, u bedeuten rein gar nichts. Damit können wir also die Lücken zwischen den Buchstaben, die eine Zahl bedeuten, füllen, so dass ein echtes Wort entsteht.

Die Umlaute ä, ö, ü zählen wie die Vokale absolut gar nichts.

Doppelkonsonanten wie z.B. tt, ss, nn, mm, Diphthonge und dergleichen zählen nur einfach. Also, mm bedeutet nicht 33, sondern drei, und tt bedeutet demnach nicht elf, sondern eins.

Angewendet wird die Sache wie folgt:

Das Wort *Rose* bedeutet 40. Warum? Na, weil R für die Vier steht, das O, weil es ein Vokal ist, ignoriert wird, S für die Null steht und das E, wieder ein Vokal, absolut nichts bedeutet. So zählen also hier nur die Buchstaben R und S. Und R = 4, S = 0, das ergibt eben 40.

Anwendung des Systems

Die Zahl 93 – also b oder p und m – können Sie in *Baum* übersetzen.

Das Wort *Kamm* bedeutet 73. Das K ist 7, das A zählt gar nichts, weil es ein Vokal ist, und mm ist 3, weil ein Doppelkonsonant nur einfach zählt.

Und »Ich bin ein Gedächtnis-Superstar« wäre die lange Zahl: 6 92 2 7 1 6 120 0 9 401 4

Auch können Sie sich selbst Regeln erstellen. Beispielsweise stellen Sie sich die Regel auf, dass alle Wörter maximal zweistellige Zahlen sind. Dann bedeutet Lehrerin nicht wie sonst 5442, sondern lediglich 54. Alles klar?

Dann wollen wir das Ganze doch gleich mal in der Praxis testen.

Wörter in Zahlen übersetzen

Note

Ist die Zahl: _____

Kaffee

Ist die Zahl: _____

Fuhre

Ist die Zahl: _____

Schaum

Ist die Zahl: _____

Mappe

Ist die Zahl: _____

Nische

Ist die Zahl: _____

Lama

Ist die Zahl: _____

Rolle

Ist die Zahl: _____

Busch

Ist die Zahl: _____

Das Ass

Ist die Zahl: _____

Wunderbar. Und beim Lernen des Hunderterschlüssels wünsche ich Ihnen jetzt: 85 4857 21 090.

Der Hunderterschlüssel – die Zahlensymbole von 21 bis 100

Hier stelle ich Ihnen für jede Zahl von 21 bis 100 ein Beispielbild vor. Dies können Sie übernehmen, müssen es aber nicht. Es macht sich im Alltag allerdings bezahlt, wenn Sie für jede Zahl ein entsprechendes Bild parat haben und nicht erst eines zusammenbasteln müssen. Dies gilt, wie schon gesagt, nur für Menschen, die sehr viel mit Zahlen zu tun haben und sich diese auch merken müssen. Ich selbst, beispielsweise, muss dies nicht und komme ganz gut klar, auch ohne den Hunderterschlüssel aus dem Effeff zu können.

21 = Note	41 = Ratte	61 = Schutt	81 = Fett
22 = Nonne	42 = Rinne	62 = Schein	82 = Wanne
23 = Name	43 = Rahm	63 = Schaum	83 = Wumme (Pistole)
24 = Narr	44 = Rohr	64 = Schere	84 = Fuhre
25 = Nil	45 = Rolle	65 = Schal	85 = Feile
26 = Nische	46 = Rüsche	66 = Scheich	86 = Fisch
27 = Nike (die Sportfirma)	47 = Rock	67 = Scheck	87 = Feige
28 = Neffe	48 = Riff	68 = Schiff	88 = Waffe
29 = Nabe	49 = Rabe	69 = Schippe	89 = Wabe
30 = Maus	50 = Lasso	70 = Käse	90 = Bus
31 = Matte	51 = Latte	71 = Kitt	91 = Boot
32 = Mohn	52 = Leine	72 = Kanne	92 = Bohne
33 = Mumie	53 = Lama	73 = Kamm	93 = Baum
34 = Meer	54 = Lore	74 = Karre	94 = Bar
35 = Maul	55 = Lilie	75 = Kohle	95 = Ball
36 = Masche	56 = Lasche	76 = Koch	96 = Busch
37 = Mücke	57 = Lack	77 = Gage	97 = Bock
38 = Muff	58 = Lava	78 = Kaffee	98 = Bifi (die Mini-Salami)
39 = Mappe	59 = Lippe	79 = Kappe	99 = Baby
40 = Rose	60 = Schatz	80 = Fass	100 = Das Ass

Das Tieralphabet – Tiere können auch Buchstaben sein

Mit dem Tieralphabet ist es Ihnen locker möglich, bestimmte Schreibweisen von schwierigen Wörtern zu behalten und auch Zahlen-Buchstaben-Kombinationen sicher abzuspeichern.

Wir ordnen diesmal jedem Buchstaben im Alphabet ein Tier zu. Sinnvollerweise sollte der Name des Tieres mit dem entsprechenden Buchstaben beginnen. Sollte Ihnen ein Tier nicht gefallen, so ersetzen Sie es doch einfach durch eines, das Ihnen sympathisch ist. Hier also sind sie, die Tiere, die eigentlich Buchstaben sind:

A	= Affe	N	= Nashorn
B	= Bär	O	= Ochse
C	= Chamäleon	P	= Pinguin
D	= Delphin	Q	= Qualle
E	= Esel	R	= Robbe
F	= Frosch	S	= Saurier
G	= Giraffe	T	= Tarantel
H	= Hund	U	= Uhu
I	= Igel	V	= Vogel
J	= Jaguar	W	= Wolf
K	= Kakadu	X	= Echse
L	= Leguan	Y	= Hyäne
M	= Mammut	Z	= Zebra

Wer ein geeignetes Tier mit den Anfangsbuchstaben X und Y kennt, melde sich bitte bei mir. Sie finden weiter hinten die Kontaktadresse. Yak für Y ist zu exotisch, und so schienen meinem Onkel *Roland Geisselhart* und mir Echse für X und Hyäne für Y die besten Alternativen.

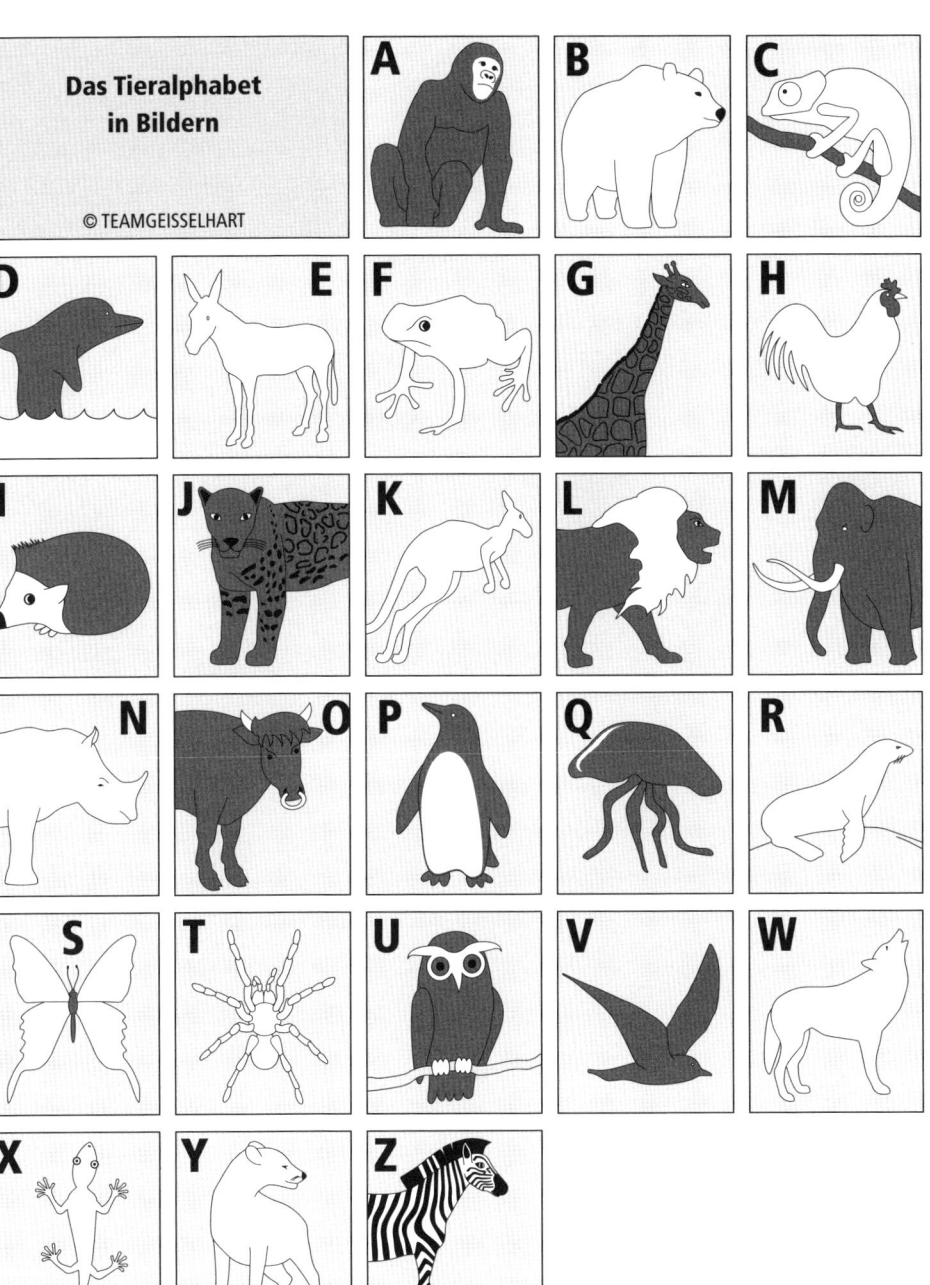

Das Tieralphabet in Bildern

© TEAMGEISSELHART

Wollen Sie sich nun mit Hilfe des Tieralphabetes die Buchstabenkombination BDGA merken, könnte die Tiergeschichte in etwa so aussehen: Ein *Bär* zieht einem *Delphin* den Hals lang wie den einer *Giraffe*. Als der *Affe* das sieht, sucht er das Weite und flüchtet. Die Geschichte muss in der Praxis nun natürlich noch mit der Bedeutung der Buchstabenkombination BDGA verknüpft werden. Angenommen, die Buchstaben bezeichnen eine bestimmte Gehirnzellenverbindung (was nicht stimmt, keine Ahnung, was BDGA bedeutet, ist nur ausgedacht als Beispiel), so könnten wir es so verknüpfen: Nach einem Experiment mit einem *Bären*, bei dem bestimmte *Gehirnzellenverbindungen* von Forschern angelegt wurden, zieht dieser dem *Delphin* den Hals lang usw. usf. Als Bild für die Gehirnzellenverbindung nehmen Sie doch einfach einige Elektroden, welche Sie dem Bären in Gedanken auf den Kopf kleben.

Und nun gleich wieder ein paar Übungen. Lassen Sie Ihrer Fantasie freien Lauf. Soll ja kein Lesebuch sein, sondern ein pragmatisches Übungsbuch, bei dem die Erfolge schnell sichtbar werden. Und Erfolge, seien Sie mal ehrlich, hatten Sie bis hierhin schon reichlich, nicht wahr?

Buchstabenkombis einprägen

Pxvm

Meine Tiergeschichte: _____

_____

_____

Eps

Meine Tiergeschichte: _____

_____

_____

Dfsk

Meine Tiergeschichte: _____

_____

_____

Pcht

Meine Tiergeschichte: _____

_____

_____

Wmgt

Meine Tiergeschichte: _____

_____

_____

O. k., weiter geht's mit Buchstaben-Zahlen-Kombinationen. Vielleicht kennen Sie die von Computerpasswörtern oder Ähnlichem. Nehmen wir einmal an, Sie wollten sich die Kombi BYR18ZG als Passwort merken. Die Geschichte könnte folgende sein: Ein *Bär* rennt einer *Hyäne* davon und sucht bei einer *Robbe* Schutz. Und tatsächlich, im *Vogelhäuschen* (18) dort haben sich auch schon das *Zebra* und die *Giraffe* versteckt. Damit sich die Tiere nicht langweilen, spielen nun alle Viecher am *PC* (weil es ein PC-Passwort ist). Diese Geschichte, intensiv im Geiste erlebt, vergessen Sie so schnell nicht. Und jedes Mal, wenn Sie einen PC sehen, müssen Sie an diese ulkige Geschichte denken. Damit haben Sie dann automatisch Ihr Passwort parat. So, und nun Sie.

Kfz-Kennzeichen – Buchstaben-Zahlenkombis abspeichern

FN-OG 320

Meine Tier-Zahlen-Story: _____

_____

_____

S-KB 245

Meine Tier-Zahlen-Story: _____

_____

_____

DO-IT 48

Meine Tier-Zahlen-Story: _____

_____

_____

M-HF 251

Meine Tier-Zahlen-Story: _____

_____

_____

HH-JS 978

Meine Tier-Zahlen-Story: _____

_____

_____

Ab heute schreibe ich alles richtig

Und nun, wie ja bereits bei den Vokabeln versprochen, ein paar Rechtschreibtipps. Wie merke ich mir am besten, wie ein bestimmtes Wort geschrieben wird? Klar, mit Bildern. Mal angenommen, Sie wollten den Namen »Geisselhart« richtig schreiben und bekämen das nicht so richtig hin. Ständig fragen Sie sich vielleicht: »Mit einem s oder doch mit zweien, mit dt oder nur mit t?« Dann merken Sie sich dies in Zukunft einfach so: *Geisselhart* geißelt *zwei Saurier*, für die korrekten *zwei s*. Dabei krabbelt ihm *eine Tarantel* über die Schulter, für das T. Nun wissen Sie, »Geisselhart« wird mit zwei s und mit t geschrieben. Üben Sie doch gleich wieder an den Beispielen unten.

So schreibe ich's richtig

Wir verzichten bei dieser Übung auf die Verknüpfung mit der Bedeutung des Wortes. Es soll hier nur um die Rechtschreibgeschichte gehen.

Synektik – wichtig hierbei: mit y und komplett ohne c

Meine Rechtschreibstory: _____

_____

_____

Polyphrasie – mit y und ph

Meine Rechtschreibstory: _____

_____

_____

Alkoven – mit nur einem l und mit v

Meine Rechtschreibstory: _____

_____

Hallimasch – mit zwei l

Meine Rechtschreibstory: _____

_____

_____

Frankophil – mit ph

Meine Rechtschreibstory: _____

_____

_____

Ist für Sie mittlerweile nichts Besonderes mehr, oder? Geht! Trotzdem hier für alle Fälle noch meine Ideen bzw. Verbilderungsvorschläge.

Synektik Die *Hyäne* frisst (als Bilder für »ohne«) *zwei* (oder alle) *Chamäleons*.

Polyphrasie Die *Hyäne* wird von einem *Pinguin*, der auf einem *Hund* reitet, an der Leine geführt.

Alkoven Ein *Löwe* mit *einem Vogel* auf dem Kopf

Hallimasch *Zwei Löwen* eben

Frankophil Und wieder reitet ein *Pinguin* auf einem *Hund*.

So, damit müssten Sie auch schwierige Wörter in den Griff bekommen. Damit sind wir dem Ende ziemlich nahe. Das folgende Kapitel hält aber noch einiges Interessante für die Praxis für Sie bereit. Sie erfahren, wie Sie am besten trainieren, und vor allem, wie Sie Ihre erworbenen Fähigkeiten im Alltag gewinnbringend einsetzen.

Außerdem erfahren Sie noch zusätzlich einiges Praktische über Ihr Denkorgan, was dafür gut und förderlich ist. Wie zum Beispiel kommen Sie an Doping und, wenn Sie wollen, auch an legale, weil körpereigene, Drogen? Was eher negativ für Ihr Gehirn ist, erfahren Sie genauso, wie Sie leistungssteigernde, konzentrationsfördernde Übungen kennen lernen. Aber auch, was Sie essen und trinken sollten, wenn Sie geistig fit sein müssen, und was besser nicht. Und dann gibt es noch den Abschlusstest.

Gezielte Prüfungsvorbereitung

Viele Erwachsene tun sich schwer, wenn sie im »hohen« Alter auf einmal wieder eine Prüfung machen müssen oder wollen. Damals als Schüler oder Student lernte es sich doch leichter. Nun, an dieser Stelle wissen Sie bereits, dass das nicht stimmt. Und damit Sie Ihre nächste Prüfung mit Bravour bestehen oder Ihren Kindern helfend beistehen können, gehen wir hier auf Prüfungen aller Art ein.

Sich Wissen schnell und sicher aneignen

Es gibt verschiedene Methoden, einen Lernstoff so aufzubereiten, dass er gut zu lernen ist. Es ist nicht immer gehirngerecht, nur aus dem Buch zu lernen. Deshalb beleuchten wir hier ein paar unterschiedliche Methoden. Sicherlich gibt es davon noch mehr. Die hier vorgestellten Methoden sind mit unterschiedlichsten Personen und mit unterschiedlichsten Lernstoffen getestet und als sehr wirkungsvoll bewertet worden.

> **Tipp:**
> Benutzen Sie bei Ihrer Prüfungsvorbereitung nicht nur eine der Techniken. Vielmehr macht es Sinn, ein bestimmtes Fachgebiet zum Beispiel mit der Mind-Map-Methode aufzubereiten, mit der Geisselhart-Technik abzuspeichern und durch Lernen im Schlaf zu begleiten. Kombinieren Sie die Methoden also miteinander. Sollten Ihnen Superlearning und
> ⇨

Lernen im Schlaf zu umständlich sein, können Sie natürlich darauf verzichten. Wenn Sie bei Ihrem Lernstoff konkrete Fragen und Antworten haben und diese nicht zu lang sind, empfiehlt sich die Lernkartei. Sie können dann immer ein paar Karteikarten einstecken und die Antworten mit der Geisselhart-Technik abspeichern.

Wartezeiten sinnvoll nutzen

Ob Sie nun wartend beim Arzt oder Frisör sitzen, im Zug unterwegs sind oder im Supermarkt an der Kasse anstehen: In Zukunft können Sie solche Wartezeiten sinnvoll nutzen, zum Beispiel mit den Karteikarten der Lernkartei (siehe weiter unten). Als Grundlage empfehle ich, wie könnte es anders sein, wie immer die Geisselhart-Technik. Wie Sie diese auf verschiedene Prüfungsthemen anwenden können, erfahren Sie in diesem Kapitel.

Lernzeiten und Lerndauer

Die Tageszeit, zu der Sie am erfolgreichsten lernen, richtet sich nach Ihrer persönlichen Leistungskurve. Die beste Zeit für hochkonzentriertes Arbeiten ist im Allgemeinen von etwa acht Uhr morgens bis zwölf Uhr mittags. Zwischen 18 Uhr und 22 Uhr ist noch einmal ein guter Zeitpunkt um zu lernen.

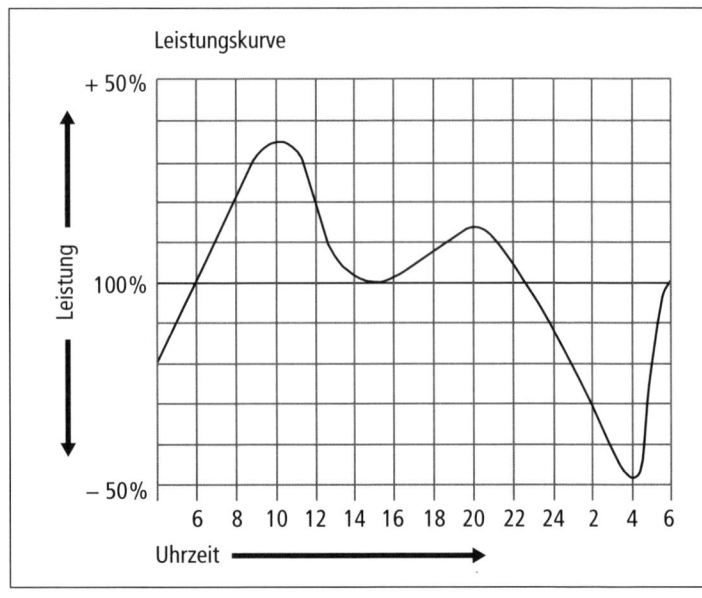

Dies sind allgemein gültige Durchschnittszeiten. Sie kennen sich am besten und wissen, wann Sie gut lernen können und zu welchen Tageszeiten Sie eher Fehler machen, unkonzentriert sind oder schlicht keine Lust haben zu pauken. Auch sollten Sie immer an Pausen denken. Wann und wie lange diese sein sollen, müssen Sie selbst für sich entscheiden. In der Praxis hat es sich für Anfänger bewährt, nach 45 bis 60 Minuten konzentriertem Lernen eine ca. 15- bis 20-minütige Pause einzulegen. Aber es gibt auch Menschen, die ohne Unterbrechung und sehr effektiv zwei bis drei Stunden lernen können. Wenn das Lernen spielerisch gestaltet wird, fällt es den meisten leichter.

Finden Sie Ihre besten Lernzeiten heraus

Tipp:
Heute wissen wir, dass neu erlerntes Wissen eine sogenannte Inkubationszeit benötigt. Es muss im Gedächtnis erst mal richtig einsortiert werden. Unser Gehirn nutzt hierfür laut wissenschaftlicher Studien die Schafphasen. Tests haben bewiesen, dass Studenten sich deutlich besser an gelernte Informationen erinnern, wenn sie sofort nach der Lernphase ein Schläfchen machen durften – also das berühmte »Buch unterm Kopfkissen«. Sorgen Sie daher dafür, dass Sie nach Ihrer Lerneinheit ein kleines Nickerchen machen oder lernen Sie abends, bevor Sie ins Bett gehen.

Lernatmosphäre

Ihre Lernumgebung sollten Sie mögen. Allerdings nicht zu sehr, sonst könnten Sie leicht abgelenkt werden. Ein Raum mit Urlaubsfotos und Ihren Hobby- bzw. Sportutensilien würde Ihre Gedanken zu oft in diese Richtung lenken und Sie vom Lernen abhalten. Sorgen Sie daher für einen Raum oder einen Platz im Freien, der Ihnen gefällt, aber nichts bietet, was Sie leicht ablenken könnte. Sie sollten die Umgebung prinzipiell mit guten Gefühlen verbinden. Sorgen Sie für frische Luft und Ruhe. Wenn es damit nicht klappt, probieren Sie mal das Gegenteil aus. Viele Menschen lassen sich leichter durch gelegentliche leise Geräusche ablenken als durch konstanten Lärm wie beispielsweise Verkehrslärm. In einem eher ruhigen Café, in dem man mitbekommt, was am Nachbartisch gesprochen wird, können sich viele Menschen schlechter konzentrieren als in einer vollen Kneipe, in der man sein eigenes Wort kaum versteht.

Tipp:
Informieren Sie sich gründlich über den genauen Prüfungsstoff. Nutzen Sie dafür alle verfügbaren Quellen: Lehrer, Prüfer, Mitprüflinge, frühere Schüler/Prüflinge, Literatur. Nur so können Sie sich zielgerichtet vorbereiten und laufen nicht Gefahr, am Ende das Falsche gelernt zu haben. Beachten Sie, wie umfangreich der Prüfungsstoff ist, damit Sie gut und realistisch planen können, wie lange Ihre Vorbereitung dauern wird.

Lernfutter

Unser Gehirn braucht Kohlehydrate Wenn es um geistige Leistung geht, sollten Sie auch auf Ihre Ernährung achten. Sowohl körperliche wie auch geistige Leistungsfähigkeit hängt eng mit der richtigen Ernährung zusammen. Allerdings ist für den Geist weniger die Menge als vielmehr die Auswahl dessen, was er zugeführt bekommt, von Bedeutung. Je höher die körperliche Leistung, desto höher der Energieverbrauch – das ist klar. Das Gehirn tickt jedoch anders. Egal ob Sie lernen, sich geistig anstrengen oder einfach nur in der Sonne liegen: Ihr Gehirn verbraucht die gleiche Menge an Energie. Durchschnittlich etwa 20 Prozent unseres täglichen Gesamtkalorienbedarfs benötigt unser Denkorgan. Und es kann nur mit Kohlenhydraten etwas anfangen. Unser Gehirn braucht Glucose, denn es gibt im Gehirn keine Möglichkeit, Nährstoffe zu speichern. Die Glucosevorräte im Blut sind sehr schnell erschöpft und die der Leber halten auch nicht lange vor. In extremen Notzeiten kann unser Gehirn deshalb – anders als der Rest des Körpers – maximal einen Tag ohne Nachschub auskommen. Achten Sie daher unbedingt auf regelmäßige, kleine, gesunde und kohlenhydratreiche Snacks. Meiden Sie Zuckerprodukte, da diese den Insulinspiegel unnötig in die Höhe treiben. Versorgen Sie sich mit länger anhaltenden Kohlenhydraten aus Vollkornprodukten, Obst, Reis, Kartoffeln, Milchprodukten und naturreinen Säften und verzichten Sie auf extreme Low-Carb- oder Atkinson-Diäten. Zusätzlich sollten Sie reichlich Gemüse essen sowie Nüsse und Fische. Wer keinen Fisch mag, kann diesen auch durch Fischölkapseln ersetzen. Bananen sind nicht nur für die Konzentration, sondern auch für gute Laune zuständig. Eier fördern durch die Inhaltsstoffe Threonin, Lezithin, Arginin und Cholin die Konzentration und bereits nach zwei Stunden die Leistung des Kurzzeitgedächtnissees. Ausführliche Brainfood-Empfehlungen finden Sie im Unterkapitel Brainfood: Nahrung fürs Gehirn.

Tipp:
Auch eine ausreichende Flüssigkeitszufuhr ist für unseren Körper und für unser Gehirn immens wichtig. Zehn Prozent aller Alzheimerdiagnosen sind, Untersuchungen zufolge, auf mangelnde Flüssigkeit zurückzuführen. Trinken Sie über den Tag verteilt zwei bis drei Liter. Auch ein Gläschen Rotwein können Sie sich laut einer Studie von *Prof. Ernst Pöppel* gern gönnen. Das kann sich vorteilhaft auf Ihr Gehirn auswirken und auch Kardiologen sprechen sich ja dafür aus. Allerdings liegt das Gift in der Dosis und zu viel Alkohol ist bekanntermaßen extrem schädlich fürs Gehirn.

Ernähren Sie sich also gesund und abwechslungsreich, dann klappt's auch mit dem Gedächtnis.

Die verschiedenen Lernmethoden

Lernkartei

Die wohl bekannteste Lernmethode ist die Lernkartei. Hierbei handelt es sich um einen Karteikasten, der mit Karteikarten befüllt wird. Die Lernkartei ist das klassische Instrument zum organisierten Lernen. Hierzu wird auf die vordere Seite einer Karteikarte die Frage oder ein Stichwort (z.B. Vokabel, Datum eines geschichtlichen Ereignisses etc.) notiert und auf die Rückseite die Antwort (deutsche Bedeutung der Vokabel, das Ereignis selbst). Da der Karteikasten aus mehreren Fächern besteht, kann das Lernen so organisiert werden, dass man genau den Lernstoff und die Teile wiederholt die noch nicht abgespeichert wurden.

Die klassische Variante einer Lernkartei besteht aus fünf Fächern. Anfangs befinden sich alle zu lernenden Karten im ersten Fach. Die Karten werden nun gelernt und danach abgefragt. Diejenigen Karten, deren Antworten bereits »sitzen«, wandern ins zweite Fach. Wenn dieses voll ist, werden die entsprechenden Karten noch einmal durchgearbeitet; die richtig beantworteten Karten rücken vor ins dritte Fach, die falschen werden wieder ins erste Fach zurückgestellt. War die Antwort einer Karteikarte also richtig, wird sie in das jeweils nächste Fach gesteckt. Wenn sie falsch war oder nicht gewusst wurde, wandert sie zurück ins erste Fach, und zwar egal, aus welchem Fach sie entnommen wurde. Auch eine Karte, die schon im fünften Fach war, muss zurück ins Fach eins, wenn der Lerner die Antwort nicht mehr parat hat. Alle Karten aus Fach fünf, die wirklich sitzen, können aus der Kartei genommen werden.

Das System der Lernkartei wurde von *Sebastian Leitner* entwickelte; er stellte sie 1973 in seinem Buch »Lernen lernen« vor.

Mind Mapping

Mind Mapping ist eine sehr gute Methode, um einen Lernstoff mit Stichwörtern und Themen zu strukturieren. Mind Maps bedeutet übersetzt »Gehirn-Landkarte«. Durch den bildhaften Aufbau von Mind Maps wird besonders die kreative rechte Hirnhälfte angesprochen und die Inhalte besser in unserem Gedächtnis abgespeichert.

So geht's Die Erstellung einer Mind Map ist denkbar einfach: Das Lernthema wird in die Mitte gesetzt, alle dazugehörenden Informationen werden als »Äste« um die Mitte herum notiert. Falls Sie zu einem Punkt Unterpunkte vermerken wollen, schreiben Sie diese als »Zweige« an den jeweiligen Ast. Sehen Sie sich hierzu ein Beispiel an, denn dabei wird die Anwendung am deutlichsten.

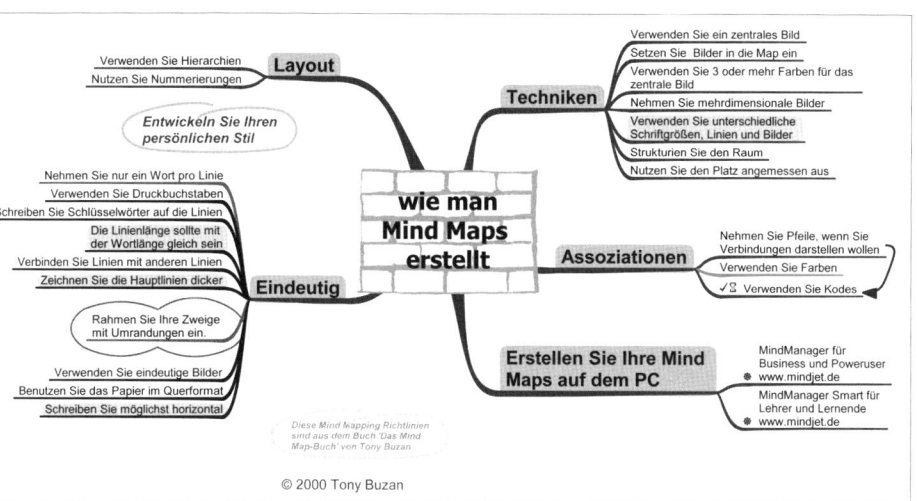

TIPP
Erstellen einer Mind Map Schritt für Schritt:

- Beginnen Sie in der Mitte.
- Notieren Sie in der Mitte das Thema.
- Schreiben Sie die Hauptpunkte zum Thema auf die Hauptäste.
- Vermerken Sie die Unterpunkte auf den entsprechenden Unterästen.
- Benutzen Sie Farben.
- Benutzen Sie Symbole und Bilder – dem Auge und der Merkfähigkeit zuliebe.
- Verwenden Sie nur kurze Stichworte.
- Machen Sie Zusammenhänge durch Verbindungen sichtbar.
- Lesen und malen Sie Mind-Maps im Uhrzeigersinn.

Superlearning – Lernen in Entspannung

Mitte der 1960er Jahre wurde die Technik des Superlearnings vom bulgarischen Arzt, Psychologen und Psychotherapeuten *Prof. Dr. Georgi Lozanov* an der Universität Sofia in Bulgarien entwickelt. In den USA und in Deutschland wurde die Technik weiterentwickelt; sie wird heute mit großem Erfolg besonders im

Sprachentraining eingesetzt. Auch wenn die Erfolge, von denen *Lozanov* selbst berichtete, nicht nachprüfbar waren (so sollen seine Schüler an die 1000 Vokabeln pro Stunde behalten haben), sind mit dieser Lerntechnik gute Ergebnisse erreichbar. Wenn Sie sich von dieser Methode angesprochen fühlen, sollten Sie sie ruhig einmal testen.

Lernen im Alpha-Zustand Während der Superlearning-Phase ist der Schüler sehr gelöst und hört im Hintergrund entspannende Musik. Der Schüler befindet sich im Idealfall im sogenannten Alpha-Zustand. Das Gehirn erzeugt dabei Ströme im Frequenzbereich von nur etwa acht bis zwölf Hertz. Der Mensch ist dabei geistig hellwach, befindet sich aber in einem Entspannungszustand, der von Ruhe und Harmonie geprägt ist. Dieser Zustand begünstigt Kreativität und Phantasie, Problemlösungen fallen leichter. Beide Gehirnhälften sind aktiv und arbeiten zusammen. Im Alpha-Zustand sind wir sehr aufnahmefähig und konzentriert. Im normalen Wachzustand, dem Beta-Zustand, werden Ströme von etwa 13 bis 30 Hertz erreicht.

TIPP:
Zur Vorbereitung des Superlearning benötigen Sie ein Aufnahme- sowie ein Abspielgerät. Nehmen Sie zuerst entspannende Musik auf oder besorgen Sie sich eine entsprechende CD. Dabei kann es sich um klassische Musik oder spezielle Entspannungsmusik handeln, die heute in großer Auswahl erhältlich ist. Diese musikalische Einleitungsphase sollte ungefähr zehn bis 15 Minuten lang sein. Anschließend nehmen Sie, während die Musik im Hintergrund weiterläuft, den Lernstoff ebenfalls auf, zum Beispiel mit einem PC und Mikrofon. Sprechen Sie Ihren Lernstoff in einer Ihnen angenehmen Dauer. 30 bis 45 Minuten sind gut geeignet. Lassen Sie abschließend noch einige Minuten die Musik laufen – und fertig ist Ihre Superlearning-CD. Sorgen Sie nun für Ruhe, machen Sie es sich bequem, schalten Sie die CD an und entspannen Sie sich. Denken Sie an nichts, halten Sie keinen Gedanken fest, lassen Sie alles fließen. Wenn die gesprochenen Informationen beginnen, hören Sie einfach nur zu. Wiederholen Sie diesen Vorgang zunächst zwei- bis dreimal und testen Sie dann Ihr Wissen – zum Beispiel mit der Lernkartei.

Lernen im Schlaf

Wäre das nicht schön? Sie legen sich abends hin, schlafen ein und wachen am nächsten Morgen entspannt und um eine Fremdsprache reicher wieder auf. Ganz so einfach geht es leider nicht. Aber etwas Ähnliches funktioniert. Wie beim Superlearning lernen Sie auch bei dieser Technik mit Tonträgern. Da unser Gehirn auch während des Schlafs aufnahmefähig ist, und zwar besonders in den Traumphasen, gehen Informationen, die wir im Schlaf hören, nicht spurlos an uns vorüber. Sprechen Sie also Ihren Lernstoff auf eine CD oder Kassette (es gibt hierfür spezielle Endloskassetten) und schalten Sie das Abspielgerät vor dem Zubettgehen ein. Die Lautstärke sollte sehr leise sein, etwa so, dass Sie im Wachzustand schon sehr genau hinhören müssen, um etwas zu hören. Noch perfekter wird das Ganze mit einer Zeitschaltuhr. Diese sollte das Gerät einige Minuten, nachdem Sie sich hingelegt haben, starten. Sie sollten aber noch nicht eingeschlafen sein, denn kurz vor dem Einschlafen können Sie den Alpha-Zustand nutzen – so wie beim Superlearning. Der Lernstoff auf der CD bzw. MC sollte nun die ganze Nacht über wiederholt werden. (Die meisten CD-Spieler verfügen über eine Repeat-Taste.) Sprechen Sie nicht zuviel Stoff auf: Da Sie im Schlaf hauptsächlich während der Traumphasen (auch REM-Phasen genannt) lernen, sollten die Lernabschnitte nicht länger als diese Phasen sein, also etwa 20 Minuten lang. Wir durchlaufen durchschnittlich alle anderthalb Stunden eine solcher Traumphase, als insgesamt etwa vier oder fünf im Verlauf einer Nacht Folglich nimmt unser Gehirn die gehörten Informationen etwa vier- bis fünfmal wahr. Probieren Sie doch mal aus, wie es bei Ihnen funktioniert.

Wissen schnell und sicher abrufen

Sollten Sie gerade dabei sein, für eine Prüfung zu lernen, oder sich mit dem Gedanken tragen, sich für eine Prüfung anzumelden, so helfen Ihnen die folgenden Beispiele mit Sicherheit, sich auf Ihr spezielles Themengebiet erstklassig, sicher, zügig und abwechslungsreich vorzubereiten. Vielleicht haben Sie sich bisher nicht getraut, einen Segel- oder Surfschein zu machen, einen zusätzlichen beruflichen Abschluss abzulegen oder einfach nur eine Weiterbildungsveranstaltung zu besuchen. In meinen Seminaren

Lernen verlernt man nicht

höre ich die Teilnehmer zu Beginn oft sagen, dass sie gerne noch eine Fremdsprache erlernen, ein bestimmtes Computerprogramm beherrschen oder einen Tanzkurs besuchen würden. Viele von ihnen trauen sich aber einfach nicht, weil sie denken, sie seien dafür zu alt, zu lange aus der Schule raus, um noch einmal etwas Neues lernen zu können. Nun, sollten Sie zu diesen Menschen gehören, kann ich Sie beruhigen. Sie werden wahrscheinlich ohnehin schon festgestellt haben, dass Sie sehr wohl noch exzellent lernen können, wenn Sie es richtig, also gehirngerecht, anstellen. Wie Sie dies auf konkrete Lernsituationen und Prüfungen in der Praxis übertragen, erfahren Sie im Anschluss.

Praxisbeispiele für Erwachsenenprüfungen

Auch beim Abrufen von Informationen in Bildern denken

Die beiden wichtigsten Faktoren der Geisselhart-Technik sind die Fähigkeiten, in Bildern zu denken und kreative Verknüpfungsbilder herzustellen. Am Anfang ist es für viele Menschen eine extreme Umgewöhnung, auch beim Abrufen von gespeicherten Informationen in Bildern zu denken. Doch nur so klappt es, denn so funktioniert unser Gehirn. Immer wieder versuchen Vortrags- oder Seminarteilnehmer, wie gewohnt zu überlegen. Wie gewohnt heißt jedoch, mit und in der linken, rationalen Gehirnhälfte nach der gewünschten Information zu suchen. Da wird man sie aber nicht finden, denn die Information wurde ja anhand von kreativen Bildern gespeichert. Also befindet sie sich auf der bilderreichen, kreativen, rechten Seite – und ist deshalb auf herkömmliche Art und Weise nicht oder kaum mehr auffindbar. Sobald ich die Teilnehmer aber nach einem Teil des abgespeicherten Verknüpfungsbildes frage, wissen sie prompt die Antwort, sprich den daran geknüpften Teil. Es kann hier nicht oft genug darauf hingewiesen werden, dass es immens wichtig, ist auch beim Abrufen der gespeicherten Informationen in Bildern zu denken. Stellen Sie sich deshalb die Frage stets als Bild, Szene oder Film vor. Sollten Sie die Antwort mit der richtigen Technik daran gekoppelt haben, ist die Chance extrem hoch, die gesuchte Information sicher und schnell abrufen zu können.

Machen wir gleich ein paar Übungsbeispiele. Dieses Buch soll Ihnen ja als praktische Hilfe dienen – und nichts hilft mehr als Übung. Schauen Sie sich die folgenden, unterschiedlichen Prüfungsthemen an. Es gibt zu jedem Gebiet ein paar ausgewählte

Fragen mit den passenden Antworten und Beispiele, wie Sie diese miteinander verknüpfen können.

Prüfung zum Sportseeschifferschein

Frage: Was versteht man unter einer steifen Yacht?
Antwort: Eine Yacht nennt man steif, wenn sie nicht so leicht krängt
(sich schräg legt, wenn der Wind ins Segel drückt).

Stellen Sie sich nun die Frage als Bild vor: Ein starker Gewichtheber versucht,
die Yacht über seinem Knie oder Oberschenkel zu verbiegen.
Er schafft es nicht. Sie ist sehr steif.
Und nun die Antwort als Bild: Er stellt die Yacht auf den Boden und will sie
umwerfen. Auch das gelingt ihm nicht. Die steife Yacht legt sich kaum
schräg, krängt also wenig.

Frage: Was haben Sie zu veranlassen, wenn Sie eine Mayday-Meldung
»Mensch über Bord« abgegeben haben, Sie den Überbordgefallenen aber
allein gefunden und gerettet haben?
Antwort: Ich muss die Mayday-Abgabe durch Meldung an alle zu widerrufen.

Stellen Sie sich wiederum die Frage als Bild vor: Ein Mann geht über Bord.
Sofort rennen Sie zum Funkgerät und geben die Mayday-Meldung ab. Sie
telefonieren aber gleichzeitig auch mit dem Handy, senden zusätzlich eine
SMS und schicken auch per E-Mail eine Mayday-Meldung los. Dann suchen
Sie selbst nach dem Überbordgefallenen und finden ihn tatsächlich. Schnell
ziehen Sie ihn wieder ins Boot.
Und nun die Antwort als Bild: Sie funken wieder, telefonieren mit dem Handy,
schicken eine SMS und eine E-Mail. Also widerrufen Sie Ihre Mayday-
Meldung an alle.

Frage: Welche Windänderung erwarten Sie, wenn der Luftdruck nach längerem
tiefem Stand stark ansteigt?
Antwort: Starke Windzunahme mit deutlicher Richtungsänderung.

Stellen Sie sich die Frage als Bild vor: Sie sehen die ganze Luft (vielleicht ist
sie ein wenig schmutzig, damit Sie sie besser sehen zu können) von oben
herabdrücken und sehr tief stehen. Alle Menschen müssen gebückt darunter

hergehen. Nun steigt die Luftschicht auf einmal stark an, geht also schnell und hoch nach oben.

Und nun die Antwort als Bild: Auf einmal braust der Wind mächtig auf. Ja, es stürmt geradezu. Zusätzlich ändert der Sturm seine Richtung und bläst auf einmal von der anderen Seite.

Führerscheinprüfung PKW, Klasse B

Frage: In welchem Bereich vor oder hinter Kreuzungen und Einmündungen ist das Parken verboten?
Antwort: Auf einer Strecke von fünf Metern.

Die Frage als Bild: Ein Autofahrer will vor oder hinter einer Kreuzung parken. Er ist unsicher, weiß nicht genau, wo er parken soll und fährt langsam hin und her.
Und die Antwort als Bild: Ein Polizist kommt mit einem Zollstock des Weges. Er winkt den Autofahrer heran und misst genau fünf Meter vor und hinter der Kreuzung ab. Der Polizist zeigt dem Autofahrer noch mal deutlich seine Hand mit den fünf abgespreizten Fingern für die besagten fünf Meter.

Frage: Nach längerer Fahrt mit etwa 120 km/h wollen Sie die Autobahn verlassen. Was haben Sie dabei zu beachten?
Antwort: Rechtzeitig blinken und auf dem Verzögerungsstreifen abbremsen. Tachoanzeige beachten, um die Geschwindigkeit nicht zu unterschätzen.

Die Frage als Bild: Ein Autofahrer auf der Autobahn. Tachonadel zeigt 120. Er guckt auf die Uhr und erschrickt, weil er schon so lange unterwegs ist. Suchend blickt er nach rechts vorne. Er möchte die Autobahn nun endlich verlassen.
Und die Antwort als Bild: Er setzt den Blinker, fährt rechts auf den Verzögerungsstreifen. Dann bremst er kräftig und starrt wie gebannt auf den Tacho.

Frage: Was gilt auf Autobahnen?
Antwort: Halten auf der Fahrbahn und auf dem Seitenstreifen verboten sowie Rückwärtsfahren verboten.

Die Frage als Bild: Sie sehen eine lange Autobahn vor Ihrem geistigen Auge.

Und die Antwort als Bild: Ein Auto hält mitten auf der Fahrbahn. Schnell kommt ein Polizist herbei und winkt den PKW weiter. Dieser hält nun auf dem Seitenstreifen. Nun schnappt sich der Polizist den Wagen und schiebt ihn weg. Doch was macht der Fahrer? Er legt den Rückwärtsgang ein und fährt auf der Autobahn rückwärts. Da platzt dem Polizist der Kragen und er gibt dem Fahrer einen saftigen Strafzettel.

Jägerprüfung

Frage: Was sind Blendlinge?
Antwort: Kreuzungen zwischen Haus- und Wildkatze.

Die Frage als Bild: Hell leuchtende Lebewesen; das Licht, das sie verbreiten, ist so grell, dass Sie nichts erkennen können.
Und die Antwort als Bild: Sie setzen eine Sonnenbrille auf und erkennen eine Wildkatze, die so gepflegt aussieht wie eine Hauskatze. Das kann doch nur eine Mischung sein.

Frage: Welche Zündungsarten gibt es bei Büchsenpatronen?
Antwort: Die Randfeuerzündung und die Zentralfeuerzündung.

Die Frage als Bild: Eine Büchse (zum Beispiel eine Konservenbüchse) mit Patronen darin ist die Büchsenpatrone. Für Zündungsarten stellen wir uns eine Zündschnur vor, die aus der Büchse ragt und die man direkt mit dem Feuerzeug anzünden kann.
Und die Antwort als Bild: Die Zündschnur wird entfernt und wir zünden mit dem Feuerzeug einmal den Rand der Büchse an; beim nächsten Mal halten wir das Feuerzeug direkt in der Mitte der Büchse.

Heilpraktikerprüfung

Frage: Nennen Sie die Ursachen für Asthma bronchiale (anfallsweise auftretende Atemnot).
Antwort: Allergische, psychische oder chemische Reize oder Infektionen sowie Stress.

Die Frage als Bild: Ein Mensch mit Atemnot und einem Ziffernblatt (als Bild für U[h]rsache) im Mund.

Und die Antwort als Bild: Die Person zieht das Ziffernblatt aus dem Mund. An einer Schnur hängen daran ein Heuschnupfenspray (mein Bild für Allergie), ein voller Kalender (Stress), eine Zwangsjacke (psychische Ursachen) und ein gelber Reinigungszettel (chemische Ursachen).

Frage: Nennen Sie mögliche Nebenwirkungen von Antidepressiva (stimmungsaufhellende Medikamente).
Antwort: Müdigkeit, Mundtrockenheit, Schwindel, Schwitzen, Verstopfung.

Die Frage als Bild vor: Ein Mensch mit traurigem, weinenden Gesicht, der Pillen schluckt und anschließen wieder lächelt. Doch auf einmal passiert noch etwas.
Und die Antwort als Bild: Der Mensch beginnt zu gähnen, die Lippen kleben zusammen und er muss unbedingt trinken, er torkelt, seine Gesicht wird schwitznass, er setzt sich auf die Toilette und schneidet Grimassen, weil er nicht kann.

Frage: Was versteht man unter einem pathologischen Rausch?
Antwort: Eine alkoholbedingte symptomatische Psychose (Dämmerungszustand).

Die Frage als Bild: Ich sehe die pathologische Abteilung (also den Leichenraum) eines Krankenhauses. Alle Ärzte dort sind betrunken und haben einen Rausch.
Und die Antwort als Bild: Eine Person, die sich allmählich in den Halbschlaf trinkt. Dabei ist er sympathisch und isst Tomaten (symptomatisch).

IHK-Prüfung zum Betriebswirt

Frage: Was versteht man unter einer Rückstellung?
Antwort: Kapital für die Abdeckung zukünftiger Verpflichtungen eines Unternehmens, deren Existenz, Höhe und/oder Zeitpunkt unsicher sind.

Die Frage als Bild: Ein Mensch, der sich an der Kassenschlange vorgedrängelt hatte, wird vom Türsteher hochgehoben und zurückgestellt.
Und die Antwort als Bild: Der Zurückgestellte will sich daraufhin bei der Bundeswehr verpflichten. Es ist aber unsicher ob er genommen wird. Er hat kein Geld mehr, seine Existenz ist also unsicher, beim Messen seiner

Größe (Höhe) ist man sich auch nicht sicher und seine Uhr geht nicht genau (Zeitpunkt unsicher).

Frage: Erklären Sie den Begriff Sekundärkosten und nennen Sie zwei Beispiele.
Antwort: Kosten für selbst erstellte Güter, die im Betrieb verwendet werden; sie können nicht mit Marktpreisen bewertet werden, da sonst Kosten doppelt erfasst würden. Beispiele: selbst erzeugter Strom, Reparaturen.

Die Frage als Bild: Für Kosten sehe ich einen Koch, der eine Brühe kostet. Sekundär bedeutet zweitens, also steht der besagte Koch auf dem Siegertreppchen auf dem zweiten Platz.
Und die Antwort als Bild: Der Koch stellt fest, dass die Brühe noch etwas köcheln muss. Indem er auf einem Fahrrad tüchtig strampelt, stellt er den Strom selbst her. Als der Herd kurzzeitig versagt, repariert er diesen selbst. Dabei kostet er natürlich ständig weiter.

Nun testen wir hier sofort, wie das schnelle Abrufen funktioniert – und zwar mit den oben abgespeicherten Prüfungsinformationen. Mit den Ihnen ja nun bestens bekannten Kreativitätsspielen können Sie das klassische Prüfungslernen noch eingehender üben und vertiefen

Und jetzt sind Sie dran!

Stellen Sie sich nun zu jeder Frage die Bilderszene vor, die wir dazu gerade kreiert haben. Automatisch wird Ihnen dann die Antwort in Form der Bilderszene einfallen, die wir daran geknüpft hatten. Also frisch ans Werk!

Frage: Was versteht man unter einer steifen Yacht?

Antwort: _____

Frage: Was haben Sie zu veranlassen, wenn Sie eine Mayday-Meldung »Mensch über Bord« abgegeben haben, Sie den Überbordgefallenen aber allein gefunden und gerettet haben?

Antwort: _____

Frage: Welche Windänderung erwarten Sie, wenn der Luftdruck nach längerem tiefem Stand stark ansteigt?

Antwort: _____

Frage: In welchem Bereich vor oder hinter Kreuzungen und Einmündungen ist das Parken verboten?

Antwort: _____

Frage: Nach längerer Fahrt mit etwa 120 km/h wollen Sie die Autobahn verlassen. Was haben Sie dabei zu beachten?

Antwort: _____

Frage: Was gilt auf Autobahnen?

Antwort: _____

Frage: Was sind Blendlinge?

Antwort: _____

Frage: Welche Zündungsarten gibt es bei Büchsenpatronen?

Antwort: _____

Frage: Nennen Sie die Ursachen für Asthma bronchiale.

Antwort: _____

Frage: Nennen Sie möglich Nebenwirkungen von Antidepressiva.

Antwort: _____

Frage: Was versteht man unter einem pathologischen Rausch?

Antwort: _____

Frage: Was versteht man unter einer Rückstellung?

Antwort: _____

Frage: Erklären Sie den Begriff Sekundärkosten und nennen Sie zwei Beispiele.

Antwort: _____

Und um noch mehr Übung zu bekommen, sollten Sie, wie schon erwähnt, unbedingt zur Steigerung Ihrer Lerntechnik, Ihres Allgemeinwissens und Ihrer Kreativität die Kreativitätsspiele aus diesem Buch regelmäßig wiederholen – gerne mit immer neuen Fragen und Antworten. Zum Beispiel mit interessanten Fragen zum Allgemeinwissen. Dann verknüpfen Sie, wie bei den Prüfungsfragen oben, Frage und Antwort.

Übung macht den Meister

Solche Kreativitätsspiele sind in der Tat das beste Training zur Steigerung Ihrer Gedächtnisleistung. Sie sollten sie bei allem, was Sie sich aneignen wollen, bei allem, was Sie lernen müssen, anwenden. Sollten Sie Kinder haben, spielen Sie mit ihnen immer wieder einmal ein Kreativitätsspiel. Und achten Sie darauf, dass Ihre Kinder die Technik auch für ihren Lernstoff benutzen. Sie werden es Ihnen danken.

Kreativitätsspiele machen auch Ihren Kindern Spaß

Da ich selbst eher faul bin – zumindest was Lernen und Trainieren anbelangt – achte ich besonders auf eine direkte Praxisanwendung im alltäglichen Berufsablauf und in meiner Freizeit. Sollten Sie also berufliche Informationen behalten müssen, können Sie diese Technik nutzen, um Ihr Gedächtnis und Ihren Geist fit zu halten. Verknüpfen Sie, wie in der vorigen Übung gezeigt, einfach Frage und Antwort auf möglichst skurrile Art und Weise und Sie schlagen zwei Fliegen mit einer Klappe. Wenn Sie in Ihrer Freizeit, beispielsweise für Ihr Hobby, irgendetwas lernen müssen, machen Sie es genauso. Statt stumpf auswendig zu lernen oder abends vor dem Fernseher zu sitzen, können Sie mit der beschriebenen Technik unterhaltsam und lustig Ihre graue Zellen fordern und die für Ihr Hobby so wichtigen Punkte abspeichern. Besser geht es doch gar nicht mehr!

Special: Wie motiviere ich mein Kind zum Lernen?

Die natürliche Neugierde von Kindern nutzen

Grundsätzlich lernen Kinder gerne – es kommt allerdings darauf an, was. Ich habe noch kein Kind kennengelernt, das nicht auf irgendeinem Gebiet Neugier und Interesse gezeigt hätte – obwohl manche Eltern das behaupten. Erziehungsberechtigte wissen es eben nicht unbedingt zu schätzen, dass sich Kinder fürs Skateboardfahren oder fürs Chatten im Internet, für Handys oder fürs Fernsehen interessieren. Tatsächlich sind aber genau das die Dinge, die Kindern gefallen – also die Bereiche, für die es Interesse aufbringt und die ihm Spaß machen. Und Sie als Eltern sollten auch Interesse an dem zeigen, was Ihr Kind interessiert. Wenn Sie die Interessen Ihres Sprösslings ernst nehmen, dann wird er auch Sie ernst nehmen und respektieren. Weil er sich selbst ernst genommen und respektiert fühlt. Was zwischen Erwachsenen gilt, gilt nämlich auch zwischen Erwachsenen und Kindern: Nur wer sich selbst respektiert fühlt, kann auch andere respektieren. Je besser Sie Ihr Kind kennen, desto besser können Sie es motivieren. Und Motivation ist das A und O für erfolgreiches Lernen. Sie können die Vorlieben Ihres Kindes nutzen, um es für die Schule, fürs Lernen und für Ordnung und Organisation zu motivieren. Dabei sollten Sie die folgenden Grundregeln beachten.

Grundregeln für motiviertes Lernen

- Die Lern- und Hausaufgabendauer sollte dem Alter des Kindes angepasst sein. Ein Kind in der zweiten Klasse sollte nicht mehr als 20 Minuten pro Tag lernen müssen, eines in der sechsten maximal eineinhalb Stunden. Sollte es von selbst mehr lernen wollen, dann ist das in Ordnung.
- Kinder brauchen feste Rituale: Die Zeiten für die Erledigung der Hausaufgaben und für zusätzliches Lernen sollten festgelegt sein.
- Für Kinder ist es am besten, wenn der ganze Tagesablauf klar strukturiert ist. Die Pause zwischen Schule und Hausaufgaben sollte zwischen einer und zwei Stunden betragen. Achten Sie auch auf ausreichend Freizeit. Ihr Kind sollte mindestens zwei Stunden pro

Tag haben, in denen es selbst entscheidet, wie es sich beschäftigt.

- Kinder brauchen eigene Arbeits- bzw. Lernbereiche. Am sinnvollsten ist ein eigenes Zimmer mit kindgerechtem Schreibtisch. Dieser sollte ordentlich und übersichtlich sein, sonst ist erfolgreiches Lernen nicht gewährleistet. Sollte Ihr Kind die Hausaufgaben am Ess- oder Küchentisch machen, weil kein eigenes Zimmer vorhanden ist, sollten Sie während des Lernens für Ruhe sorgen.

Die schulische Lernbereitschaft ist bei Kindern sehr wechselhaft. Ermuntern Sie Ihr Kind immer wieder zum Lesen, ohne dass bei ihm der Eindruck entsteht, es müsse es tun. Lesen Sie unbedingt auch gemeinsam mit Ihrem Kind und sprechen Sie anschließend über das Gelesene. Rechnen Sie mit Ihrem Kind immer mal wieder seinen Fähigkeiten entsprechende Aufgaben, am besten immer dann, wenn es der Alltag tatsächlich erfordert. Achten Sie dabei darauf, nicht schulmeisterlich zu sein. Schauen Sie gemeinsam mit Ihren Kindern Wissenssendungen im Fernsehen an. Wenn Sie Ihrem Nachwuchs ohne Druck vermitteln, wofür Sie sich interessieren, wird es sich von Ihrem Beispiel leiten lassen.

Kinder zum Lesen und Rechnen ermuntern, aber ohne Druck

TIPP

Beachten Sie die folgenden Punkte, wenn Sie Ihr Kind optimal zum Lernen motivieren wollen. Bieten Sie Hilfe und Unterstützung und vermeiden Sie Besserwisserei und Druck.

1. Ihr Kind muss wissen, was es tatsächlich braucht.
Oftmals haben Schüler den Eindruck, die Menge des Lernstoffs niemals bewältigen zu können. Dies behindert den Einstieg ins Lernen immens. Bei vielen Themengebieten genügt es aber zunächst, das Grundlegende zu behalten, um anschließend an die Details zu gehen. Erstellen Sie also gemeinsam mit Ihrem Kind einen Lernplan. Dieser sollte »vom Groben ins Feine« gehen – Ihr Kind beginnt also mit dem Grundwissen, um sich erst anschließend mit Details zu beschäftigen. Auf diese Art und Weise erhält es immer wieder kleine Belohnungen, weil es erkennt: Hey, das kann ich, ach so geht das dann weiter.

⇨

2. Konzentration kann man lernen.

Feste Zeiten begünstigen die Konzentration. Störquellen sollten ausgeschaltet werden. Vereinbaren Sie mit Ihrem Kind, dass das Handy während der Lernzeiten aus ist – nicht auf lautlos gestellt, sondern wirklich abgeschaltet. Musik und Fernsehen sind tabu. Erlaubt ist lediglich leise konzentrationsfördernde Musik im Hintergrund. Dies sollte Musik mit maximal 80 Beats pro Minute sein. Ihr Kind kann auch einen kleinen Wettkampf mit sich selbst veranstalten: Ziel ist es, jedes Mal eine Minute länger konzentriert zu lernen. Eine Minute ist nicht viel. Das kann man schaffen. Über 30 Tage hinweg kann Ihr Kind dann aber schon 30 Minuten länger konzentriert lernen.

3. Belohnen Sie Ihr Kind.

Wenn Ihr Kind etwas geleistet hat, sollte es belohnt werden. Nein, ich meine kein Geld, sondern unterschiedliche Dinge. Alle Kinder lieben zum Beispiel Unternehmungen mit den Eltern oder einem Elternteil. Gehen Sie zusammen ins Kino, in den Zoo, in ein Konzert. Schenken Sie Ihrem Kind als Belohnung eine Kleinigkeit (!) für sein Hobby: einen schicken Handyanhänger, eine Musik-CD, eine DVD oder ein cooles Skatercap. Achten Sie darauf, sich immer wieder was Neues einfallen zu lassen. Lassen Sie die Belohnungen aber nicht zum Selbstläufer werden. Belohnen Sie gezielt und ausdrücklich, nicht gedankenlos nach Schema F. Es sollte auch nicht so weit kommen, dass Ihr Kind aus Ihrem »Belohnungssystem« Ansprüche ableiten kann.

4. Gönnen Sie Ihrem Kind Pausen.

Kinder brauchen Pausen, wenn sie längere Zeit konzentriert lernen sollen. Wie schon oben erwähnt, sollte die Gesamt-Lernzeit nicht überschritten werden; und Ihr Kind sollte etwa alle 45 Minuten eine kleine Pause von ca. 10 bis 15 Minuten machen. In dieser Zeit sollte es sich bewegen, frische Luft schnappen, ein Glas Wasser oder Fruchtschorle trinken und/oder ein Stück Obst essen. Es darf ruhig während der Pause die Freundin oder den Freund anrufen, aber weder fernsehen noch im Internet surfen.

5. So klappt es im Alltag

Brainfood: Nahrung fürs Gehirn

Auch heute gilt noch, wie im alten Rom, *mens sana in corpore sano*, auf Deutsch: »ein gesunder Geist in einem gesunden Körper«. Körperliche Fitness steigert auch die Gehirnleistung, aber sowohl Gehirn wie Muskeln müssen richtig ernährt werden, um vollkommen fit zu sein.

Fehler ohne Frühstück

Wir machen zum Beispiel vormittags mehr Fehler, wenn wir nicht gut gefrühstückt haben. Dies wurde bereits in zahlreichen Studien bewiesen. Wobei »gut« nicht unbedingt »viel« bedeutet, vielmehr nährstoffreich, leicht und frisch. Unser Hirn kann nun leider keine Nährstoffe speichern und braucht deshalb ständig Nachschub. Schon ein leicht gesunkener Blutzuckerspiegel vermindert die Leistung. Eine gesunde – also ausgewogene, frische und nicht zu üppige – Mahlzeit verbessert die geistige Fitness.

Energie fürs Gehirn

Unser Gehirn denkt »biochemisch«. Es gewinnt Energie aus Glucose, also Traubenzucker; Neurotransmitter, das sind Botenstoffe im Hirn, ohne die gar nichts läuft, bildet es aus den Aminosäuren Arginin, Taurin und Tyrosin. Arginin und Asparaginsäure sollen bei Konzentrationsschwierigkeiten helfen und das Gewebshormon Cholin, eine Vorstufe des Neurotransmitters Acetylcholin, beeinflusst schon nach ca. zwei Stunden unser Kurzzeitgedächtnis positiv. Dies bewiesen Studien am *National Institute of Mental Health* in den USA. Wer ständig, also nicht nur ab und an einmal, Brille, Schlüssel und Sonstiges verlegt, wichtige Termine vergisst und sich an die Aktivitäten des Tages nicht mehr erinnern kann, könnte mit Cholin wieder auf die Höhe kommen. Lezithin bewirkt, wie viele vielleicht schon gehört haben, das Gleiche, hat allerdings wesentlich mehr Fett. Ein Mangel am B-Vitamin Folsäure bewirkt ein Nachlassen der Gedächtnisleistung. Auch ist man dann leichter reizbar. Der dadurch entstehende Stress führt dann wieder zu mehr Vergesslichkeit und einer noch einmal niedrigeren Reizschwelle. Hier springt normalerweise die Aminosäure Tyrosin ein und reguliert den Stresshaushalt. Deshalb sollte sie in ausreichender Menge vorhanden sein. Die Stresshormonproduktion verbraucht nämlich vor allem diesen wertvollen Eiweißbaustein.

Die Aminosäuren Glutamin und Glutaminsäure wirken aufmerksamkeitssteigernd. Ginseng, Ginko und Knoblauch fördern die Gehirndurchblutung. Äußerst hilfreich fürs Gehirn sind auch ungesättigte Fettsäuren. Unser Gehirn besteht zu einem großen Teil aus ebendiesen. Es wurde sogar nachgewiesen, dass Omega-3-Fettsäuren die embryonale und frühkindliche Gehirnentwicklung fördern. Darüber hinaus konnte – zwar nur im Tierversuch – die Reparatur altersbedingter Schäden im Nervensystem belegt werden. Es macht also Sinn, wenn Sie reichlich Omega-3-Fettsäuren zu sich nehmen. Wer Fisch nicht mag, für den gibt es Alternativen, Rapskernöl und Leinöl zum Beispiel oder aber mit Omega-3-Fettsäuren angereicherte Lebensmittel wie beispielsweise Brot. Natürlich können Sie auch zu Fischölkapseln greifen.

Kaffee, Bier, Wein und Co.

Anregung für Nerven und Kreislauf Kaffee, Tee, Guarana und zahlreiche Energiedrinks, also streng genommen Koffein, wirken anregend auf unser Nervensystem und unseren Kreislauf, allerdings etwas später, als die meisten meinen: Erst nach ca. 30 Minuten wirkt das Koffein richtig. Vorsicht ist bei zu viel Koffein geboten. Ein Zuviel führt schnell zu Konzentrationsproblemen und Nervosität, weil es den natürlichen Entspannungsmechanismus verhindert. Übrigens liefert nur der Zucker, falls welcher im Kaffee ist, dem Gehirn Energie. Der Zucker aber hat dann leider wieder, durch die hohe Insulinausschüttung, ein schnelles Blutzuckertief zu verantworten. Deshalb sollten Sie zu zuckerhaltigen Getränken immer auch Kohlenhydrate, Obst, Brot, Müsli etc. zu sich nehmen.

Bei alkoholhaltigen Getränken verhält es sich noch extremer. All-**Alkohol** gemein entspannt Alkohol, vermindert aber in jedem Fall auch die Denkleistung, zumindest wenn er in größeren Mengen genossen wird. Aus der Sicht der Kardiologen sind 20 bis 30 Gramm Alkohol, hier am besten Rotwein – nichts Hartes also –, pro Tag gesundheitsförderlich. Damit lässt sich nachweislich das kardiovaskuläre Risiko verringern. Auf Deutsch: Ein Glas Wein oder ein halber Liter Bier täglich schützt vor Herzinfarkt.

Also gilt bei Koffein und Alkohol, wer hätte das gedacht, einmal mehr Paracelsus' Spruch: »Das Gift liegt in der Dosis.«

Führungskräfte und Manager sind besonders gefährdet

Jahrelange Fehlernährung beschleunigt die geistige Degeneration. Gerade im Business meint so mancher, öfters keine Zeit für eine ausgewogene Mahlzeit zu haben. Dabei ist diese oft einfacher zu haben, als man denkt. Stattdessen werden dann Fastfood, Pizza, Tiefkühlfertiggerichte, Kantinenessen – was nicht immer schlecht sein muss – bevorzugt oder es wird gar nichts gegessen. In jungen Jahren sicherlich merkt hier kaum einer einen Nachteil. Man fühlt sich fit, frisch, erfolgreich, nichts kann einen bremsen. Mit den Jahren lassen jedoch die geistigen Fähigkeiten, wie Kurzzeitgedächtnis und Reaktionsvermögen, oft nach.

Unsere Nervenzellen gehen durch »oxidativen Stress« langsam kaputt. Diese Schädigung wird vor allem verursacht durch freie Radikale. Leider können Nervenzellen oft nicht oder nur unzureichend regeneriert werden. Die Vitamine C, E und Folsäure (B9) sowie die sog. »bioaktiven sekundären Pflanzenstoffe«, wie Carotinoide und Polyphenole, schützen die Zellen ebenso wie Omega-3-Fettsäuren. So muss also niemand verkalken. Im Gegenteil, durch eine entsprechende Ernährung kann einiges wieder wettgemacht werden bzw. erst gar nicht auftreten. Wie Sie dies im stressigen Berufsalltag hinkriegen, lesen Sie auf Seite 208.

So leicht kommen Sie an Drogen

Unser Gehirn ist quasi ein Drogenlabor: Es stellt körpereigene Drogen her, die unsere Launen und unsere Aufnahmefähigkeit sowie die komplette mentale Leistung beeinflussen. Ganz natürliche Kohlenhydrate z. B. regen, ebenso wie das B9-Vitamin Folsäure, die Serotoninbildung an. Serotonin wird umgangssprachlich auch »Glückshormon« genannt und z. B. bei sportlichen Aktivitäten ausgeschüttet. Durch die vermehrte Sauerstoffaufnahme beim Sport arbeitet unser Gehirn übrigens effektiver und schneller.

Gehirntuning-substanzen

- Acetylcholin: gilt als Neurotransmitter der Vernunft. Fördert unmittelbar die Gedächtnisleistung.
- ACTH, auch Corticotropin genannt, ist ein Peptidhormon und sorgt unter anderem für eine wache und klare mentale Verfassung. Es wird durch Noradrenalin freigesetzt.
- Arginin: bildet Neurotransmitter und ist an der Zellteilung beteiligt; fördert die Konzentration.
- Asparaginsäure: fördert die Konzentration.
- Carnitin: wirkt schützend und reparierend auf Hirnzellen.
- Cholin: Als Vorstufe von Acetylcholin fördert es schon nach ca. zwei Stunden das Kurzzeitgedächtnis.
- Cystein: wirkt stark antioxidativ, bekämpft schädliche freie Radikale, wirkt also gegen das Altern.
- Dopamin: Dieser Gehirnbotenstoff macht kreativ. Sie können ihn nicht essen. Er wird im Hirn selbst hergestellt, wenn Sie sich bewegen. Vor allem feinmotorische Tätigkeiten erhöhen den Dopaminspiegel.
- Eisen: ist wichtig für den Sauerstofftransport.
- Endorphine: Diese so genannten körpereigenen Opiate sind Neurotransmitter. Sie machen selbstbewusst, stimmen positiv und dämmen Schmerzen ein. Wenn ACTH und Noradrenalin wirken, schüttet die Hypophyse (Hirnanhangsdrüse) Endorphine aus.
- Folsäure: steigert die Gedächtnisleistung und baut Stress ab.
- Ginko: steigert die Gehirndurchblutung und damit auch die Sauerstoffversorgung im Denkorgan.

- Ginseng: hat eine vergleichbare Wirkung wie Ginko.
- Glutamin: steigert die Aufmerksamkeit.
- Glutaminsäure: steigert ebenso die geistige Aufmerksamkeit.
- Lezithin: wirkt wie Cholin bzw. Acetylcholin.
- Lysin: Die Jugendaminosäure beschleunigt die Fettverbrennung, nicht nur im Gehirn.
- Magnesium: ist zuständig für die Reizübertragung in den Nerven. Zudem lässt es leichter mit Stress fertig werden.
- Noradrenalin, auch positives Stresshormon genannt: hat eine anregende Wirkung aufs Gehirn, schärft die Aufmerksamkeit und macht die Nervenverbindungen im Hirn aufnahmefähiger. Außerdem setzt Noradrenalin das Hormon ACTH frei. Phenylalanin wird im Körper erst in Tyrosin und dann in Noradrenalin umgewandelt.
- Omega-3-Fettsäuren: verbessern vor allem das Kurzzeitgedächtnis und schützen unsere Zellen.
- Östrogen: Das weibliche Sexualhormon schützt vor Osteoporose, Herzinfarkt und Alzheimer. Allerdings fördert ein Zuviel davon Brustkrebs.
- Phenylalanin: beeinflusst den Stoffwechsel von Neurotransmittern und damit Stimmungen und natürlich sämtliche Gehirnfunktionen.
- Serotonin, auch als Glückshormon bekannt, stimmt Sie fröhlich. Unser Gehirn stellt es aus Tryptophan her.
- Taurin: bildet Nervenbotenstoffe, also Neurotransmitter, ist wichtig für die Entwicklung unseres Hirns und gibt uns Nerven wie Drahtseile.
- Testosteron: Das männliche Sexualhormon macht uns stark, fit und motiviert in allen Lebenslagen – nicht nur Männer. Allerdings haben und brauchen Frauen zehnmal weniger davon als Männer.
- Threonin: weitet die Blutgefäße und erhöht damit die Sauerstoffzufuhr im Hirn, im übrigen Körper natürlich auch.
- Tryptophan: ist der Grundstoff für Serotonin.
- Tyrosin: verbessert direkt die Merkleistung. In Stresssituationen bleiben wir geistig leistungsfähig, wenn wir genug davon haben. Tyrosin wird auch als Antidepressi-

vum eingesetzt. Phenylalanin übrigens wird im Körper in Tyrosin umgewandelt.

■ Zink: bildet in Zusammenarbeit mit Eiweiß das Hormon Testosteron. Das wiederum macht fit, kräftig und antriebsstark.

Gehirntuning in der Praxis

Das sollten Sie essen:

■ Ananas enthält: Tryptophan
■ Banane enthält: Tryptophan, Zucker, Nahrungsfasern und Serotonin
■ Ei enthält: Threonin, Lezithin, Folsäure, Arginin, Zink, Glutamin, Glycin, Cholin
■ Fisch enthält: Taurin, Arginin, Cystein, Zink, Magnesium, Omega-3-Fettsäuren
■ Fleisch (Rind, Schwein, Schaf und Huhn) enthält: Carnitin, Threonin, Lysin, Glycin, Zink, Eisen, Tryptophan, Taurin, Cystein, Glutamin
■ Gemüse enthält: Asparaginsäure, Folsäure, Magnesium, Mineralstoffe, Vitamine, Spurenelemente, Carotinoide, Polyphenole
■ Hülsenfrüchte enthalten: Eisen, Lezithin, Lysin, Magnesium, Zink, Arginin, Tryptophan, Cystein, Cholin, Threonin, Glycin, Folsäure
■ Kartoffeln enthalten: Threonin und Glycin
■ Milchprodukte enthalten: Threonin, Glycin, Lysin, Magnesium, Taurin, Tryptophan, Glutamin, Tyrosin, Phenylalanin, Carnitin
■ Obst enthält: Asparaginsäure, Mineralstoffe, Vitamine, Spurenelemente, Carotinoide, Polyphenole
■ Sojaprodukte enthalten: Arginin, Cystein, Lysin, Magnesium, Tyrosin, Cholin, Phenylalanin
■ Vollkornprodukte enthalten: Folsäure, Eisen, Zink, Magnesium, Arginin, Carnitin

Das funktioniert sogar im Alltag

Denken Sie bitte nicht, gehirngerechte Nahrung schmecke nicht. Wenn Sie natürlich ausschließlich fettes Fleisch mit schwerer Sauce und Kroketten oder Pommes als Genuss empfinden, könnte es sein, dass Ihnen diese Ernährung tatsächlich nicht gefällt. Im Allgemeinen schmeckt aber auch Fisch, mageres Fleisch und Geflügel sehr gut. Gekochte Kartoffeln können ebenfalls lecker sein. Und Vollkornprodukte sind geschmacklich oft sogar den Weißmehlprodukten überlegen. Und dann ist eines noch ganz, ganz wichtig: Perfektion weckt Aggression! Sie sollen sich ja nicht nur und ausschließlich, immer und überall so akribisch gesund ernähren. Nur wenn es Ihnen Spaß macht, bringt es auch etwas. Meine Meinung ist dazu:

Sündigen Sie ruhig ab und an einmal – entweder an bestimmten Tagen, dies könnte das Wochenende sein, oder einmal am Tag mit einer kleinen Mahlzeit. Aber bitte nehmen Sie nicht jeden Tag als Mittagessen Fastfood zu sich. Aber am frühen Abend mal eine Bratwurst oder ein kleiner Burger – warum nicht. Es ist hier wie bei allem: Sie können alles treiben, Sie sollten nur nichts übertreiben.

Mit ein bisschen Planung und Organisation sowie einer Portion Disziplin – und die sollten Sie als erfolgreiche Persönlichkeit haben – ist es auch im stressigen Berufsalltag zu schaffen, sich gehirngerecht zu ernähren. Willkommener Nebeneffekt wird sein: Sie sind insgesamt leistungsfähiger, schaffen mehr in kürzerer Zeit, erleben weniger Stress, können besser um- und abschalten und das Leben und Ihren Erfolg besser genießen. Damit es richtig klappt, erhalten Sie nun ein paar einfache Tipps, die Sie vielleicht schon längst kennen, aber noch nie wirklich umgesetzt haben. Manchmal muss einem etwas, das man selbst schon weiß, noch mal von außen gesagt werden, um ins Handeln zu kommen. Halten Sie die Tipps ein, und es wird funktionieren. Sie wissen doch: Erfolg buchstabiert man: T-U-N!

Positive Effekte gesunder Ernährung

1. Sorgen Sie dafür, dass immer genug Obst, Gemüse und Nüsse vorrätig sind. Auch unterwegs bekommen Sie dies an jeder Ecke.
2. Nehmen Sie immer Obst und/oder Gemüse mit, welches Sie einfach verzehren können, wie z. B. Bananen, Äpfel, Pflaumen, Pfirsiche oder Mohrrüben, Kohlrabi, Paprika, Tomaten usw.
3. Halten Sie immer »Studentenfutter« auf Vorrat, und zwar überall, wo Sie sind, also im Auto, am Schreibtisch, in der Sporttasche, im Aktenkoffer usw.
4. Genauso sollten Sie, wo auch immer Sie sich aufhalten, genügend zu trinken haben. Trinken Sie nicht erst, wenn Sie durstig sind. Ihr Hirn braucht vorher Wasser. Leitungswasser ist übrigens besser als so manches Mineralwasser.
5. Auch magerer Joghurt lässt sich problemlos mitnehmen und essen.
6. Und es gibt eine große Auswahl von entsprechenden Sojaprodukten, welche unkompliziert mitzunehmen und zu essen sind.
7. Bevorzugen Sie Vollkornprodukte gegenüber Weißmehlprodukten.
8. Wenn Sie auswärts essen, bestellen Sie mageres Fleisch, Fisch, Geflügel, Nudeln, Kartoffeln oder Reis und viel Gemüse und/oder Salat.
9. Verzichten Sie allgemein auf fette Saucen oder Dressings.
10. Essen Sie dreimal täglich Obst, Salat oder ungekochtes Gemüse.
11. Frühstücken Sie Müsli, Haferflocken oder Vollkornbrot mit magerem Aufschnitt, gerne auch ein Frühstücksei.
12. Verzichten Sie hingegen auf fette Wurst, Spiegelei, Speck und dergleichen.
13. Als Zwischenmahlzeiten eignen sich hervorragend Obst, Gemüse, Joghurt, Buttermilch, Studentenfutter oder auch Vollkornsandwiches mit mageren Belägen.
14. Trinken Sie in genügender Menge, mindestens zwei Liter am Tag. Am besten sind (Mineral-)Wasser, Früchte- oder Kräutertees oder ungesüßte Obstsäfte.
15. Essen Sie allgemein langsam und mit Bedacht, und hören Sie auf, wenn Sie satt sind!
16. Variieren Sie Ihre Ernährung immer wieder.
17. Genießen Sie, wenn überhaupt, in Maßen Kaffee, Tee, Energiedrinks, Alkohol, Süßwaren und Nikotin.
18. Auch wenn die Werbung es verspricht: Gesund sind die meisten Müsliriegel nicht!

Braintraining: Diese Übungen machen intelligent

Es gibt bestimmte Übungen, die Sie aufnahmefähiger, kreativer, konzentrierter und geistig wacher machen. Sie werden das sogar sofort erfahren, wenn Sie die Übungen durchführen. In Zukunft machen Sie also bitte ca. alle zwei Stunden bzw. spätestens immer dann, wenn Sie sich unkonzentriert und geistig ausgelaugt fühlen, die folgenden Übungen.

In meinen Seminaren führe ich diese Übungen mit den Teilnehmern regelmäßig nach der Mittagspause durch. Das allseits erwartete Suppenkoma, also das Nachmittagstief, bleibt auf diese Weise aus. Die Teilnehmer sind immer wieder verblüfft, wie aufnahmefähig sie mit den Übungen über das komplette Seminar bleiben. Selbstverständlich sollten Sie trotz der Übungen auf Ihre Ernährung und auf ausreichend Schlaf achten. Übrigens ist wissenschaftlich bewiesen, dass sieben bis acht Stunden Schlaf täglich die Lebenserwartung verlängern. Mehr Schlaf wirkt, genauso wie weniger, kontraproduktiv.

Heraus aus dem Suppenkoma

Beim Braintraining werden beide Gehirnhemisphären gezielt angesprochen. Da, einfach ausgedrückt, die linke Gehirnhälfte die rechte Körperseite und die rechte Gehirnhälfte die linke Körperseite steuert (Genaueres siehe Kapitel drei), wirken diese – auch Überkreuzübungen genannten – Wachmacher besonders effektiv. Durch diese Übungen werden linke und rechte Gehirnhälfte wirkungsvoll integriert.

Sahnetorte

Halten Sie beide Hände vor der Brust. Strecken Sie die Zeigefinger aus. Fahren Sie mit der einen Hand kreisförmig von der Brust weg, während Sie im selben Moment mit der anderen Hand kreisförmig zur Brust hin fahren. Dann bewegen Sie beide Hände nach unten. Dort bewegen Sie die dem Bauch abgewandte Hand in Richtung Bauch und gleichzeitig die andere Hand vom Bauch weg. Dabei treffen sich beide Hände kurz und fahren dann wieder aufwärts. Denken Sie dabei an eine große Sahnetorte, welche so vor Ihnen

in der Luft steht, als wollte sie auf Sie zurollen; um die Sahnetorte bewegen Sie Ihre Hände. Die eine Hand kreist also vorwärts, während gleichzeitig Ihre andere Hand rückwärts kreist.

Machen Sie die Übung ca. eine Minute lang. Wenn Sie etwas geübt sind, versuchen Sie einmal die Richtung mit jeder Hand zu ändern.

Lecker war's

Diese Übung ist etwas leichter als die Übung »Sahnetorte«. Mit der einen Hand streichen Sie kreisförmig über Ihren Bauch. Die andere Hand bewegen Sie bitte gleichzeitig über Ihrem Kopf geradlinig hin und her. Das Ganze machen Sie bitte auch wieder eine Minute lang.

Bäuchlein klopfen

Mit der linken Hand klopfen Sie links auf Ihren Bauch. Zur gleichen Zeit reiben Sie bitte mit der rechten Hand rechts auf Ihrem Bauch auf und ab. Wechseln Sie ruhig mal ab zwischen rechts und links. Auch wieder eine Minute lang.

Tanzbär

Die Ausgangsstellung ist folgende: Die Beine stehen schulterbreit auseinander, die Arme sind nach oben in die Luft gestreckt. Nun ziehen Sie Ihren rechten Arm einknickend nach unten und heben gleichzeitig Ihr linkes Bein, und zwar so weit, bis Ihr rechter Ellbogen Ihr linkes Knie berührt. Dann geht es wieder zurück in die Ausgangsstellung und Sie machen das Gleiche mit Ihrem linken Arm und dem rechten Bein.

Ohrenstreichen

Streichen Sie Ihre Ohren mit Daumen und Zeigefinger massage-ähnlich von oben nach unten aus. Ziehen Sie sie dabei leicht nach hinten. Kneten und drücken Sie währenddessen. Wiederholen Sie diese Übung wieder ca. eine Minute lang.

Die Übung hilft Ihnen, sich in unruhigen Umgebungen besser zu konzentrieren. Während Sie unerwünschte Geräusche leichter ausblenden können, können Sie gleichzeitig das Wesentliche besser wahrnehmen. Aber auch das abstrakte Denken und sogar das Kurzzeitgedächtnis werden verbessert.

Yogaatmung

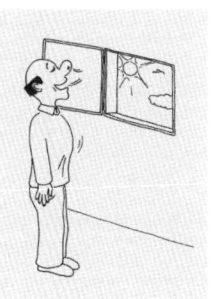

Stellen Sie sich nach Möglichkeit vor ein geöffnetes Fenster; lassen Sie beide Arme locker hängen. Atmen Sie mit dem Bauch und anschließend noch mit der Brust ein. Ziehen Sie nun beide Schultern in Richtung Ohren, und bleiben Sie dabei gerade stehen. Atmen Sie noch tiefer in die Brust ein.

Lassen Sie die Schultern wieder locker herunterhängen, und halten Sie die Luft in der Lunge, während Sie langsam bis fünf zählen. Danach beugen Sie sich leicht nach vorne und atmen aus. Wiederholen Sie diese Übung insgesamt fünfmal.

Durch die Übung versorgen Sie Ihren gesamten Organismus mit lebenswichtigem Sauerstoff. Vor allem aber Ihrem Gehirn wird durch diese tiefe Atemtechnik mächtig Sauerstoff zugeführt. Dadurch werden Sie aufmerksamer, wacher und konzentrierter.

Ihre persönlichen Energiequellen

Ein ganz anderer Weg, um Energien aufzutanken, ist das Aus-
schöpfen der eigenen Energiequellen. Jeder Mensch hat andere
Tätigkeiten oder Vorlieben, aus denen er ganz persönlich Kraft
schöpfen und auftanken kann. Das können zum Beispiel die folgenden Punkte sein:

- heiß baden oder duschen (oder eben auch kalt)
- einen langen Spaziergang machen
- ins Kino gehen
- etwas Gutes kochen bzw. essen
- in die Sauna gehen
- Musik hören usw.

Machen Sie einmal eine Aufstellung all der Dinge, aus denen Sie persönlich
Energie schöpfen und die Ihnen Spaß machen:

**Meine
Energiequellen**

1. _____

2. _____

3. _____

4. _____

5. _____

6. _____

7. _____

8. _____

Diese Liste sollten Sie irgendwo aufbewahren, wo Sie sofortigen
Zugriff darauf haben. Picken Sie sich jetzt jeden Morgen einen
Punkt heraus. Belohnen Sie sich damit am Abend für diesen
Tag. Sie können sich dann den ganzen Tag darauf freuen. Der in

den USA lebende indische Arzt *Dr. Deepak Chopra* fand heraus, dass unser Körper in der Zeit, in der wir etwas tun, das uns Spaß macht, interferonähnliche Substanzen produziert – Interferon ist das teuerste Antikrebsmittel! Sie stellen es kostenlos her, und haben auch noch Spaß dabei!

Entspannt lernt es sich leichter

Wer genau weiß, wie er im Laufe eines anstrengenden Tages seine inneren Batterien immer wieder aufladen kann, ist den anderen ein gutes Stück voraus. Erfolgreiche Menschen wenden oft regelmäßig bestimmte Entspannungstechniken an, zum Beispiel autogenes Training, Muskelentspannung nach Jakobson, bestimmte Übungen aus dem Yoga und Ähnliches. Ich stelle Ihnen hier eine Auswahl kleiner, aber effektiver Übungen vor, die Sie jederzeit in ein paar ruhigen Minuten in Ihren Tagesablauf integrieren können. Eine dieser Übungen und im Anschluss daran eine der obigen Brain-Übungen wirken nach der Mittagspause oder bei toten Punkten Wunder.

Meereswogen

Setzen Sie sich entspannt auf einen Stuhl, schließen Sie Ihre Augen und konzentrieren Sie sich einfach nur auf Ihren Atem. Stellen Sie sich vor, Sie sitzen am Meeresstrand, und beim Einatmen fließt eine lange Welle an den Strand, beim Ausatmen fließt sie langsam zurück ins Meer.

Spaziergang

Entspannen Sie sich, und visualisieren Sie einen Spaziergang in Ihrer Lieblingslandschaft. Lassen Sie alle Eindrücke so real wie möglich vor Ihrem inneren Auge ablaufen. Sehen, hören, fühlen, riechen und schmecken Sie, was um Sie herum geschieht.

Lieblingsplatz

Sie entspannen sich und kreieren Ihren persönlichen Lieblingsplatz. Stellen Sie sich all das vor, was Sie dort gerne antreffen möchten: Personen, Landschaft, Haus oder Wiese, Meer oder Berge, bestimmte Lieblingsgegenstände, Düfte, Musik und so weiter. Jedes Mal, wenn Sie an Ihren Lieblingsplatz kommen, können Sie ihn weiter ausgestalten – oder einfach genießen!

Solche oder ähnliche Übungen haben sich im Alltag tausendfach bewährt, um innerhalb kurzer Zeit die inneren Akkus aufzuladen und mit Kraft und Konzentration weiter durchzustarten. Suchen Sie sich Ihre eigene Lieblingsmethode, mit der Sie am liebsten arbeiten, und wenden Sie sie regelmäßig an:

Je öfter Ihr Unterbewusstsein merkt, dass Sie auf diese Weise für ein ausgewogenes Energieniveau in Ihrem Körper und Geist sorgen, umso besser spricht es darauf an!

Die eigene Methode finden

Wichtig bei all diesen Anregungen – ob zur Atmung, Ernährung oder Entspannung – ist vor allem, dass Sie Ihre eigene Methode finden. Lassen Sie sich nichts von außen aufdrängen, machen Sie nicht die eine oder andere Technik nur deshalb, weil sie jetzt gerade »in« ist oder weil es alle tun. *Sie* müssen von den Methoden, die Sie praktizieren, völlig überzeugt sein, sie müssen *Ihnen* und *Ihrem* Leben entsprechen, sonst lässt die gewünschte Wirkung auf sich warten.

Wenn Sie sich ab heute mit den Strategien befassen, die Sie in diesem Kapitel kennen gelernt haben, und wenn Sie die Ihnen und Ihrem Charakter jeweils am besten entsprechende Methode auswählen und für sich erarbeiten, dann sind Ihrem Kopferfolg keine Grenzen gesetzt!

Erfolg durch tägliche Anwendung

Klar, es ist nicht damit getan, dieses Buch einmalig durchzuarbeiten. Obwohl das allein natürlich schon eine gewaltige Leistung ist. Es sind ja nun wirklich etliche Übungen darin, und allein der zeitliche Aufwand ist nicht zu vernachlässigen. Allerdings lohnt sich diese Investition für Sie wie kaum eine zweite; dies – und nun kommt das berühmte »Aber« – aber nur, wenn Sie die neu erlernten Techniken auch tatsächlich im Alltag anwenden. Sie profitieren von der Geisselhart-Methode nur, wenn Sie sie benutzen. Es handelt sich hierbei ja schlicht und ergreifend um eine bestimmte Technik. Und diese hilft Ihnen nur, wenn Sie Gebrauch davon machen. Es reicht ja auch nicht aus, sich einen tollen Laptop zu kaufen, sondern Sie müssen ihn dann auch benutzen, damit arbeiten.

Also wenden Sie die Geisselhart-Methode an, wo Sie nur können – immer und immer wieder. Und bitte: Es wird nie von selbst laufen. Ich selbst wende die Technik nun seit ca. 25 Jahren an. Und auch bei mir, genauso bei meinem Onkel, geht es nicht von selbst. Sie können sich merken, was Sie wollen, nur müssen Sie sich dafür entscheiden und die Technik dann auch anwenden. Also wieder T-U-N!

Wenn es Ihnen am Anfang in der harten Realität des Alltags zu schwierig erscheint oder Sie vielleicht meinen, keine Zeit zu haben, lange Verknüpfungen zu erstellen, sollten Sie sich täglich fünf bis zehn Minuten Zeit nehmen, um die folgenden Trainingseinheiten abzuspulen.

Meine Trainingsmöglichkeiten

1. Nehmen Sie sich morgens beim Zeitunglesen fünf Minuten mehr Zeit als bisher und speichern Sie die wichtigsten Headlines mit den Zahlensymbolen ab.

2. Nutzen Sie alle Wartezeiten – an der roten Ampel, am Bahnübergang, im Stau, an der Kasse, beim Arzt, vor einem Termin usw. –, um Namen zu verbildern. Gehen Sie Ihren gesamten Bekanntenkreis durch und entwickeln Sie Bilder für deren Namen. Klar, dass Sie diese Namen schon im Gedächtnis haben, nur verbildert haben Sie sie noch nicht – und das trainiert.

3. Listen Sie Ihre zehn wichtigsten Ziele auf, die Sie in Ihrem Leben haben. Was wollen Sie noch erreichen, was wollen Sie an Ihrer Persönlichkeit noch feilen, was wollen Sie sich anschaffen, was wollen Sie noch erleben, wo wollen Sie noch hinreisen? Speichern Sie diese Ziele mit Kerze, Schwan und Dreizack ab. Dadurch verfestigen Sie diese Zielbilder in Ihrem Unterbewusstsein. Dort können die Bilder dann ihre motivierende und treibende Kraft entfalten.

⇨

4. Nehmen Sie sich die Bestsellerlisten von Büchern, Filmen usw. her und merken Sie sich diese.

5. Jeden Abend, bevor Sie ins Bett gehen, nehmen Sie sich ein bestimmtes Fachwort heran – dies kann per Zufallsprinzip mit einem Fremdwörterlexikon geschehen, oder Sie nehmen gezielt bestimmte Begriffe – und verbildern bzw. verknüpfen Sie es. Das Gleiche machen Sie jeden Morgen. Dadurch erweitern Sie innerhalb kurzer Zeit Ihren Wortschatz ungemein.

6. Lernen Sie eine neue Sprache, auch wenn es nur die Vokabeln sind. Den Grundwortschatz schaffen Sie in ca. drei Monaten. Wenn Sie zweimal die Woche nur 20 Minuten investieren, beherrschen Sie nach drei Monaten bereits ca. 350 Vokabeln!

7. Speichern Sie mit den Zahlensymbolen bei privaten Gesprächen das Gesagte ab. Machen Sie dies bei Ihrem Partner, so sind Sie auf einmal ein toller Zuhörer.

8. Spielen Sie ab und an die im Buch vorgestellten Kreativitätsspiele; gerne auch mit selbst ausgedachten Begriffspaaren oder mit drei oder vier Begriffen.

9. Lassen Sie sich von einer anderen Person ein paar Namen nennen, um sie zu verbildern. Oder machen Sie mit dieser Person folgendes Spielchen: Einer nennt einen Namen und beide überlegen sich ein Bild dafür. Das ausgefallenere Bild gewinnt. Der Gewinner nennt dann den nächsten zu verbildernden Namen. Sollten Sie niemanden zum Spielen haben, nehmen Sie Beispielnamen aus dem Telefonbuch.

10. Lernen Sie durch Lehren: Bringen Sie Ihrem Partner die Geisselhart-Methode bei. Wenn Sie diese anderen so erklären und entsprechende Beispiele nennen können, dass die andere Person die Technik begreift, dann haben Sie sie auch völlig verinnerlicht. Jedes Lehren ist auch Lernen.

Es geht auch ohne Training

Viele meiner Seminarteilnehmer klagen immer, sie hätten so wenig Zeit, sie wären doch so im Stress. Deshalb muss die Umsetzung auch ohne explizites, zeitraubendes Training gehen. Und das geht auch, wie Sie gleich erfahren werden. Trotz alledem behaupte ich, es ist immer etwas Zeit da, um zu trainieren – auch körperlich übrigens –, Sie müssen sich die Zeit lediglich nehmen. Dies hat viel mit Prioritätensetzung zu tun. Ich selbst hatte jahrelang die Entschuldigung vor mir selbst, ich sei ja so viel unterwegs und hätte deshalb keine Möglichkeit und auch keine Zeit, sportlichen Aktivitäten nachzugehen. Nun, die Realität sieht anders aus: Joggen können Sie immer und überall. Und wer ins Fitnessstudio gehen will, kann dies auch in nahezu jeder deutschen Stadt tun. Mittlerweile schaffe ich es übrigens, ca. viermal die Woche eine bis anderthalb Stunden Sport zu treiben, komisch, nicht?

Aber gut, wer nicht will, der hat schon. Sie müssen ja nicht trainieren. Wie gerade schon angedeutet, geht es ja auch anders:

Training durch Anwendung

1. Nutzen Sie jede Gelegenheit im beruflichen Alltag, um zu verbildern. Dies kann während eines Telefonats oder in einem Gespräch sein. Speichern Sie mit den Symbolen die wichtigsten Inhalte entweder sofort mit ab, oder schreiben Sie diese erst stichpunktartig auf und speichern sie dann ab.

2. Jeden Namen, den Sie hören, verbildern Sie sofort.

3. Vorträge, Reden oder Präsentationen halten Sie frei. Die entsprechenden Stichpunkte speichern Sie mit der Geisselhart-Methode ab.

4. Machen Sie jeden Abend, als Abschluss des Arbeitstages, die Planung für den folgenden Tag. Speichern Sie die Punkte ab.

⇨

5. Wichtige PINs, Telefon- und Geheimnummern merken Sie sich im Geiste. Wenn Sie sich dafür nicht sicher genug fühlen, schreiben Sie diese zusätzlich, wie gewohnt, auf.

6. Sämtliche Planungen, Tagespläne, Wochenpläne, Projekte, Veranstaltungen usw. visualisieren Sie bitte genau so, wie sie auch ablaufen sollen, schon vor der Durchführung. Sie schulen dadurch Ihr Vorstellungsvermögen und programmieren Ihr Unterbewusstsein auf Erfolg.

7. Nehmen Sie sich alle immer wiederkehrenden Abläufe zur Brust und merken Sie sich diese, auch wenn Sie sie schon verinnerlicht haben, mit der Geisselhart-Methode. Nur durch das Verbildern haben Sie bestmöglichen Schutz gegen Blackouts.

8. Erarbeiten Sie sich Argumente für Ihr Produkt oder Ihre Dienstleistung und speichern Sie diese ab. Das wird beim Kunden von unschätzbarem Wert für Sie sein. Auch wenn Sie mit dem Verkauf nichts am Hut haben sollten, müssen Sie diese wissen, wenn Sie Kundenkontakt haben.

9. Bereiten Sie jedes längere Gespräch, ob persönlich oder am Telefon, stichpunktartig vor. Speichern Sie die Stichpunkte mit den Zahlensymbolen ab.

10. Nutzen Sie Gelegenheiten – wie z. B. einem Kollegen, wenn er das nächste Mal in Ihr Büro kommt, eine bestimmte CD mitzugeben – für Ihr Training. Siehe hierzu die Übung »Outlook im Kopf« im zweiten Kapitel auf Seite 69.

Wenn Sie sich auch nur zwei bis drei Tage pro Woche zu 50 Prozent an diese Anwendungen halten, werden Sie bereits nach zwei bis drei Wochen noch mehr anwenden. Warum? Ganz einfach: Je mehr Sie anwenden, desto besser werden Sie, desto leichter fällt es Ihnen. Je leichter es Ihnen fällt, desto mehr wenden Sie an. Je mehr Sie anwenden ...

Sie haben bis hierhin durchgehalten, warum sollten Sie jetzt im Alltag damit aufhören? Tja, ich weiß es auch nicht. Jetzt sind Sie in jedem Fall fit für den Abschlusstest. Der hat es in sich. Sie erinnern sich bestimmt noch an den Einstiegstest – der Abschlusstest ist identisch damit. Nur die Inhalte sind neu. Also los, zeigen Sie, um wie viel Sie sich verbessert haben. Und dann geben Sie mir Feedback. Lassen Sie es mich ebenfalls wissen. Und zwar auch, wie es bei Ihnen in der Praxis funktioniert. Und nun: Konzentration, mit der Geisselhart-Methode schaffen Sie den Abschlusstest mit links. Denken Sie nur immer schön ans Verbildern. Viel Erfolg!

Abschlusstest

So, nun kommt die Stunde der Wahrheit. Lassen Sie sich überraschen. Sie werden sehen, dass Sie sich riesig gesteigert haben im Vergleich zum Einstiegstest. Voraussetzung ist, dass Sie die im Buch vorgestellten Techniken auch wirklich anwenden. Das dürfte Ihnen, wenn Sie die Übungen gemacht haben, nun keine allzu großen Probleme mehr bereiten. Also, auf geht's. Frisch an's Werk.

Am laufenden Band

Bitte decken Sie, wie beim Einstiegstest auch, die Liste unten sowie auf der gegenüberliegenden Seite erst einmal ab. Sie haben dann wieder genau eine Minute Zeit, sich die zehn neuen Wörter zu merken. Dies machen Sie entweder mit der Kettenmethode oder mit den Zahlensymbolen – was Ihnen lieber ist. Nach einer Minute, wenn Sie früher fertig sind halt vorher, decken Sie die zehn Punkte wieder zu. Dann folgt wie beim ersten Test auch wieder eine zweite Übung. Danach tragen Sie auf Seite 221 die entsprechenden Wörter in die dafür vorgesehenen Felder ein. Viel Erfolg.

Maximale Zeit: 1 Minute

1. Kaugummi
2. Tacker

3. Motivation
4. Festplatte
5. Werbung
6. Kreditkarte
7. Textmarker
8. Terminkalender
9. Versicherung
10. Taxi

Tragen Sie Ihre benötigte Zeit in Minuten und Sekunden bitte in die folgenden Kästchen ein.

Exakt benötigte Zeit: _____ Minuten _____ Sekunden

Post-its und Zettelwirtschaft. Oder geht's auch anders?

Als Erstes wieder: Liste unten abdecken.

Tagespläne, To-do-Listen oder Abläufe jeglicher Art sind ja nun eine Kleinigkeit für Sie. Benutzen Sie die Zahlensymbole und merken Sie sich die zehn Erledigungen. Decken Sie bitte auf.

Maximale Zeit: 1 Minute und 30 Sekunden

1. Projektplan übergeben
2. Gedächtnistraining besuchen
3. Nachschlüssel bestellen
4. Buch bestellen
5. Massagetermin
6. Reifen wechseln lassen
7. Reisekostenabrechnung machen
8. Telefonkonferenz
9. Brief diktieren
10. Zum Fitnesstraining gehen

Zeit nehmen und eintragen.

Exakt benötigte Zeit: _____ Minuten _____ Sekunden

Nun tragen Sie bitte in die entsprechenden Felder die Begriffe des ersten Tests
»Am laufenden Band« ein. Perfektion weckt Aggression: Einen oder zwei Fehler
dürfen Sie ruhig machen. Denken Sie bitte auch hier wieder an die Zeit. Sie haben wieder maximal eine Minute. Vergleichen Sie danach die einzelnen Wörter
der Liste mit den originalen. Addieren Sie dann bitte wieder Ihre Punkte und tragen die Summe in das dafür vorgesehene Kästchen ein. Sie erhalten 0,5 Punkte
für jeden richtigen Begriff an der falschen Stelle und einen Punkt für jeden richtigen Begriff an der richtigen Stelle.

Maximale Zeit: 1 Minute

**Am laufenden
Band – Ihre
Lösungen**

1. _____

2. _____

3. _____

4. _____

5. _____

6. _____

7. _____

8. _____

9. _____

10. _____

Exakt benötigte Zeit: _____ Minuten _____ Sekunden

Maximale Punktzahl: 10 Punkte

Meine Punktzahl: _____ Punkte

Haben Sie sich gesteigert? Schauen Sie beim Einstiegstest vorne nach und vergleichen Sie die Ergebnisse. Größere Steigerungen werden Sie voraussichtlich
bei den nachfolgenden Übungen erfahren.

Fehlt noch die Erledigungsliste. Hier machen Sie mit Sicherheit eine tolle Figur. Die Zeit fürs Erinnern ist eine Minute.

Post-its und Zettelwirtschaft – Ihre Lösungen

Maximale Zeit: 1 Minute

1. _____

2. _____

3. _____

4. _____

5. _____

6. _____

7. _____

8. _____

9. _____

10. _____

Exakt benötigte Zeit: _____ Minuten _____ Sekunden

Maximale Punktzahl: 10 Punkte

Meine Punktzahl: _____ Punkte

Einen Punkt für jede richtige und richtig platzierte Erledigung und 0,5 für richtige Erledigungen am falschen Platz.

Wie gut merken Sie sich PINs, Geheim- und Telefonnummern?

Zahlen sind für Sie jetzt auch locker schaffbar.

Maximale Zeit: 2 Minuten

1. Bankpin: 1130
2. Kofferschloss: 917
3. Zahlencode für Tür: 18275
4. Telefonnummer: 069/3221417
5. Handynummer: 0177/6201547

Exakt benötigte Zeit: _____ Minuten _____ Sekunden

Wie heißt das jetzt noch gleich? Fachbegriffe behalten

Mit der Ersatzwort-Methode nach der Egal-Regel und dem Verbildern von Fachbegriffen sind Sie hier ganz weit vorn.

Maximale Zeit: 3 Minuten

1. Azidose = Übersäuerung
2. konkludent = schlüssig
3. Semit = Halbnomade (nach Noahs Sohn Sem)
4. Rezidiv = Rückfall
5. Semantik = Bedeutungslehre
6. Insuffizienz = Schwäche eines körperlichen Organs

Zeit nehmen und eintragen. Es folgt die Auflösung des Zahlentests.

Exakt benötigte Zeit: _____ Minuten _____ Sekunden

Maximale Zeit: 1 Minute und 30 Sekunden

PINs, Geheim- und Telefonnummern – Ihre Lösungen

1. Telefonnummer: _____

2. Kofferschloss: _____

3. Bankpin: _____

4. Handynummer: _____

5. Zahlencode für Tür: _____

Exakt benötigte Zeit: _____ Minuten _____ Sekunden

Maximale Punktzahl: 10 Punkte

Meine Punktzahl: _____ Punkte

Für jede richtige Zahlenkombination erhalten Sie wieder zwei Punkte.

Erinnern Sie sich noch an die Fachbegriffe?

Fachbegriffe –
Ihre Lösungen

Maximale Zeit: 1 Minute und 30 Sekunden

1. Semit = _____

2. _____ = Schwäche eines körperlichen Organs

3. Azidose = _____

4. _____ = schlüssig

5. Semantik = _____

6. _____ = Rückfall

Exakt benötigte Zeit: _____ Minuten _____ Sekunden

Maximale Punktzahl: 9 Punkte

Meine Punktzahl: _____ Punkte

Für jedes richtig gewusste Fachwort erhalten Sie zwei Punkte, für jede korrekte deutsche Bedeutung einen.

Spanisch müsste man können

Vokabeln haben Sie im Buch fleißig geübt. Dann müsste das hier doch nun auch klappen. Falls die Vokabel anders ausgesprochen als sie geschrieben wird, steht die Aussprache wie immer in Klammern dahinter.

Maximale Zeit: 5 Minuten

1. spinster (spinnstr) = Jungfer (alte; engl.)
2. vulture (wolltschur) = Geier (engl.)
3. moustache (mustasch) = Schnurrbart (frz.)
4. liberté (liebertee) = Freiheit (frz.)
5. tosto = hart (ital.)
6. panzarotto = gefüllte Teigtasche (ital.)
7. mortifikar = quälen (span.)
8. inundar = überschwemmen (span.)

Exakt benötigte Zeit: _____ Minuten _____ Sekunden

Wir kennen uns doch, wie heißen Sie noch? Namen behalten

Für die meisten Menschen sind Namen Schall und Rauch. Für Sie nicht, das war einmal. Beweisen Sie es sich.

Maximale Zeit: 5 Minuten

Zielke   Sterzenbach   Langguth   Frieß   Breil

Galal   Raskop   Göbels-Luckaschick   Nemitz   Spinola

Exakt benötigte Zeit: _____ Minuten _____ Sekunden

Spanisch müsste man können – Ihre Lösungen

Maximale Zeit: 2 Minuten

1. tosto (ital.) =   _____

2. _____ = Freiheit (frz.)

3. moustache (frz.) =   _____

4. _____ = Geier (engl.)

5. mortifikar (span.) =   _____

6. _____ = überschwemmen (span.)

7. spinster (engl.) =   _____

8. _____ = gefüllte Teigtasche (ital.)

Exakt benötigte Zeit: _____ Minuten _____ Sekunden

Maximale Punktzahl: 12 Punkte

Meine Punktzahl: _____ Punkte

Jede richtige Vokabel, wie gewohnt, bringt zwei Punkte, die deutsche Bedeutung wieder nur einen. Die Schreibweise ist wie immer egal.

Herr/Frau   Herr/Frau   Herr/Frau   Herr/Frau   Herr/Frau

_____   _____   _____   _____   _____

Herr/Frau   Herr/Frau   Herr/Frau   Herr/Frau   Herr/Frau

_____   _____   _____   _____   _____

Exakt benötigte Zeit: _____ Minuten _____ Sekunden

Maximale Punktzahl: 20 Punkte

Meine Punktzahl: _____ Punkte

Ein richtiger Name unter dem korrekten Foto bringt zwei Punkte. Die Schreibweise ist wieder unwichtig.

Zählen Sie nun bitte alle Ihre Punkte zusammen und staunen Sie, hoffentlich, über Ihre Steigerung im Vergleich zum Einstiegstest vor nicht allzu langer Zeit.

Mögliche Punktzahl: 71

Meine Gesamtpunktzahl: _____ Punkte

Sie können stolz auf sich sein

Na, wie sieht Ihre Steigerung aus? Ich hoffe doch, Sie haben mindestens die doppelte Punktzahl erreicht. Kommt natürlich immer auch darauf an, wie gut Sie beim Einstiegstest waren. Die durchschnittliche Punktzahl dort sind ja ca. 20 Punkte. Vielleicht haben Sie jetzt ja 60? Dann hätten Sie Ihre Leistung verdreifacht. Stellen Sie sich das mal vor!

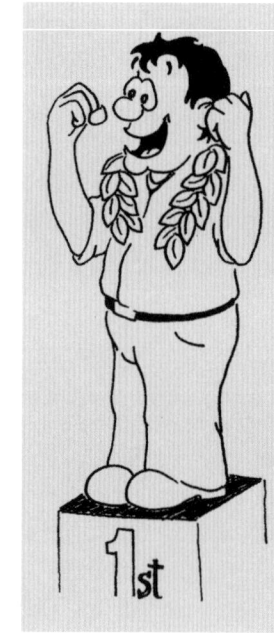

Wenn Sie das Buch wirklich durchgearbeitet – nicht nur durchgelesen – haben, können Sie ohnehin schon stolz auf sich sein. Wenn Sie nun noch bei den für Sie relevanten Themen mit Ihrer eigenen Leistung zufrieden sind, dann ist alles gut. Sie müssen ja gar nicht in jeder Disziplin gut sein. Wichtig ist, dass Sie sich von heute an das, was Sie sich merken möchten, auch merken können. Und letztendlich entscheiden immer Sie darüber: Kopf oder Zettel?

Literaturverzeichnis

Buzan, Tony: *Das Mind-Map-Buch*. München: Goldmann, 1999

Buzan, Tony: *Nichts vergessen*. München: Goldmann, 3. Aufl. 2000

De Bono, Edward: *In 15 Tagen Denken lernen*. München: Heyne, 1990

Dennison, Gail E. / Dennison, Paul E.: *Brain Gym*. Kirchzarten: VAK, 15. Aufl. 2004

Dennison, Gail E. / Dennison, Paul E. / Teplitz, Jerry V.: *Brain Gym fürs Büro*. Kirchzarten: VAK, 4. Aufl. 2004

Egli, Rene: *Das LOLA-Prinzip*. Oetwil a.d.L.: Editions d'Olt, 9. Aufl. 1997

Gage, Fred, in: *New Scientist Magazine,* Februar 2000

Gazzaniga, Michael S., in: *Scientific American Magazin*, 1967

Gazzaniga, Michael S.: *Das erkennende Gehirn*. Paderborn: Junfermann, 1988

Geisselhart, Oliver: *Souverän freie Reden halten*. Offenbach: GABAL, 3. Aufl. 2009

Geisselhart, Oliver / Geisselhart, Roland R.: *Power Tool: Gedächtnis*. Berlin: Fit for Business, 3. Aufl. 2005

Geisselhart, Oliver / Geisselhart, Roland R. / Burkart, Christiane: *Gedächtnis-Power für Verkäufer*. Zürich: Orell Füssli, 1999

Geisselhart, Roland R.: *Wetten, dass Sie mit Grips Millionär werden*. Zürich: Orell Füssli, 2002

Geisselhart, Roland R. / Burkart, Christiane: *Gedächtnis-Power*. Offenbach: GABAL, 1997

Geisselhart, Roland R. / Burkart, Christiane: *Konzentrations-Power*. Offenbach: GABAL, 1999

Geisselhart, Roland R. / Burkart, Christiane: *Spielend leicht zum Supergedächtnis*. München: dtv, 2002

Geisselhart, Roland R.: *So merke ich mir Namen und Gesichter*. München: Delphin, 1988

Geisselhart, Roland R.: *Vokabeln lernen wie im Schlaf.* München: Delphin, 1989

Geisselhart, Roland R.: *Ihr geistiges Potential – unerschöpflich und grenzenlos.* Güllesheim: Die Silberschnur, 1997

Höhne, Anita / Hochenegg, Leonhard: *Brainfood.* München: Heyne, 2000

Jung, Carl Gustav: *Die Beziehungen zwischen dem Ich und dem Unbewussten.* München: dtv, 2001

Markowitsch, Hans J.: *Neuropsychologie des Gedächtnisses.* Göttingen: Hogrefe, 1992

Markowitsch, Hans J.: *Dem Gedächtnis auf der Spur. Vom Erinnern und Vergessen.* Darmstadt: Primus, 2002

Markowitsch, Hans J., in: *Spektrum der Wissenschaft,* 4/2004

Maslow, Abraham A.: *Psychologie des Seins.* Frankfurt am Main: Fischer, 1990

Murphy, Joseph: *Die unendliche Quelle Ihrer Kraft.* München: Goldmann, 1997

Ochmann, Frank, in: *Stern,* Nr. 43, Oktober 2004

Pakkenberg, B. / Gunderson, H.J.G: Neocortical neuron number in humans: effect of sex and age. *Journal of Comparative Neurology* 384, S. 312–320, 1997

Peschanel, Frank: *Sind Linkshänder besser?* München: Goldmann, 1993

Pöppel, Ernst, in: *Gehirn und Geist,* Nr. 3, 2003

Robbins, Anthony: *Grenzenlose Energie – Das Power Prinzip.* München: Heyne, 3. Aufl. 1993

Rößiger, Monika: *Was ist Was – Das Gehirn.* Nürnberg: Tessloff, 1999

Sheldrake, Rupert: *Der siebte Sinn des Menschen.* Bern: Scherz, 2003

Sommer, Jochen: *NLP for Business.* Offenbach: GABAL, 2003

Spitzer, Manfred: *Lernen: Gehirnforschung und Schule des Lebens.* Heidelberg, Berlin: Spektrum, 2002

Tepperwein, Kurt: *Die geistigen Gesetze.* München: Goldmann, 1992

Vester, Frederic: *Denken, Lernen, Vergessen.* München: dtv, 28. Aufl. 2001

Von Normann, Reinhard: *Schlagend argumentieren.* München: Heyne, 3. Aufl. 1985

Wiegand, Rainer: *Grundlagen und Praxis des Hirnleistungsmanagements.* Stuttgart: Kohlhammer, 2004

Williams, Herrup, in: *Annual Review of Neuroscience,* 1988

Stichwortverzeichnis

Über den Autor

Oliver Geisselhart, Deutschlands Gedächtnistrainer Nr. 1

Diplom-Betriebswirt Oliver Geisselhart ist einer der erfolgreichsten Top-Referenten und Gedächtnistrainer in ganz Europa. Er war bereits 1983, mit 16 Jahren, Europas jüngster Gedächtnistrainer. Der mehrfache Bestseller-Autor ist Top 100 Speaker und Lehrbeauftragter der Wirtschafts-Universität Seekirchen bei Salzburg. Seine Geisselhart-Technik des Gedächtnis- und Mentaltrainings gilt unter Experten als die praxisorientierteste.

Der »Gedächtnis-Papst« (TV HH1) versteht es in unnachahmlicher Weise mit Witz, Charme und Esprit seine Zuhörer zu begeistern, zu motivieren und zu Gedächtnisbenutzern zu machen. Dies brachte ihm schon im Jahr 2000 den Titel »Gedächtnistrainer des Jahres« ein. Aufgrund seiner hervorragenden Speaker-Leistungen wurde ihm bereits dreimal in Folge (2008, 2009 und 2010) der Oskar der Kongress- und Veranstaltungsbranche, der »Conga Award« verliehen.

Namhafte Firmen wie Bosch, Telekom, TUI, Die Bahn, Hewlett Packard, Deutsche Bank, RWE, Fujitsu-Siemens, DekaBank, BASF, LBS, Microsoft, AOK, Lufthansa, BMW, IBM, E-Plus u.v.m.

buchen ihn weltweit für Mitarbeiterschulungen und Kundenveranstaltungen.

Oliver Geisselhart ist bekannt durch unzählige Zeitungs-, Radio- und Fernsehberichte. In nahezu comedyhafter Vortragsweise fasziniert »Deutschlands führender Gedächtnistrainer« (N24) jährlich zigtausende begeisterter Teilnehmer. Firmen aller Branchen buchen Ihn weltweit für motivierende Mitarbeiter- und Kundenveranstaltungen.

TEAMGEISSELHART GmbH
Stolzestr. 15
44139 Dortmund
Tel.:   0231/95 25 67-92
Fax.: 0231/95 25 67-93
Mail: info@kopferfolg.de
Web: www.kopferfolg.de

Das sagen die Medien zu Oliver Geisselhart

Unzählige Presse-, Radio und Fernsehauftritte machten Oliver Geisselhart in ganz Europa bekannt.

Ausgewählte Presseartikel, Radio- und Fernsehauftritte können Sie auf www.kopferfolg.de direkt hören, lesen, sehen.

BB Radio: »*Das Superhirn*«
Antenne Bayern: »*Einer der besten Gedächtnistrainer Europas*«
TV HH 1: »*Der Gedächtnispapst*«
Maxim: »*Deutschlands erfolgreichster Gedächtnistrainer*«
Cash: »*Gedächtnisexperte Oliver Geisselhart*«
Welt am Sonntag: »*International erfolgreicher Gedächtnistrainer*«
Focus: »*Top-Referent*«
N 24: »*Deutschlands führender Gedächtnistrainer*«
ZDF: »*Deutschlands Gedächtnistrainer Nr. 1*«
VOX: »*Europas erfolgreichster Gedächtnistrainer*«

Teilnehmerstimmen zu Oliver Geisselhart

»*Ihr Vortrag war der beste, den ich je erlebte.*«
Stefan Janoske, InPerso GmbH

»*Ich habe gelacht und gelernt. Und das mit über 2000 anderen – Kompliment.*«
Massimo Gallo, Zeppelin University

»*… waren unsere 200 Verkäufer von Ihnen, dem Vortragsinhalt und Ihrer motivierend-entertainigen Art begeistert.*«
Detlef Schmidt-Wilkens, Tecis-Finanz AG

»*… die Teilnehmeranzahl von 1100 Personen hat alle vorherigen Veranstaltungen um 30 % übertroffen. Diese beeindruckende Steigerung hat sicher mit Ihrer Person und dem attraktiven Thema zu tun.*«
Michael Kaiser, Volksbank Backnang eG

3-Tages-PC-Seminar »Kopf oder Zettel?«

Schon nach einer halben Stunde erleben Sie erste, große Fortschritte. Garantiert! Denn: **Ihr Gedächtnis kann wesentlich mehr als Sie denken!**

Beweisen können Sie sich dies selbst, mit der neuesten CD-ROM von Oliver Geisselhart, dem Gedächtnistrainer des Jahres. Die CD-ROM entspricht einem Drei-Tages-Seminar! In kurzweiligen Lektionen von je ca. 15 Minuten entfalten Sie interaktiv und spielerisch Ihr volles Gedächtnispotenzial. (Laufzeit wenn Sie alle Übungen machen ca. 20 bis 25 Stunden!)

Inhalt:

Namen sofort merken; Fachinfos & Vokabeln speichern; Reden frei halten; Terminkalender im Kopf; Konzentration & Fantasie steigern; Selbstbewusstsein erhöhen; Geistig fit bleiben; Leichter lernen; Alltagsprobleme meistern.

14 Tage gratis testen! Gleich anfordern auf www.kopferfolg.de